新田神楽《にゅうたかぐら》（2月17日。新田神社《にゅうたじんじゃ》，児湯《こゆ》郡新富《しんとみ》町）
旧新田郷の総鎮守《そうちんじゅ》と伝えられる新田神社の神楽。

巨田神楽《こたかぐら》（11月15日前後の日曜日。巨田神社《こたじんじゃ》，宮崎《みやざき》市佐土原《さどわら》町）中世《ちゅうせい》建築の神社本殿《ほんでん》で舞われる神楽。

生目神楽《いきめかぐら》（3月15日。生目神社《いきめじんじゃ》，宮崎《みやざき》市）
神武《じんむ》系と岩戸《いわと》系が巧みに組み合わされた，変化に富んだ神楽。

椎葉《しいば》平家《へいけ》祭《まつ》り(11月第2金～日曜日。東臼杵《ひがしうすき》郡椎葉《しいば》村)
平家《へいけ》落人《おちゅうど》伝説にちなみ，
1985(昭和60)年にはじまった。

牛越《うしごえ》祭《まつ》り(県民俗。7月28日。菅原神社《すがわらじんじゃ》，えびの市西川北《にしかわきた》)
農耕用の牛に丸太《まるた》を跳び越えさせて厄《やく》を払う。

早馬《はやま》まつり(4月29日。早馬神社《はやまじんじゃ》，北諸県《きたもろかた》郡三股《みまた》町)
着飾った馬がリズムをきざんで踊る。別称「ジャンカン馬踊《うまおどり》」。

都井岬《といみさき》の火祭《ひまつ》り(9月第1土・日曜日。串間《くしま》市)
大蛇《だいじゃ》にみたてた櫓《やぐら》に飛《と》び火玉《ひだま》を投げあげて点火する。

宮崎の祭り

御田祭《おんださい》(県民俗。7月第1日曜日。田代神社《たしろじんじゃ》，東臼杵《ひがしうすき》郡美郷町西郷《さいごう》区）神と人と牛馬が一体となって進行する神事《しんじ》。

師走《しわす》祭《まつ》り（1月下旬。神門神社《みかどじんじゃ》，東臼杵《ひがしうすき》郡美郷町南郷《なんごう》区／比木神社《ひきじんじゃ》，児湯《こゆ》郡木城《きじょう》町）百済王《くだらおう》伝説にまつわる祭り。比木神社をでた御神体《ごしんたい》を神門神社で「迎《むか》え火《び》」を焚《た》いて出迎える。

宮崎神宮《みやざきじんぐう》の大祭《たいさい》（10月下旬。宮崎《みやざき》市）「神武《じんむ》さま」の愛称で親しまれている御神幸《ごしんこう》。

宮崎の踊り

下水流臼太鼓踊《しもづるうすだいこおどり》（県民俗。9月上旬。西都市南方《さいとみなみかた》）
民俗芸能《みんぞくげいのう》日本一の折《お》り紙《がみ》つき。

バラ太鼓踊《たいこおどり》（県民俗。8月下旬。諏訪神社《すわじんじゃ》，東諸県郡《ひがしもろかた》国富《くにとみ》町）
襷《たすき》をかけ，矢旗《やばた》を負い，バラ太鼓をたたいて踊る。

日向《ひゅうが》ひょっとこ踊《おど》り
(8月第1金〜日曜日。日向《ひゅうが》市塩見《しおみ》永田《ながた》地区)
こっけいで，ちょっとエロチックな踊り。

泰平踊《たいへいおどり》(県民俗。10月第3土・日曜日。日南《にちなん》市飫肥《おび》)
飫肥藩ではじまった武士の踊り。

宮崎の自然

高千穂峡《たかちほきょう》（国天然。西臼杵《にしうすき》郡高千穂《たかちほ》町）
高千穂峡にある名勝真名井《まない》の滝《たき》。

霧島連峰《きりしまれんぽう》（えびの市・小林《こばやし》市・西諸県《にしもろかた》郡高原《たかはる》町・都城《みやこのじょう》市）
豊かな自然に恵まれ，霧島屋久国立公園《きりしまやくこくりつこうえん》に指定されている。

青島《あおしま》(宮崎《みやざき》市)　干潮時には陸繋島《りくけいじま》となる。
「鬼《おに》の洗濯岩《せんたくいわ》」とよばれる波状岩《はじょうがん》(国天然)に囲まれている。

関之尾滝《せきのおのたき》(都城《みやこのじょう》市)　幅40m・高さ18m。
上流の甌穴《おうけつ》群《ぐん》は国の天然記念物。

幸島《こうじま》のサル(国天然。串間《くしま》市)
猿島《さるしま》ともよばれ，約100匹のニホンザルが棲息《せいそく》する。

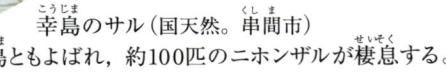

もくじ　赤字はコラム

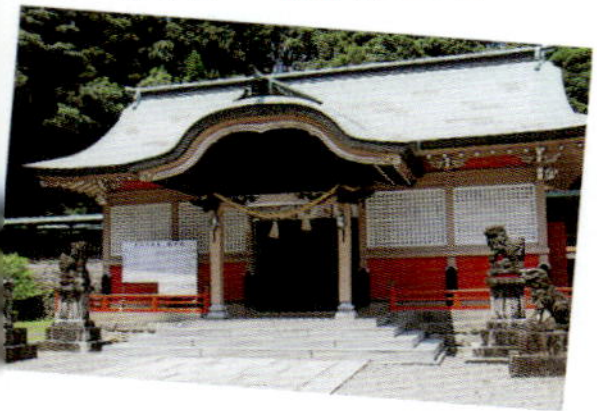

企業城下町と神話・神楽の里

日向国の中原

島津氏発祥の地

修験の里霧島山麓

黒潮洗う南の里

[本書の利用にあたって]

1．散歩モデルコースで使われているおもな記号は，つぎのとおりです。なお，数字は所要時間(分)をあらわします。

…………………	電車	══════════	地下鉄
――――――――	バス	▲▲▲▲▲▲▲▲▲▲	車
- - - - - - - - - -	徒歩	〜〜〜〜〜〜〜	船

2．本文で使われているおもな記号は，つぎのとおりです。

徒歩	バス	駐車場あり
車	船	飛行機

〈M►P.○○〉は，地図の該当ページを示します。

3．各項目の後ろにある丸数字は，章の地図上の丸数字に対応します。

4．本文中のおもな文化財の区別は，つぎのとおりです。

国指定重要文化財＝(国重文)，国指定史跡＝(国史跡)，国指定天然記念物＝(国天然)，国指定名勝＝(国名勝)，国指定重要有形民俗文化財・国指定重要無形民俗文化財＝(国民俗)，国登録有形文化財＝(国登録)

都道府県もこれに準じています。

5．コラムのマークは，つぎのとおりです。

泊	歴史的な宿	憩	名湯	食	飲む・食べる
み	土産	作	作る	体	体験する
祭	祭り	行	民俗行事	芸	民俗芸能
人	人物	伝	伝説	産	伝統産業
!!	そのほか				

6．本書掲載のデータは，2012年２月29日現在のものです。今後変更になる場合もありますので，事前にお確かめください。

Nobeoka
Takachiho
Hyūga

企業城下町と神話・神楽の里

高千穂神楽

五ヶ瀬川の鮎梁

①和田越合戦場跡
②西郷隆盛宿陣跡資料館
③那智の滝
④如意輪寺
⑤土持卒塔婆
⑥延岡城跡
⑦三福寺
⑧台雲寺
⑨今山八幡宮
⑩弘法大師像
⑪愛宕山
⑫南方古墳群
⑬岩熊井堰
⑭徳冨蘆花歌碑
⑮南浦古墳
⑯古江六地蔵幢
⑰胤康の墓
⑱槙峰鉱山跡
⑲日平鉱山跡
⑳藤江監物父子終焉の地
㉑英国館
㉒大人歌舞伎(歌舞伎の館)
㉓高千穂町コミュニティセンター
㉔浅ヶ部長福寺跡石塔群
㉕天岩戸神社
㉖高千穂神社
㉗高千穂峡
㉘久兵衛橋
㉙龍泉寺
㉚三秀台
㉛吉野朝勤王家芝原又三郎の墓
㉜三ヶ所神社
㉝庵川観音堂
㉞門川城跡
㉟富高陣屋跡
㊱大御神社
㊲有栖川征討総督宮殿下御本営遺跡
㊳妙国寺庭園
㊴元廻船問屋河内屋跡
㊵成願寺
㊶若山牧水生家
㊷神門神社
㊸西の正倉院
㊹田代神社
㊺大雄寺
㊻金鶏寺
㊼鶴富屋敷
㊽宇納間地蔵

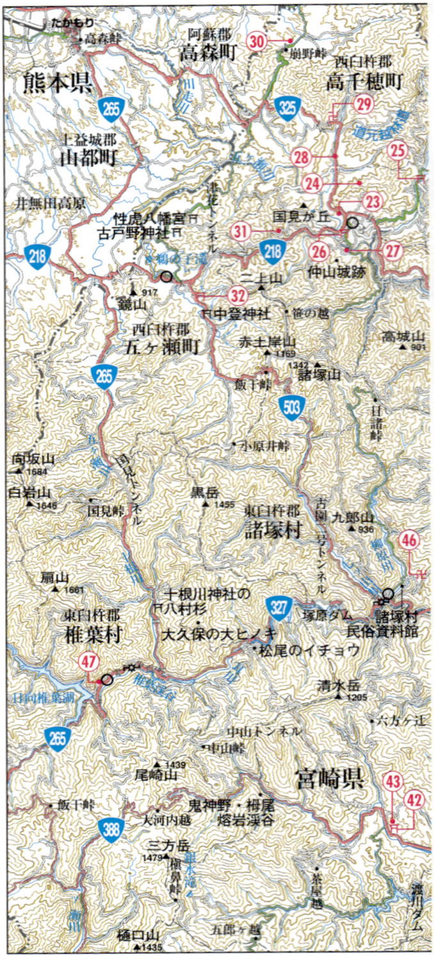

◎宮崎県北部散歩モデルコース

延岡市内コース　JR日豊本線延岡駅 10 今山八幡宮 7 弘法大師像 15 台雲寺 5 城影寺 7 三福寺 7 延岡城跡(城山公園) 10 内藤記念館 10 JR延岡駅

高千穂・五ヶ瀬コース　JR日豊本線延岡駅 90 高千穂バスセンター 20 天岩戸神社 15 高千穂峡・若山牧水歌碑・北原白秋歌碑 10 国見ヶ丘 30 三ヶ所神社・浄専寺枝垂れ桜 40 高千穂バスセンター 90 JR延岡駅

日向市内コース　JR日豊本線日向市駅 10 有栖川征討総督宮殿下御本営遺跡 5 西南の役細島官軍墓地 10 妙国寺庭園 5 海賀宮門外二士の墓 5 日知屋城跡 20 美々津重要伝統的建造物群保存地区 20 JR日向市駅

入郷地区コース　JR日豊本線日向市駅 20 成願寺・山陰百姓一揆供養碑 15 若山牧水生家 20 神門神社 40 鶴富屋敷 1 椎葉村民俗芸能博物館 120 JR日向市駅

1 延岡の歴史をうつす五ヶ瀬川

高度経済成長期，延岡は企業城下町として繁栄した。

和田越合戦場跡《わだごえかっせんばあと》 ❶

和田越合戦で陣頭指揮にたつ西郷隆盛

〈M►P.3,5〉延岡《のべおか》市稲葉崎《いなばざき》町6
JR日豊《にっぽう》本線延岡駅🚌東海行和田越🚶5分

大分《おおいた》方面に向かう国道10号線がとおる延岡市北端の一帯が，和田越合戦場跡である。現在はトンネルでぬけてしまうが，以前は文字どおり和田「越え」であった。史跡はトンネルの真上付近に位置し，和田越バス停のすぐそばの住宅街の坂道をぬけ，養護施設もみじの里をさらにのぼると，合戦場の記念碑がたっている。

1877(明治10)年8月15日，長尾山《ながおやま》・小梓山《こあずさやま》から和田越・無鹿《むしか》に連なる山々に布陣する西郷《さいごう》軍約3500人と，樫山《かしやま》・稲葉崎・粟野《あわの》名《みょう》・大武《おおたけ》一帯に布陣する政府軍約5万人との間に，激戦が展開された。衆寡《しゅうか》敵せず，ついに西郷軍は敗れ，北川《きたがわ》(俵野《ひょうの》地区)にしりぞいた。西郷隆盛《たかもり》は西南《せいなん》戦争中，それまでずっと陣の後方にいたが，この合戦ではじめて陣頭指揮にたって，身を弾雨にさらしたという。西郷軍の死者は100人余にのぼった。西郷軍の一隊に延岡隊も所属していた。和田越合戦の記念碑のそばに，当時の合戦場の様子を垣《かい》間《ま》みることができる陣営配置図がある。

和田越合戦場跡記念碑

また，延岡方面からトンネルをぬけると，右手の川沿いに，童謡「七つの子」の作詩者として知られる野《の》口雨情《ぐちうじょう》の歌碑がある。歌碑には「逢いはせんだか　あの和田越で　薩摩なまりの落人に」と詠んで，合戦のありさまをしのんでいる。この川沿いに延岡古墳(県史跡)17号墳があるが，近くにバス停もなく，何気なくとおりすぎてしまうような場所である。

無鹿

コラム

遠藤周作の小説『無鹿』の舞台

　小説家遠藤周作《えんどうしゅうさく》の短編小説の1つに，『無鹿《むしか》』がある。この小説の舞台となったのが，延岡市無鹿町である。小説は，1991（平成3）年に発表され，周作死後の1997年に刊行された。

　自分がガンではないかと疑っていた東京の銀行員が，延岡市出身の男性と出会い，無鹿の歴史を聞かされる。銀行員は，それ以後衝動的にこの地に足を運んで，大友《おおとも》義鎮《よししげ》（宗麟《そうりん》）と西郷隆盛《さいごうたかもり》の足跡を追いながら，人生を振り返るという内容である。

　義鎮は府内《ふない》（現，大分市）の城主であるが，1577（天正《てんしょう》5）年にはじめて西洋音楽を聴いて，その美しい旋律にひかれたという。むしかは，スペイン語で音楽（MUSIKA《ムシカ》）を意味する。

　大友軍は，府内から日向国に南下してきた。大友軍南下の理由はいろいろいわれている。1つは，島津《しまづ》氏と戦い敗北して頼ってきた親戚伊東氏の仇《あだ》を討つため。また1つには，日向国支配を達成せんがため，当時，日向国一帯をほぼ支配していた島津氏を討つために出陣したという。日向国進出の本営地となったのが，無鹿（牟志賀）である。しかし，高城《たかじょう》まで進出したところを，1578年耳川《みみがわ》合戦（第一次高城合戦）で，島津氏に大敗北を喫することになった。義鎮は，日向国にキリスト教的理想郷を建設しようとしたという説もある。この大友氏の夢の跡となったのが無鹿である。

西郷隆盛《さいごうたかもり》宿陣跡《しゅくじんあと》資《し》料館《りょうかん》 ❷

0982-46-2960

〈M ► P.3,5〉延岡市北川《きたがわ》町長井《ながい》6727　Ⓟ
JR日豊本線延岡駅🚌市棚行俵野《ひょうの》🚶5分

　延岡市街をぬけてそのまま北上すると，大分県寄りの北川町の俵野地区に，西郷隆盛や西南戦争ゆかりの史跡が数多くみられる。なかでも有名なのが，俵野バス停から北東へおよそ500mほどのところにある旧西郷宿陣跡，現在の西郷隆盛宿陣跡資料館（県文化）である。

　1877（明治10）年勃発《ぼっぱつ》の西南戦争

北延岡駅周辺の史跡

西郷軍決死の日向逃避行の足跡をたどる

で，西郷軍は，熊本の田原坂《たばるざか》の戦いなど政府軍との攻防戦に敗れながら，日向国北川に移った。８月15日の和田越の合戦でも敗れた西郷隆盛が，８月17日に可愛岳《えのだけ》を突破するまで宿陣したのが，ここ児《こ》玉熊四郎《だまくましろう》宅であった。その裏庭で，陸軍大将の軍服や，重要書類などが焼かれた。児玉宅は現在では資料館となって，当時西郷が愛用した硯《すずり》・船形枕などの遺品のほかに，種々の戦争関係資料が当時のままに再現・展示されている。この地を訪れる観光客に，ボランティアガイドが丁寧な説明をしてくれる。

資料館の横を線路沿いにのぼっていくと，瓊瓊杵命《ににぎのみこと》御陵参考地として宮内庁の管轄下にある円墳がある。そこからさらに山道を200mほどのぼると，日豊本線のトンネルのうえ辺りに，熊本竜口《たきぐち》の守備隊長であった**中津大四郎**《なかつだいしろう》自刃の碑と墓がある。墓石の台座には，「義を立てし身はこの山に捨て置きて　名を末の世に残すうれしさ」という辞世の句がきざまれている。西郷軍は，可愛岳をぬけて高千穂三田井《たかちほみたい》へ，さらに鹿児島城山《しろやま》まで九州山脈を敗走するのである。

資料館左手の民家をぬけた辺りの小山に，「可愛岳突破薩軍登山口」の案内板がたっている。また三足《みたし》地区に小倉処平《おぐらしょへい》自刃の地がある。**小倉処平**は，飫肥《おび》藩(現，日南《にちなん》市)出身で，西南戦争に際しては飫肥隊を編成して西郷軍として参戦したが，和田越合戦で銃創を負って自刃した。処平はよく「**飫肥西郷**」と称されるが，自刃の地は高平山《たかひらやま》の中腹にあるので，いくことはむずかしく，ほとんど訪れる人もなくひっそりとしている。なお可愛という地名は，瓊瓊杵命と木花開耶姫《このはなさくやひめ》との間に生まれた山幸彦《やまさちひこ》・海幸彦《うみさちひこ》の神話に関連した地で，「可愛(えらしい＝かわいらしい)」といって撫《な》でたことに由来するという。

那智《なち》の滝《たき》と如意輪寺《にょいりんじ》 ❸❹

0982-36-0515

〈M►P.3, 5〉延岡市川島《かわしま》町857　Ⓟ
JR日豊本線延岡駅🚌宮野浦《みやのうら》行那智入口🚶25分

熊野那智をしのばせる真言密教の地

無鹿《むしか》から，北浦《きたうら》方面につうじる国道388号線の川島橋を渡って，那智入口バス停で下車。北側の奥に小山がみえる。この小山のそばの集落のなかに**川島神社**がある。川島神社は，もと那智権現《ごんげん》と称したが，1871（明治４）年に天神宮《てんじんぐう》ほかを合祀《ごうし》して現在の神社名に改称された。

川島神社から北へ800mほどの谷間の林道の奥にはいると，那智の滝（県名勝）と那智山如意輪寺（真言《しんごん》宗）がある。本堂右手の崖《がけ》にかかる滝の高さは約30m，幅は約６m。「梅の寺」としても知られており，参道や境内・渓谷にはウメのほかにサクラ・モミジが植栽されて，風情を豊かにしている。寺には，本尊観世音菩薩《かんぜおんぼさつ》像など観音像が33体安置されているほか，延岡七福神《しちふくじん》霊場巡りの１つである福禄《ふくろく》寿《じゅ》をまつっている。如意輪寺は，717（養老《ようろう》元）年，僧行基《ぎょうき》が，「日向の聖地のウメの古木に姿を現す」と夢で観世音菩薩のお告げをうけて，諸国行脚《あんぎゃ》の際に当地を訪ね，渓谷でウメの古木をみつけて開山したと伝えられている。

土持卒塔婆《つちもちそとば》 ❺

〈M►P.3,8〉 延岡市吉野《よしの》町
JR日豊本線延岡駅🚌九州保健福祉大学行クレアパーク前🚶20分

クレアパーク前バス停近くの交差点を左折して，五ヶ瀬《ごかせ》川方面に進むと，左手の小高い台地の奥にひっそりとたっているのが土持卒塔婆である。

この卒塔婆は，阿蘇溶結凝灰岩《あそようけつぎょうかいがん》製で四角柱の形をしている。戒名《かいみょう》から，1482（文明《ぶんめい》14）年に当時延岡地方を支配していた土持《つちもち》氏一族が，土持孫太郎宣綱《まごたろうのぶつな》夫妻とその子全繁《やすしげ》夫妻のためにたてたものとされる。土持氏は，もともと豊後《ぶんご》国（現，大分県）宇佐八幡宮神官《うさはちまんぐうしんかん》だった田部《たべ》氏であるが，その素性は不詳である。全盛期は太郎宣綱のころで，以来土持七頭《しちとう》（県《あがた》〈延岡〉・財部《たからべ》〈高鍋《たかなべ》〉・大塚《おおつか》〈宮崎〉・清水《きよみず》〈西都《さいと》〉・都於郡《とのこおり》〈西都〉・瓜生野《うりゅうの》〈宮崎〉・飫肥《おび》〈日南《にちなん》〉）と称され，各地に勢内をのばしていた。14世紀になると，北朝方についた土持氏は，南朝方についた高千穂の三田井氏や芝原又三郎性虎《しばはらまたさぶろうしょうこ》，門川《かどがわ》伊東氏らに備えて井上城を築いている。井上城は，10代全宣《やすのぶ》が1429（永享《えいきょう》元）年に西階《にししな》城を築くまで重要な役割をはたした。

その後，都於郡《とのこおり》城主伊東祐尭《すけたか》の勢力が増し，伊東氏への警戒のために孫太郎宣綱は，16年後の1444（天安《てんあん》元）年に松尾城に移るなど，つぎつぎに居城をかえたといわれる。その後，土持七頭は伊東氏の攻撃をうけ，本家の県土持氏を残すだけとなり，宣綱も1458(長禄《ちょうろく》2)年に生涯をおえ，土持氏は終焉《しゅうえん》を迎えた。

延岡城跡《のべおかじょうあと》 ❻

〈M►P.3,8〉延岡市東本小路《ひがしほんこうじ》 P
JR日豊本線延岡駅🚌三輪《みわ》行大瀬橋北詰《おおせばしきたづめ》🚶5分

「千人殺し」の石垣
時を知らせる城山の鐘

延岡城は，五ヶ瀬川と大瀬《おおせ》川にはさまれて，通称川中《かわなか》とよばれる標高53mの高台に築造されていた。内堀や曲輪《くるわ》や石垣のある本格的な近世の城である。周囲約2kmあるこの高台を今日では城山《しろやま》と称している。1587(天正《てんしょう》15)年，豊臣秀吉《とよとみひでよし》の九州仕置《しおき》によって，延岡藩初代藩主となる高橋元種《もとたね》が，豊前《ぶぜん》国香春《かわら》(福岡県)から5万3000石《ごく》で延岡に入封《にゅうほう》し，当初松尾城に居城していたが，1603(慶長《けいちょう》8)年に築造，完成した延岡城に移った。当時は県《あがた》城(別称亀井《かめい》城)とよばれた。元種は，1613年水間勘兵衛《みずまかんべえ》隠匿の罪で改易《かいえき》となり，かわって有馬《ありま》氏が入封した。有馬氏のとき，城下に元町《もとまち》・柳沢《やなざわ》町など7町からなる町人町が完成し，「延岡七町」とよばれるようになった。2代康純《やすずみ》の1655(明暦《めいれき》元)年，城の修築が行われ，本丸・三階櫓《やぐら》・二階門櫓が築造された。しかし1683(天和《てんな》3)年，本小路《ほんこうじ》の武家屋敷から出火・延焼し，以後再建されることはなかった。

有馬氏以後，三浦《みうら》・牧野《まきの》・内藤《ないとう》の諸氏が変遷し，延岡内藤《ないとう》氏8代政挙《まさたか》のとき明治維新を迎え，1870(明治3)年廃城。今日では城山公園となって，市民の憩いの場となっている。

延岡市中心部の史跡

延岡城北大手門

「千人殺し」の石垣

延岡市立岡富《おかとみ》中学校の近くに，1993（平成５）年に復元された北大手門の礎石は，高さ50～70cmにもなる。門の手前にある内藤家墓碑・供養塔《くようとう》は，以前，城跡の東500mのところにある三福寺《さんぷくじ》にあったが，1909（明治42）年に当地に移動されている。また「千人殺し」という石垣は，いちばん下の石をはずすと全部がくずれ，１度に1000人の敵を殺すことができるという。

本丸跡には，江戸時代最後の藩主内藤政挙の銅像がたてられ，その近くには，県内初の晩稲《おくて》の栽培で，水田の虫害問題を解決した日吉小次郎《ひよしこじろう》の銅像もたっている。天守《てんしゅ》台跡に，現在の鐘撞《かねつき》堂がある。初代の鐘は，城山の北西約400m，西の丸跡にある内藤記念館に所蔵・展示されている。現在の鐘は，1878（明治11）年から今日までの間，鐘守りが時の鐘をつき続け，市民に時刻を告げている。城山の鐘については，旧制延岡中学校出身の歌人若山牧水《わかやまぼくすい》が，「なつかしき　城山の鐘　鳴りいでぬ　をさなかりし日　聞きしごとくに」と詠んでいる。この歌碑は，三の丸跡地に「牧水歌碑」としてあり，毎年３月春分の日に牧水歌碑祭が開催されている。そのほか門人の谷自《たにじ》路《ろ》・越智《おち》渓水《けいすい》の歌碑もある。

若山牧水歌碑（延岡城跡）

また城山公園一帯は，日本三大ヤブツバキ群の１つ，約3000種の「城山のヤブツバキ」や，およそ800本のヨシノザクラも植栽され季節になると多くの人で賑わう。天守台跡から三階櫓跡にいくと，初の日本一周飛行を達成して，民間航空の先駆者とされる後藤勇吉《ごとうゆうきち》飛行士の顕彰碑がたっている。

三福寺《さんぷくじ》 ❼

0982-32-2300

〈M►P.3,8〉延岡市北《きた》町２－１　P
JR日豊本線延岡駅🚌中央通１丁目🚶10分

珍しい仏具と牧野家の家紋が残る三福寺

通称川中とよばれる地区には，光勝寺《こうしょうじ》(浄土真《じょうどしん》宗)・照源寺《しょうげんじ》(同)・妙専寺《みょうせんじ》(同)，専念寺《せんねんじ》(浄土宗)・三福寺(同)などの寺が散在している。その１つの三福寺は，中央通１丁目バス停から西方へ約250m，市役所のすぐ北側に位置している。この地には，もともと白道寺《びゃくどうじ》があった。徳川家康《いえやす》がキリスト教禁圧のために幡随意《ばんずいい》白道上人に命じて肥前《ひぜん》国島原(現，長崎県)に創建した有馬山観三寺《かんざんじ》を，1614（慶長《けいちょう》19）に有馬直純《ありまなおずみ》が延岡入封の際にここに移転し，号を二岸山白道寺として有馬氏の菩提寺とした。その後，有馬氏の越前《えちぜん》丸岡転封とともに白道寺も移転し，跡地に大貫から三福寺が移った。1747（延享《えんきょう》４)年に入封した内藤氏が，三福寺を菩提寺とした。

寺の山門構えの本堂は，1837(天保《てんぽう》８)年改築されたもので，数少ない江戸時代末期の建築物となっている。今日では，火難・水難の守護尊として信仰されている。2003(平成15)年，市制施行70周年記念行事として開催された「築城400年 蘇《よみがえ》る延岡城展」において，三福寺蔵で，「白道寺」の刻銘のある鍍銀蓮池文華鬘《とぎんれんちもんけまん》２面(県文化)が，三福寺の西約500m，西の丸跡の内藤記念館に展示された。華鬘とは仏具の一種で，仏堂内の欄間などにかける荘厳具《しょうごんぐ》である。制作年代は江戸時代初期と推定され，寺の歴史を語る貴重な遺品となっている。

台雲寺《だいうんじ》 ❽

0982-32-2251

〈M►P.3,8〉延岡市北小路《きたこうじ》3739　P
JR日豊本線延岡駅🚌高千穂方面行北小路🚶８分

数々の歴史がきざまれている有馬家の菩提寺

北小路バス停から北の方向へ進むと，すぐに萬歳山台雲寺(曹洞《そうとう》宗)に着く。寺の本尊は釈迦如来《しゃかにょらい》で，曹洞宗大本山永平寺《えいへいじ》および大本山總持寺《そうじじ》に属した。

創設は，719(養老《ようろう》３)年で，蓬萊山金仙寺《きんせんじ》と号し，延岡藩初代藩

日向御前の化粧の水

主高橋元種のとき大円山西林寺《さいりんじ》(寺領100石)と号した。一時廃寺となったが，有馬氏時代に再興されて，1614(慶長《けいちょう》19)年，直純の発願《ほつがん》により菩提寺として開基した。有馬氏は，領内の各寺院に西林寺の末寺になるように命じ，東・西臼杵《うすき》郡，児湯《こゆ》郡の48寺を支配した。1738(元文《げんぶん》3)年，牧野氏時代に台雲寺と改称された。内藤氏時代の1858(安政《あんせい》5)年11月には，両本山から「随意会《ずいいえ》地《ち》」の寺格が許可されている。内藤氏の家臣佐久間信満《のぶみつ》(露傘)の詠んだ「ひやひやと　僧徒のぼるや　台雲寺」は，当時の台雲寺の威厳をしのばせる。

境内には，十六羅漢板絵《じゅうろくらかんいたえ》や県内唯一の仏足石《ぶっそくせき》がある。台雲寺の仏足石は，奈良県薬師寺《やくしじ》の国宝仏足石を模したものである。そのほかに延岡藩主内藤政挙や灌漑《かんがい》事業をほどこし，今でも農民の父としてあおがれている江尻喜多右衛門《えじりきたえもん》の墓所がある。郷土の歌人若山牧水の詠んだ「なつかしき　城山の鐘　鳴りいでぬ　幼かりし日　聞きしごとくに」の歌碑もあり，いろいろと楽しめる寺である。

台雲寺から南へ少しくだると，数分のところに月光山城影寺《じょうえいじ》(曹洞宗)がある。土持高信《たかのぶ》の愛馬城影にちなんで命名された。寺は1387(嘉慶《かきょう》元)年，松尾城9代城主土持秋綱《あきつな》により創建された。境内のすぐ右に，島原の乱戦死者供養碑《くようひ》があり，戦死者のなかには動員された百姓58人も含まれている。また寺の駐車場の奥の民家の庭にある池が，日向御前《ひゅうがごぜん》(有馬直純正室)が使用したと伝えられる化粧の水である。

今山八幡宮《いまやまはちまんぐう》と弘法大師像《こうぼうだいしぞう》 ⑨⑩

0982-21-4525

〈M►P.3,8〉延岡市山下《やました》町1-3875

P

JR日豊本線延岡駅 徒歩 15分

市街地のなかにたつ巨大な弘法大師像

延岡駅からやや西南の方向に歩いていくと，山下通新天街のアーケードにはいる。そのアーケードの途中に，今山八幡宮の入口があり，石段をのぼりつめた小高い丘のうえの今山公園に鎮座している。

今山八幡宮

今山（標高80m）は，かつては蓬莱山《ほうらいさん》と称していたという。中国秦《しん》王朝時代に，徐《じょ》福《ふく》が不老不死の薬草を求めて日本にきたとき到着した場所，という伝説からきている。八幡宮は，751（天平勝宝《てんぴょうしょうほう》3）年に県《あがた》（延岡）領主土持直綱《なおつな》が宇《う》佐《さ》八幡宮（大分県）を勧請《かんじょう》して，城の鬼門の方角に建立《こんりゅう》したのが始まりという。のちに進出してきた大友義鎮《よししげ》（宗麟《そうりん》）に焼かれたが，1587（天正《てんしょう》15）年に高橋元種によって再建された。以後交代した歴代藩主は，領内の守護神社として尊崇し，今でも参拝者があとをたたない。1656（明暦《めいれき》2）年，有馬康純が寄進した梵鐘《ぼんしょう》（内藤記念館蔵）に，「奉寄進華鯨蓬莱山八幡宮明暦《めいれき》二年丙申六月吉日　日州延岡城主有馬左衛門佐従五位藤原朝臣康純」の銘文があり，これが「延岡」という文字の初見といわれている。また，『徳川実記』には「元禄《げんろく》五（1692）年八月，県を改めて延岡と称す」とある。

神社にのぼる石段は，海運関係者が航海の安全を祈願して奉納した1段1石の御影石137段である。ちなみにここでの礼拝《らいはい》作法は，「二拝・四拍手・一拝」で，通常の神前での礼拝「二礼・二拍手・一礼」とは異なっている。

弘法大師像

今山八幡宮の脇道を北の方角にのぼっていくと，今山大師《だいし》寺《でら》への参道があり，途中休憩所つきの鐘撞堂がある。本堂に着くまでの間は，急な階段が多い。大師

延岡藩の歴史

コラム

日向国で唯一、5人の大名が交替した藩

延岡藩《のべおかはん》は，日向国《ひゅうが》で唯一，5人の大名（高橋・有馬《ありま》・三浦・牧野・内藤氏）が交替した藩である。

延岡藩に最初に入封《にゅうほう》したのは高橋元種《もとたね》である。元種は，1587（天正《てんしょう》15）年，豊臣秀吉《とよとみひでよし》の九州仕《し》置《おき》によって，まず松尾《まつお》城にはいり，のちに県《あがた》城（延岡城）に移っている。しかし，水間勘兵衛《みずまかんべえ》隠匿の罪により改易《かいえき》され，島原《しまばら》藩（長崎県）より有馬氏が入封した。有馬氏は，城下の七町を完成させるが，直《なお》純《ずみ》・康純《やすずみ》・清純《きよずみ》のわずか3代でおわる。3代清純の代の1690（元禄《げんろく》3）年，領内で藩の重税策に反対した約1418人という大規模ないわゆる山陰《やまげ》・坪屋《つぼや》村百姓一揆《いっき》がおき，この逃散《ちょうさん》一揆の責任を幕府より問われて，有馬氏は越後《えちご》国糸魚川《いといがわ》（新潟県）へ転封《てんぽう》された。

かわって下野《しもつけ》国（栃木県）より，三浦明敬《あきひろ》が入封してきた。三浦氏は，日向国ではじめての，また九州最南端の譜代《ふだい》大名であった。同時に，日向国内に本庄《ほんじょう》（現，国富《くにとみ》町）・富高《とみたか》（現，日向市）・松永村《まつながむら》（現，日南《にちなん》市）などの天領《てんりょう》（幕府直轄領）が設置されて，支配の強化がはかられた。

ついで牧野氏（成央《なりなか》・貞通《さだみち》）が三《み》河《かわ》国（愛知県）から入封した。牧野氏の時代は，有馬氏と同様に短かったが，この時代に岩熊井堰《いわくまいぜき》が築造された。この井堰と1734（享保《きょうほう》19）年の，出北《いできた》用水路開削事業の完成によって，460ha余を灌漑《かんがい》し，広面積の荒れ地が開墾された。現在でも稼動し，貴重な農業用水の源となっている。

その後，牧野氏転封のあとに，陸奥《むつ》国磐城平《いわきだいら》（福島県）より，磐城平一揆の責任を問われて1747（延享《えんきょう》4）年，内藤氏が入封してきた。以後，内藤氏が幕府滅亡まで存続した。

寺の少し奥のほうに日本一の弘法《こうぼう》大師像がそびえたっている。1957（昭和32）年，台座を含めた高さ約17m・重さ約11t・足の大きさ約1.25mという巨大な大師像が建立された。大師像周辺には写経奉納八角堂や，「大喜大捨」（涅槃経《ねはんきょう》の一部にある言葉）と書かれた賽銭《さいせん》箱がある。そのほかにも七羅漢像《しちらかんぞう》や百度石《ひゃくどいし》・髪塚《かみつか》などがある。大師像が完成した年から，毎年弘法大師の命日（旧暦3月21日）に大師祭がもよおされ，多くの信者・市民が県内外から訪れる。

大師寺は，延岡の弘法大師の信徒たちが，疫病を封じるため，1839（天保《てんぽう》10）年に高野山金剛峰寺《こうやさんこんごうぶじ》（和歌山県）から勧請して，大師庵をたてたのが始まりである。弘法大師（空海《くうかい》）は真言宗の開祖で，その教えは「人への思いやりとお接待の心を重んじなさい」というものであり，延岡市民には，とくに大師祭の時期「おせったいの心」をもって外来客を温かく迎える習慣が根づいている。

今山八幡宮から御影石の石段をおりると今山恵比須《いまやまえびす》神社がある。今山八幡宮四末社の１つで，今山公園の北西の端に位置している。今山恵比須は，博多《はかた》の恵比須・若松《わかまつ》の恵比須(ともに福岡県)と並んで，九州三大恵比須神社の１つである。また日向之国七福神霊場の１つでもある。毎年２月10日(本えびす)と11日(明けえびす)の２日間行われる十日恵比須では，商売繁盛・航海安全を祈願し，県内外から参拝者が訪れている。また福笹も販売され，古い福笹を焼き払う焼納祭も行われている。

愛宕山《あたごやま》 ⑪

〈M ► P.3,8〉延岡市恒富《つねとみ》町 P
JR日豊本線南延岡駅🚗８分

市民の憩いの場として親しまれている名所

南延岡駅から車で北西の方向へ15分ほどいくと，前方に標高251mの愛宕山がみえてくる。頂上まで車でいけるように，道路は整備されている。頂上には展望台や公園があり，晴れた日には，遠く四国まで見渡すことができ，市民の憩いの場となっている。もとは笠沙山《かささやま》とよばれ，瓊瓊杵命と木花開耶姫の神話伝説の地である。

愛宕山の北西方面からの入口付近に，愛宕神社がある。高橋元種が県城(延岡城)を築城した際，もとは山上にあった神社を現在地に移転したものである。この神社から山頂に向かって順に，生目《いきめ》神社(目の神)，湧水《ゆうすい》がたえないとされる御手洗《みたらい》神社，また頂上付近に奥の院極天《ごってん》様がある。奥の院極天様には，徳川家康の曽孫で有馬直純の正室である日向御前ゆかりの笠《かさ》木《ぎ》がある。

愛宕山からみた延岡市中心部

また山の北側に愛宕山洞穴を含む延岡古墳(県史跡)の５号墳がある。1926(大

春日神社のクスの木

正15)年，東京帝国大学の鳥居《とりい》龍蔵《りゅうぞう》によって調査発掘された。愛宕山洞穴は，かつては愛宕貝塚とも称され，貝殻などの遺物が発見された。洞穴は，現在は入口に崩落を防ぐための柵《さく》が設けてあり，なかにはいることはできない。延岡古墳は，市内の祝子《ほおり》・粟野名《あわのみょう》などに散在し，円墳21基・横穴《よこあな》7基が発見されているが，5号墳からは亀甲刳抜石棺《きっこうくりぬきせっかん》や，副葬品として鏡・ガラス玉・鏃《やじり》などが発見されて注目を集めた。これらは現在，内藤記念館に展示されている。

また県道愛宕山通線を大瀬《おおせ》大橋に向かって進むと，右手に春日神《かすがじん》社《じゃ》の鳥居がみえてくる。春日神社は，718(養老《ようろう》2)年に大神惟資《おおがみこれすけ》によって創建された。1178(治承《じしょう》2)年，当時領主であった土持栄綱《よしつな》は，別当寺として春日寺を建立し，以来歴代領主の尊崇をうけてきた。1870(明治3)年，恒富《つねとみ》神社と改名。1971(昭和46)年に春日神社(祭神天児屋根命《あめのこやねのみこと》ほか7神)に戻って，現在に至る。境内には，クスの大木があり，もっとも大きいものは周囲8.58m・樹高30mに達している。正月の三箇日には，初詣での客で賑わいをみせる。

南方古墳群《みなみかたこふんぐん》 ⑫

〈M►P.3, 8〉延岡市大貫《おおぬき》町・野地《のじ》町ほか
JR日豊本線延岡駅🚗15分

宮崎県最北に位置する国指定古墳群

延岡駅から南西へ約3km進んだ一帯にある南方古墳群は，県内にある11の国史跡古墳(群)の1つである。円墳35基・横穴古墳2基・前方後円墳5基の大小合計42基の古墳が存在するこの古墳群は，愛宕山のやや西北の方向約2kmの五ヶ瀬川流域に点在し，6つの古墳支群に区分されている。

1913(大正2)年から1929(昭和4)年にかけて，東京帝国大学の鳥居龍蔵らによる調査発掘の成果が大きい。1935年発行の『上代の日向延岡』に，その内容が報告されている。

まず大貫支群は，大貫町に分布し，8基の円墳(24〜31号)と帆立《ほたて》貝《がい》式墳1基(39号，通称浄土寺山《じょうどてらやま》古墳)の計9基の古墳群である。

南方古墳群37号墳の石棺
(野田支群)

遺物には，須恵器《すえき》の坏《つき》や甕《かめ》のほかに鉄鏃《てつぞく》や刀などが出土している。なかでも有名なのが24号円墳で，延岡で唯一の横穴式石室をもち，墳内の棺をおさめる玄室は奥行約4.2m・幅約1.2m・高さ約1.9m，羨道《せんどう》は長さ約2.7m・幅約82cm・高さ約１mの構造をもつ。石室は，灯りがないとみられないほど奥行がある。39号墳からは，鉄矛《てつほこ》・鉄斧《てつおの》・短甲《たんこう》・冑《かぶと》などの貴重な遺物が出土した。

大貫町の北西に隣接する天下町に分布している天下《あもり》支群は，前方後円墳3基と，円墳10基と横穴２基の計15基の古墳群である。なかでも10号墳は，全長約79m・前方部幅約28m・後円部径約52mの柄《え》鏡《かがみ》式の前方後円墳である。棺は木棺を被覆した粘土槨《かく》でつくられ，勾玉《まがたま》・管玉《くだたま》・竹櫛《たけぐし》・小刀子《とうす》などが出土した。

天下町の西方に隣接する吉野町に分布している吉野《よしの》支群は，４基(14〜17号)の円墳群である。なかでも，径約22mの大型14号墳の舟《ふな》形刳抜石棺《がたくりぬきせっかん》から，伸展葬《しんてんそう》された成人男子人骨１体のほか，刀・剣・鉄鏃が出土している。民有地内のため，見学には家主の許可が必要。

吉野町の北西に隣接する舞野町に分布している舞野《まいの》支群は，円墳５基(18・19・21〜23号)と，前方後円墳１基(20号)の計６基の古墳群である。この支群の古墳はほとんど原形をとどめていないものが多いが，ただ23号墳に残っている箱式石棺は，長さ約2.4m・幅約85cm・高さ約63cmで，棺蓋《かんぶた》は山形をしているが，カメの形に似ていることから亀形石棺の名がある。

大貫町の北側に隣接する野地町に分布している野地《のじ》支群は，前方後円墳１基と円墳６基(32・33・35・36・41号・未指定)の古墳群である。32号をのぞいては未発掘である。41号墳は径約38.5m・高さ約4.4mあり，この地方最大の円墳である。32号墳は，地元では丸《まる》塚山《つかやま》と称され，鉄釘《てつくぎ》5・刀子1・鐸1・鈴3が出土した。

野地町の西に隣接する野田町に分布している野田《のだ》支群は，円墳2基(37・38号)の古墳群である。37号墳は盗掘されて墳丘も消滅しているが，延岡市内最大級の，長さ約2.7m・棺蓋の高さ約43cm・棺身の高さ約73cm，内部は朱塗りの石棺が，露出したまま残存している。

岩熊井堰《いわくまいぜき》 ⑬

〈M►P.3, 8〉延岡市下三輪《しもみわ》町岩熊
JR日豊本線延岡駅🚌三輪行終点🚶5分

家老の尽力で造築された井堰であったが……

三輪神社前でバスをおりて，西方へ5分ほど歩くと，五ヶ瀬川右手に岩熊井堰がみえてくる。下三輪町岩熊と対岸の貝《かい》の畑《はた》町にかかるこの井堰は，延岡藩主牧野貞通《まきのさだみち》の時代，当時の家老藤江監物《ふじえけんもつ》が出《いで》北《きた》用水路の開削普請《ぶしん》を命じ，郡奉行《こおりぶぎょう》江尻喜多右衛門《えじりきたえもん》が実務を担当して，出北用水(延長3里《り》＝約11.8km)とともに築造されたものである。1724（享保《きょうほう》9）年にはじまり，途中，1731年，軍用金流用の嫌疑をかけられて舟ノ尾《ふなのお》(現，日之影《ひのかげ》町)の獄舎で監物父子は牢死した。その後，監物の遺志をついだ喜多右衛門が工事を再開し，ようやく1734年に完成させたのである。堰長260m・幅4.5m・高さ1.6m・灌《かん》漑《がい》面積460haにおよんだ。この結果，出北村は400石《こく》余の増石となったという。

牢死後，冤罪《えんざい》が晴れた監物父子をまつった出北観音が出北町にある。監物の墓は4カ所あり，その1つが日之影町七折の昌龍寺《しょうりゅうじ》(曹洞宗)にある。墓石が残り，位牌《いはい》をまつっている。後世，監物の功績が認められて，1924(大正13)年従五位がさずけられた。

岩熊井堰

徳冨蘆花歌碑《とくとみろかかひ》 ⑭

〈M►P.3〉延岡市尾崎《おざき》町4378
JR日豊本線延岡駅🚌桜ケ丘行祝子《ほうり》🚶2分

祝子川沿いの小山《こやま》橋を渡って，最初の祝子バス停で下車し，左折

西郷隆盛に傾倒していた蘆花の歌碑

すればすぐ小山《こやま》神社(祭神伊弉冉尊《いざなみのみこと》ほか13神)がある。小山神社は，旧称熊野権現《くまのごんげん》。岡富《おかとみ》町・川島《かわしま》町の熊野社とあわせて熊野三社と称され，その本宮であった。

この小山神社の境内近くに，詩人渡辺修三《しゅうぞう》の生家がある。その裏庭に蘆花の歌碑があり「薄月夜　蟲《むし》の音近く　端居して　語りし今宵　とはに忘れじ　『死に陰に』」ときざまれている。1913(大正2)年9月2日，九州・満州・朝鮮旅行にでかけたとき，西郷隆盛を尊崇していた蘆花は，9月17日，大分県佐伯《さいき》から日向にはいり，西南戦争の古戦場可愛岳《えのだけ》に登山した。その日，渡辺邸に一泊して詠んだものを，修三が碑にしたものである。

南浦古墳《みなみうらこふん》 ⑮

〈M►P.3〉延岡市熊野江《くまのえ》町
JR日豊本線延岡駅🚌宮野浦《みやのうら》行南浦支所前🚶10分

日豊海岸国定公園の海岸線に分布する古墳

南浦支所前バス停から南に向かって少し歩くと，熊野江湾につきだしている福崎《ふくざき》半島の西側に，宮崎県栽培漁業協会の施設がある。その施設の裏山の崖《がけ》下に南浦古墳(県史跡)の石碑がたっている。1940(昭和15)年，水産加工場建設中に箱式石棺が6基発見された。石棺は千枚岩《せんまいがん》を用いてつくられ，棺内には人体と弥生《やよい》式土器などが埋葬されていた。棺のうえは自然石(浜石)でおおわれていて，いわゆるケルン(積み石塚)の形をしている。

1979年，長崎大学医学部の調査鑑定の結果，1940年に発見された1基の石棺の人骨が，比較的長身の女性であったことが判明している。現在は，説明の案内板と，石碑が残っているだけである。

延岡市の最北端に位置し，延岡市北浦町に南接しているこの地域は，風光明媚《めいび》な白砂青松とリアス式海岸で，日豊海岸国定公園に指定されている。バスで南浦支所前から北浦町に向かって3分ほど北上すると，熊野江トンネルにはいる手前に熊野江神社(祭神豊玉男《とよたまお》命ほか3神)がある。熊野江神社バス停からすぐで，国道沿いの左手にあるのでわかりやすい。ここはヤッコウソウの自生地としても有名で，実際に神社の階段の右手にはえているので，その場で鑑賞することもできる。

また熊野江神社バス停近くの中村地区の熊北《くまきた》公民館から西方へ約500mほどのところに，熊野江六地蔵幢《ろくじぞうとう》がある。1548(天文《てんぶん》17)年の

天下一の薪能・文学友好都市・鮎漁

コラム

延岡観光を楽しむ

1993(平成5)年，延岡《のべおか》市制60周年を記念してはじまった薪能《たきぎのう》は，すっかり定着し，延岡藩主内藤家伝来の「天下一《てんがいち》」の刻印が押されている能面を使用して舞われることで有名である。「天下一」とは，豊臣秀吉《とよとみひでよし》が天下一と認めた８人の能面師が制作したものである。

この薪能では人間国宝片山九郎右衛門以下，一門によって太鼓・鼓《つづみ》・能管を背景に，「俊寛《しゅんかん》」「敦《あつ》盛《もり》」(能)，「延命袋」(狂言)などが舞われている。延岡城跡の「千人殺し」の石垣を背景に舞台が組まれ，篝《かがり》火《び》の下で舞われる仲秋の能は，天下一の能面にふさわしい薪能として，観客を幽玄の世界に引き入れている。

延岡市は福岡県柳川《やながわ》市と文学友好都市となっている。両市が，それぞれ歌人の若山牧水《わかやまぼくすい》と北原白《きたはらはく》秋《しゅう》のゆかりの地という縁からである。また柳川出身の白秋と延岡出身の若山牧水は，早稲田《わせだ》大学の同級生でもあった。

2005年は，ともに生誕120年にあたり，「橋の日」(8月4日)発祥の地延岡で，交流会が開催された。

延岡市を流れる五ヶ瀬《ごかせ》川は，鮎《あゆ》漁で有名である。季節になると，五ヶ瀬川には日除けの屋形を組んだ鮎釣り船と鮎梁《やな》が姿をみせる。鮎梁では鮎料理店が店を開き，香ばしい鮎料理めあてに県内外から，毎年多くの観光客が訪れている。今では季節の風物詩としてすっかり定着している。また延岡駅では，駅弁「鮎弁当」が好評で，鉄道旅行者に喜ばれている。

建立で，「奉建立逆修藤原朝臣甲斐織部助婦河野越智朝子」の銘文がきざまれている。

古江六地蔵幢《ふるえろくじぞうとう》 ⑯

0982-45-2054(昌雄寺)

〈M►P.3〉 延岡市北浦町古江35 Ⓟ

JR日豊本線延岡駅🚌宮野浦行本村《ほんむら》🚶3分

子どもの供養のためにたてられた六地蔵幢

宮崎県の北端に位置している北浦町の海岸線は，「日向松島《ひゅうがまつしま》」とよばれるほど美しい景観をもち，日豊海岸国定公園の一部をなしている。ビロウ樹の自生地高島《たかしま》(国天然)は，北浦の大間《おおま》海岸の沖合いにある。また宮崎県で養殖・栽培漁業基地となっている北浦は，県内で屈指の漁獲高を誇っている。

以前は，延岡市から北浦までは，海岸線をまがりくねりながら，国道388号線を長時間を費やしていった。このため陸の孤島ともいわれていたが，最近では，新須美江《しんすみえ》トンネル・熊野江トンネル・東谷《ひがしたに》トンネル・ハイトンネルがつぎつぎと完成して，２時間以上

古江六地蔵幢

かかっていた道程が１時間もあれば余裕で到着するほどに短縮された。

北浦町の中心が古江である。古江の町の入口にあたるところにある本村バス停から北東の方向へ300ｍほど歩くと，昌雄《しょうおう》寺《じ》(曹洞《そうとう》宗)の参道入口に1532(天文《てんぶん》元)年建立の古江六地蔵幢がある。幢は凝灰岩《ぎょうかいがん》でできており，高さ207cm,「本願施主　越智末河野通正　工匠全賀書記」の銘文がきざまれている。1532年に，伊予《いよ》国越《お》智《ち》郡(現，愛媛県今治《いまばり》市)の豪族であった越智氏と同時代に活躍した河野《こうの》通正《みちまさ》が，死んだ子どもの供養のためにたてたものだといわれている。河野氏は中世，伊予水軍として活躍した一族ではないかと伝承されている。延岡市浦城《うらしろ》町に残っている浦城水軍城跡は，その居城と考えられている。

昌雄寺から，南へ数分歩くと，民家のそばにキンモクセイの巨樹(国天然)がある。樹齢約300年と推定され，樹高18ｍあり，現在は河野作平氏の所有地内にある。

古江にある北浦町総合支所に，古江騒動の主導者材木問屋天野屋《あまのや》栄五郎《えいごろう》の墓と堂がある。1792(寛政《かんせい》４)年，人望厚かった栄五郎は，大庄屋《おおじょうや》による上納金と村入用の不当な取り立てに困窮した古江村民の依頼をうけて，訴状をしたためて郡奉行に直訴したが訴願がかなわず，ついに恒富《つねとみ》村平原《ひらばる》の刑場で処刑されたという義人伝説の人物である。中野内《なかのうち》にある天野神社は，栄五郎の徳をたたえて天野権《ごん》現《げん》としてまつった神社という。栄五郎の生まれた日(旧暦６月15日)に，今でも祭礼が行われている。

2 神話と神楽の里―高千穂―

五ヶ瀬川をさかのぼると，緑の山々と霧につつまれた神々の里高千穂にたどり着く。

幕末の勤王僧の足跡

胤康《いんこう》の墓《はか》 ⑰

0982-47-2048

〈M►P.3, 22〉延岡市北方《きたかた》町曽木《そき》 P
JR日豊《にっぽう》本線延岡《のべおか》駅🚌高千穂行吐合《はきあい》🚶20分

延岡市から国道218号線を西へ熊本方面に約12kmいき，分岐した県道を約2km進むと，そこが北方町の中心地曽木地区である。地区中央の丘陵には弘誓《ぐせい》山慈眼禅寺《じげんぜんじ》(曹洞《そうとう》宗)がある。『日向《ひゅうが》地誌』は，1684(貞享《じょうきょう》元)年台雲寺《だいうんじ》5世霊峰《れいほう》の開基と伝える。境内の高台には，霧子山《きりこやま》(標高461m)を背景として，幕末の勤王僧胤康の墓がある。

胤康は1835(天保《てんぽう》6)年，師の大隣天休とともに当地に移った。胤康は15歳だった。その後仏道の教導をきわめるとともに皇道もおさめ，勤王倒幕の思想をいだくようになったといわれる。当時の延岡藩主内藤《ないとう》氏は譜代大名であったので，これをさけて1848(嘉永《かえい》元)年豊後竹田岡《ぶんごたけだおか》藩城下に赴き，私塾を開いて藩士に兵学・儒学などを講じた。岡藩士小河弥右衛門《おごうやえもん》も胤康と親交があった。

ついに1862(文久《ぶんきゅう》2)年，薩摩《さつま》藩主の父島津久光《しまづひさみつ》の上洛を機に討幕の兵をあげようとし，延岡藩主内藤政義に挙兵をすすめたが，逆に慈眼寺に追手を向けられ，胤康は捕縛された。1866(慶応《けいおう》2)年，京都に送られ獄死した。享年46歳。獄中歌に「いざさらば　かえさんものを　あらがねの　つちと火みづに　心のこさず」とある。

宝篋印舎利塔(慈眼禅寺)

境内には僧胤康碑銘や，胤康が師天休のために建立《こんりゅう》した宝篋印舎利塔《ほうきょういんしゃりとう》などがある。寺には僧胤康関係資料(県文化)がある。

曽木地区中央から国道218号線まで戻り，国道を高千穂方面へ約1km，足鍋《あしなべ》バス停から右へ丘陵を約1kmのぼった南久保山地区に荒平《あらひら》公園がある。園内には，南西方面の速日《はやひ》の峰《みね》(標高868m)をあおぎ，「あかねさす　速日の峰の　もみづるを　たきな

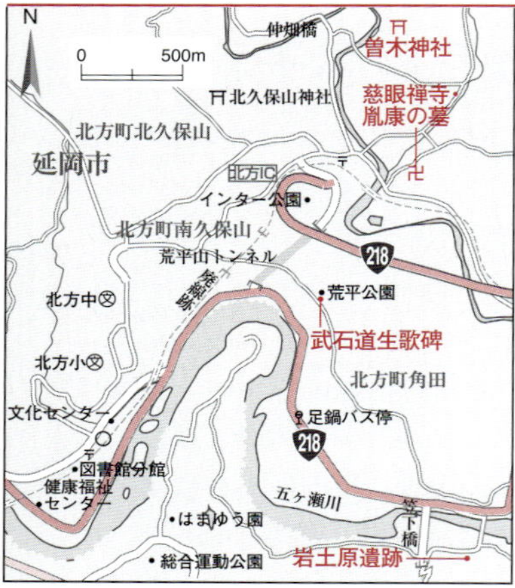

北方町曽木周辺の史跡

る上に　見らくしよしも」と詠んだ武石道生《たけいしどうせい》の歌碑がある。

道生は，1748(寛延《かんえん》2)年肥《ひ》後《ご》国小国《おぐに》に生まれ，天台《てんだい》宗寺院にはいったのち豊後《ぶんご》国杵築《きつき》の三浦梅園《みうらばいえん》に医学と儒学を学び，その後延岡にきて医業を営んだ。国学への造詣《ぞうけい》も深く，延岡出身の国学者樋口種実《ひぐちたねみ》や，のちに頼山陽《らいさんよう》に師事する曽木出身の甲斐士幹《かいしかん》らは道生の弟子である。和歌にもすぐれており，万葉調の格調高い作品を多く残しているが，世の名声や富を求めることもなく，曽木の霧岡山麓《きりこさんろく》に転居し，霧岡散人《さんじん》と称した。自宅周辺にみずから薬草を栽培しながら医業を営み，1831(天保《てんぽう》2)年，83歳で没した。墓は曽木神社の麓《ふもと》の墓地にある。毎年11月中旬には道生歌碑祭が行われている。

五ヶ瀬川右岸，標高120mの段丘上の笠下《かさした》に岩土原《いわつちばる》遺跡がある。1969(昭和44)年に発掘調査が行われ，爪形《つめがた》文のある土器や細石器，屋外の炉跡や柱穴群などが出土した。旧石器時代末期から縄文時代早期の文化が，この地方にも栄えていたことを証明するものである。北方町内には古墳も数基残るが，破壊されているものが多い。

国道218号線の旧道(県道237号線)経由バスに乗り八峡《やかい》バス停で下車，五ヶ瀬川と合流する八峡谷川の橋のそばに，八峡御番所跡がある。ここは江戸時代延岡藩が番所をおいたところで，高千穂に向かう入口であった。今は「八峡御番所跡」の標柱が民家の一角にあるのみである。

槙峰《まきみね》・日平鉱山跡《ひびらこうざんあと》 ⑱⑲

昔日の銅鉱山の繁栄と戦争の傷跡

〈M ► P.3, 23〉 延岡市北方町槙峰　Ⓟ
JR日豊本線延岡駅🚌旧道経由高千穂行槙峰🚶45分，またはバイパス経由高千穂行椛木《かばき》🚶70分

旧道経由のバスを槙峰でおり，五ヶ瀬川と合流する綱《つな》の瀬《せ》川沿いに約2kmさかのぼると，川の両岸に槙峰・日平鉱山跡がある。今は廃山となったが，往時は日本有数の銅山だった。

干支の町北方

コラム

十二支が地区の名に

北方町《きたかたちょう》は，江戸時代は延岡藩領となり，領内に年貢などの徴税のための「門《かど》」という制度が設けられ弁指《べんさし》という役人がおかれた。

明治時代にはいると，今の町長にあたる戸長《こちょう》古川定明《さだはる》は，先祖が延岡藩の「天文測量方」であったことから，地域区分に干支《えと》を用いることにした。それ以来北方町では，町内すべての地番が，「子《ね》の1番地」から「亥《い》の843番地」まで5万9000筆に区分されている。町全区を干支で区分しているのは全国でも北方町だけである。

槙峰鉱山は，1657(明暦《めいれき》3)年ごろ新庄《しんしょう》屋《や》吉《きち》右衛《え》門《もん》らが開発したといわれ，以後何回か所有者がかわり，1864年(元治《げんじ》元)年ごろには延岡藩内藤氏の所有となった。明治になり1870(明治3)年に鉱区を二分し，東部を内藤家所有の日平鉱山，西部を延岡藩出身の力士友《とも》綱良助《つなりょうすけ》(輔)所有の槙峰鉱山とし，1889年，三菱《みつびし》会社に経営が移って本格的に採堀がはじまった。その後，精錬所の設置など設備拡充を行い，1898年には五ヶ瀬川に県内初の水力発電所を設置して近代化につとめた。最盛期は太平洋戦争中で，労働者1800人が働き，1943(昭和18)年には年間23万tの産出量があった。

槙峰鉱山の坑道は延長72kmにおよび，地下深く掘りめぐらされており，鉱区は211万7400坪(約698万7420m^2)で，現在の日《ひ》之《の》影《かげ》町と北方町にまたがっていた。1934(昭和9)年10月までは槙峰に精錬所があったが，亜硫酸ガスによる煙害のため山林が枯れたり，雑草も育たないほどの被害が生じ，ついに撤去された。当時の公害問題の1つであった。その後県最大の銅山として300年の歴史を誇った槙峰鉱山も，1961年ごろから採掘量の減少のため経営が悪化し,1967年に閉山した。槙峰鉱山の閉山は，北方・日之影両町をはじめ県北の経済に大きな打撃をあたえた。今は廃墟《はいきょ》になった鉱山跡が，当時をわずかにしのばせるだけである。

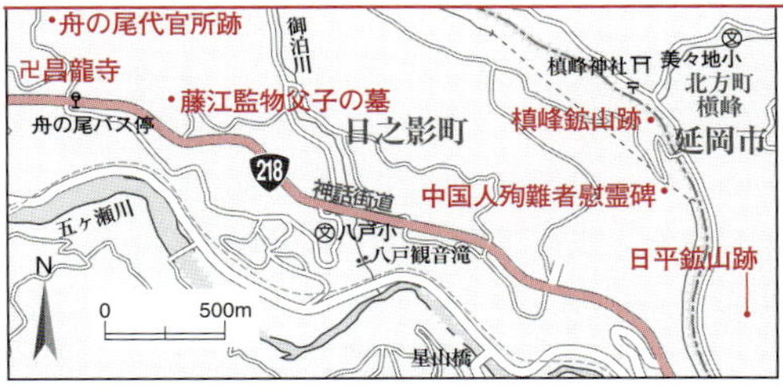

日之影町八戸周辺の史跡

また，この槙峰鉱山には，戦後二十数年を

経てはじめてあきらかになった太平洋戦争中の中国人・朝鮮人の強制労働問題がある。1945年２月，中国山東《さんとう》省から250人がこの槙峰鉱山に強制連行され，戦後も12月まで働かされて，約10カ月の間に３分の１以上にあたる76人が死亡した。1972年の日中国交回復を契機にその真相があきらかにされ，1974年，日之影町側の綱の瀬川西側高台の中腹に中国人殉難者慰霊碑がたてられた。

朝鮮人労働者については，1939〜43年の間に家族とともに約1000人が連行されてきたとされるが，その実態についての詳細はなお不明で，今後の調査が待たれるところである。

日平鉱山は，江戸時代以来しばしば休業しており，1918(大正７)年４月に閉山している。

藤江《ふじえ》監物《けんもつ》父子《ふし》終焉《しゅうえん》の地《ち》 ⑳

〈M►P.3, 23〉西《にし》臼杵郡日之影町八戸《やと》舟《ふね》の尾《お》
JR日豊本線延岡駅🚌バイパス経由高千穂行舟の尾🚶15分

岩熊井堰に尽力した家老の末路

日之影町槙峰から西へ，国道218号線バイパス沿いに舟の尾地区がある。バイパス沿いに「藤江監物父子の墓」という白い標柱があるので，そこから車１台がやっととおれるほどの細い坂道をのぼると，小高い丘に牧野家家老藤江監物と長男図書《ずしょ》の墓をまつる堂がある。

監物は江戸時代中期享保《きょうほう》年間(1716〜36)，延岡出北《いできた》(現，延岡市出北町)の五ヶ瀬川を利用した岩熊井堰《いわくまいぜき》と用水路開削の事業に身命をなげうって取り組んだ人物である。工事の出費がかさんだうえに，軍用金流用という嫌疑《けんぎ》をかけられ，1731(享保16)年に長男図書・２男多治見《たじみ》・３男右膳《うぜん》とともに父子４人が舟の尾の楠牢《くすろう》に投獄された。同年８月初めに図書が牢死し，あとを追うように監物も45歳で獄死している。２人とも検死後，同地の昌龍寺《しょうりゅうじ》(曹洞宗)に葬られ，多治見と右膳の２人はのちに釈放されている。

監物と図書の２人の墓石は万病に効験があるといわれることから，多くの人びとに削りとられて丸くなっている。毎年行われる旧暦８月末の例祭「監物さん」は，岩熊井堰の恩恵をうけている出北地区の農家をはじめ，多くの人びとの参拝で賑わう。監物父子が投獄されたという楠牢は，監物・図書の墓所から北西の谷間にあり，藤江

藤江監物・図書の墓

監物父子終焉の地という碑がたっている。

この牢跡の上方の高台に，舟の尾代官所跡がある。現在は荒れているが，当時は五ヶ瀬川北岸の山岳地帯をとおり高千穂に至る険阻な高千穂街道の要所であった。この地に代官所が配されたのは肥前島原から延岡に入封した有馬直純《ありまなおずみ》のときで，1626(寛永《かんえい》3)年ごろといわれる。この代官所は高千穂の統治とともに，監視という役割も負っていた。代官所は，1799(寛政《かんせい》11)年に宮水《みやみず》に移された。

英国館《えいこくかん》 ㉑

森に埋もれる英国人の社交場

0982-89-1213

〈M►P.3〉西臼杵郡日之影町見立《みたて》 Ⓟ

JR日豊本線延岡駅🚌旧道経由高千穂行日之影駅乗換え，またはバイパス経由高千穂行青雲 橋《せいうんきょう》🚶20分赤石バス停，日之影町営バス見立行(月・水・金のみ)英国館前🚶10分

延岡市から国道218号線を西へ45km，五ヶ瀬川支流の日之影川(通称見立川)にかかる青雲橋にたどりつく。1985(昭和60)年に開通，高さ137m・長さ410m，国道にかかるアーチ橋としては東洋一の規模を誇る。道の駅「青雲橋」の奥にある公園には近代歌人の宮柊《みやしゅう》二《じ》の歌碑「峡《かひ》沿ひの　日之影といふ　町の名を　旅人われは　忘れがたくす」がある。青雲橋のかかる谷底の，日之影川と五ヶ瀬川の合流部が日之影町の中心部であり，日之影駅から町内各地にバスがでている。

青雲橋

日之影川沿いの県道日之影宇目《うめ》線を上流に6kmほど進むと，石垣の村がある。石垣で築かれたこの集落は「日本の棚田百選」に選定されている。古い石垣は，嘉永《かえい》年間(1848〜53)につくられたとい

石垣の村

われる。棚田に稲穂がそよぐ姿は美しい。毎年４月下旬に棚田まつりがもよおされている。

さらに県道を進むと上川の集落に着く。ここから北西へ山道を１時間ほどのぼると，本《ほん》谷山《たにやま》(標高1643m)の中腹，標高920mのところに出羽洞穴遺跡《いずるはどうけついせき》がある。県内でもっとも古い遺跡とされている旧石器時代の遺跡である。間口８m・奥行13m，入口の高さ2.2〜3.4mで，尖頭器《せんとうき》(石槍《せきそう》)・斧《おの》形《がた》石器・削器《さっき》・石核《せっかく》などが発掘された。

さらに日之影川の上流に向かって県道を進むと，途中うっそうとした樹木の間に奇岩が多くみられる見立渓谷がある。約24kmにおよぶ渓谷で，アユ・ヤマメなどの釣場として知られている。さらに１kmほど山道を歩くと，見立鉱山跡に着く。見立鉱山は江戸時代からの鉱山で，大正時代末期から昭和時代初期にかけて英国人ハンス・ハンターらが経営した。ハンターは鉱山経営のかたわら日本ではじめての洋式のフライフィッシングをした人物として知られる。ハンターが，英国人の社交場と宿泊施設として建設したのが英国館(国登録)である。英国館は日本と英国の建築様式を融合した独特なつくりをしている。大正時代には珍しく，丸太材をインテリアの化粧材として梁《はり》や母屋・垂木《たるき》などに用いており，高い技術水準のスチーム暖房も完備している。現在は資料館として開放されており，バスタブや調度品などが当時の雰囲気を感じさせる(開館９〜16時)。

日之影川流域には，ほかに新畑《にいばた》洞穴や大溜《おおだまり》遺跡などの縄文《じょうもん》遺跡もある。新畑洞穴からは，夜臼式土器，石鏃《せきぞく》・石斧《せきふ》などの石器，弥《や》生《よい》土器・須恵器《すえき》も出土している。また古墳時代の遺跡として，平清《ひらし》水《みず》や大菅《おおすげ》には，横穴墓や石棺が残っている。日之影川流域は，紅葉の季節にはみごとな渓谷美をみせ，上流は祖母山《そぼさん》・傾山《かたむきやま》を中心とした祖母・傾国定公園になっている。

大人歌舞伎《おおひとかぶき》 ㉒

0982-87-2822
(歌舞伎の館)

〈M►P.3, 28〉西臼杵郡日之影町岩井川《いわいがわ》 P
JR日豊本線延岡駅旧道経由高千穂行日之影駅乗換え，またはバイパス経由高千穂行青雲橋乗換え，日之影町営バス町立病院行(月〜金のみ)大人集落15分

代々うけつがれる
山里の地歌舞伎

日之影駅から五ヶ瀬川東岸をくだり，五ヶ瀬橋を渡ると，五ヶ瀬川の西岸，五ヶ瀬川と追川が合流する付近のおよそ100mの断崖《だんがい》のうえに中崎《なかざき》城跡がある。三田井《みたい》氏四十八塁の1つで，三田井氏の重臣甲斐宗摂《かいそうせつ》(宗雪・宗説)の居城であった。1587(天正《てんしょう》15)年豊臣秀《とよとみひで》吉《よし》の九州仕置後，延岡(県《あがた》)に高橋元種《もとたね》がはいったが，三田井氏がしたがわなかったため，1591年元種は甲斐宗摂を内通させ，仲山《なかやま》城(高千穂町向山《むこうやま》・中山《なかやま》)にあった当主三田井親武《ちかたけ》を攻め滅ぼした。その後，宗摂は三田井氏にかわってこの地方をおさめようとしたが，1595(文禄《ぶんろく》4)年，謀反の嫌疑により元種の襲撃をうけ，中崎城は落城，宗摂は自刃した。

中崎城跡から日之影町の中心部に戻り，さらに県道向山日之影線を2.5kmほど向山方面に進むと，大人地区に着く。ここに甲斐宗摂およびその一族の墓と大人神社がある。地区に伝わる大人歌舞伎(県民俗)は，芝居好きの宗摂の死をいたみ，地元の人びとがはじめたと伝えられ，約200年の伝統がある。芝居の最盛期だった文政《ぶんせい》〜嘉永《かえい》年間(1818〜54)には，大人神社境内で石臼《いしうす》造りの廻《まわ》り舞台が組まれるほど大がかりなものであった。現在では毎年10月初めに，地区内の歌舞伎の館において上演されている。

中崎城跡

大人歌舞伎

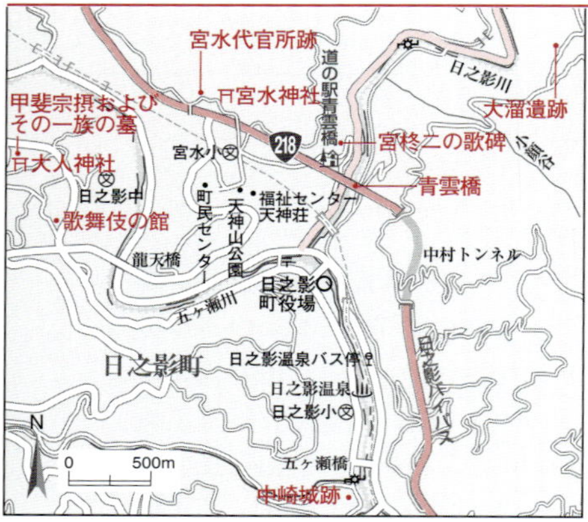

日之影町中心部の史跡

五ヶ瀬川の東岸，七《なな》折《おれ》の宮水《みやみず》地区の国道218号線沿いに宮水神社がある。大山祇《おおやまつみの》神《かみ》・三田井親武ほか6神をまつったもので，境内に地元の人びとがたてた親武の墓がある。近くには1799(寛政11)年に舟の尾から移された宮水代官所跡がある。1871(明治4)年までこの地にあり，高千穂の行政などにあたった。当時の井戸が田んぼのなかに残っている。

神話《しんわ》の里高千穂《さとたかちほ》 ㉓

0982-72-6139(高千穂町コミュニティセンター)

〈M►P.2, 30〉西臼杵郡高千穂町三田井
JR日豊本線延岡駅🚌高千穂行高千穂バスセンター

記紀神話のはじまり、数々の神話が息づく山里

JR延岡駅からバスでおよそ1時間半で宮崎交通高千穂バスセンターに着く。ここから高千穂町内各方面にバスがでている。

バスセンターから旧高千穂駅に向かい坂道をのぼると，Aコープ高千穂店前の辺りに「官軍墓地」の案内板がある。約10分歩くと，西南戦争で戦死した政府軍の兵士らを葬った官軍墓地《かんぐんぼち》に着く。1877(明治10)年，鹿児島で挙兵した西郷隆盛は，物資の豊富な政府軍にたび重なる敗北を喫し，8月21日に三田井にはいり，三田井戸長《こちょう》役場(現，高千穂農協)に宿泊した。この墓地にある42基のなかには，旧延岡市と北川町の境で行われた可愛岳《えのだけ》の戦いで戦死した広島県出身の陸軍士官見習村上清之進《むらかみせいのしん》の墓や，遠く青森県出身の兵士の墓もある。

官軍墓地

官軍墓地の小山から旧高千穂駅とは反対側に坂道をくだる

高千穂の夜神楽

コラム

芸

夜通し舞う、神々の舞

高千穂《たかちほ》の夜神楽《よかぐら》(国民俗)は，全国的に有名である。天照大神《あまてらすおおみかみ》が天岩戸《あまのいわと》に隠れたときに，岩戸の前で天鈿女命《あまのうずめのみこと》が調子おもしろく舞ったことが始まりと伝えられている。1189(文治《ぶんじ》5)年の「高千穂神社文書」に「七日七夜のごじんらく」とみえ，「ごじんらく＝御神楽」と考えると，平安時代末にはなんらかの神楽があったと思われる。岩戸の尾迫荒神面《おさこのこうじんめん》とよばれる神面(神楽面)は，早稲田大学の安藤更生《あんどうこうせい》博士によって室町時代の作と推定されている。

江戸時代後期に国学が盛んとなると，神仏習合的になっていた神楽から仏教の要素をはぶき，三十三番の形式も確立した。三十三番を夜を徹して行うようになると，江戸時代中期までの祝子《はふり》(神職)だけが神社で舞うのではなく，一般の人も願祝子《がんぼり》として民家を神楽宿《やど》として舞う形式になった。明治時代以降，国家神道《しんとう》の影響から神仏習合的色彩は薄れているが，修験《しゅげん》道《どう》的色あいも一部に残っている。

毎年11月から翌年2月にかけて，五穀豊穣を感謝し翌年の豊作を祈願して，各地域の鎮守を中心に奉納される。この神楽は村落共同体を維持する機能をもつ祭礼であり，神楽を舞う場所は神楽宿とよばれ，地区の民家が使われる。舞人は「ほしゃ(どん)」(奉仕者)とよばれ，元締《もとじめ》・中世話《なかぜ》，神使《かみづか》われ(雑務)，注連《しめ》の番(警備)などの役割が割りふられる。

舞は彦舞《ひこまい》からはじまり，「式三番」(鎮守《ちんじゅ》・神降《かみおろし》・杉登《すぎのぼり》)，深夜に御神体《ごしんたい》(酒こし)，夜明け前後に「岩戸五番」とよばれる柴引《しばひき》・伊勢《いせ》・手力雄《たぢからお》・鈿女《うずめ》・戸取《ととり》・舞開《まいびらき》で天岩戸を開き，最後の雲下《くもおろし》まで全部で三十三番ある。各地区によって三十三番の演目にも若干の違いがあり，それぞれのしきたりで神楽が伝承されている。2日間昼夜を徹して舞われ，御神前・初穂料として焼酎や金銭をつつみ，一夜限りの氏子《うじこ》として観覧することもできる。

と，国道218号線のバイパスにでる。剣道でまちおこしを進めている高千穂で各種大会が行われる武道館のある運動公園三升蒔《さんじょうまき》の一角に，高千穂町コミュニティセンターがあり，センター内には高千穂町歴史民俗資料館が併設されている。1階はふる里コーナーと民俗コーナーになっている。ふる里コーナーには，『風土記《ふどき》』による記紀《きき》神話と高千穂のつながり，古生代と中生代の境の生物絶滅二段階説のうち大陸から遠く離れた海の中央でも絶滅があったことを世界ではじめてあきらかにしたフズリナの化石(2001年高千穂町上村《かみむら》

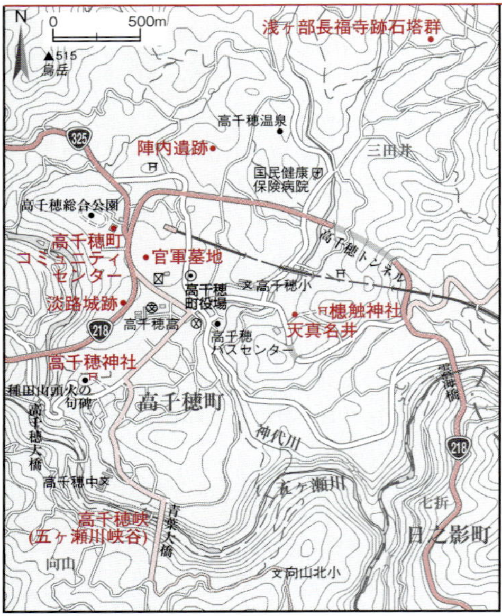

高千穂バスセンター周辺の史跡

出土)や，平和の貴さを語りかけるB29の部品などが展示されている。民俗コーナーには貴重な麻の生産用具や農具などが展示され，高千穂地方の習俗や民間伝承・山村生活具などを詳しく知ることができる。2階の歴史コーナーと資料室では，高千穂町内各地の遺跡から出土した多数の石鏃《せきぞく》や土器，旧家から寄贈された豊富な古文書や甲冑，三田井親武木像，明治時代初期の太政官札《だじょうかんさつ》，高千穂の夜神楽《よかぐら》，抽木野《ゆのきの》の浄瑠璃《じょうるり》人形の頭《かしら》，などが展示されている。また複製では，宮崎県内唯一の出土例である陣内遺跡出土の土偶《どぐう》や，高千穂神社の鉄造狛犬《こまいぬ》などがあり，現地ではみることのできない貴重な遺産をみることができる。コミュニティセンターの外には，河内の丸山石棺群から移設された箱式石棺墓(丸山石棺第13号墓)もあり，高千穂の歴史と文化を知る拠点となっている。

陣内遺跡出土土偶(複製，高千穂町コミュニティセンター)

三升蒔から国道218号線バイパスを延岡方面に約500m，左折して2つに分かれた左の細い道を50mほどくだると公民館(陣内《じんない》分館)があり，その前方一帯が陣内遺跡(県史跡)である。西臼杵郡の代表的な縄文時代の遺跡で，県内唯一の出土例の土偶や，握り部分に彫刻をほどこした石棒《せきぼう》などが出土している。

高千穂バスセンターのある三田井地区中心部から東方の岩戸《いわと》方面へ約1kmいくと，穂触神社《くしふるじんじゃ》がある。この神社は，瓊瓊杵尊《ににぎのみこと》ほか4神をまつり，「記紀」にみえる「久志布流多気」「くし触二上峰」が，社名の由来とされる。社殿は元禄《げんろく》年間(1688〜1704)に造営している。神社の下手には，天孫降臨伝説にみられる天真名井《あまのまない》が，現在も清水を湧出《ゆうしゅつ》し，そこから地下水となり高千穂峡で再び地上に流れでているという。

浅《あさ》ヶ《か》部《べ》長福寺《ちょうふくじ》跡石塔群《あとせきとうぐん》 ㉔

〈M►P.2, 30〉西臼杵郡高千穂町三田井
JR日豊本線延岡駅🚌高千穂行高千穂バスセンター乗換え高千穂ふれあいバス高千穂温泉行町立病院前🚶10分

古寺跡に残る郡内最大の石塔群

穂触神社から北へ約2kmいくと，山腹の丘陵に田園地帯浅ヶ部がある。1986(昭和62)年，地区中心にある梅木山《ばいぼくさん》長福寺跡から，多くの石塔類が発掘され，郡内最大規模の石塔群，浅ヶ部長福寺跡石塔群が確認された。出土品には，全高約2.9mの六地蔵塔1基・五輪塔83基・宝塔17基・宝篋印塔《ほうきょういんとう》4基と多数の古銭などがあり，付近一帯を支配していた三田井氏と関係のある豪族の墓地から，菩提《ぼだい》寺《じ》跡ではないかと考えられている。1578(天正6)年，豊後《ぶんご》国の戦国大名大友宗麟《おおともそうりん》が，高千穂を攻略した際に焼討ちにされたといわれ，以後再建されることはなかった。今は地区の運動場となっている。

石塔群の南約1kmの一本木地区には，縄文から弥生時代の遺跡である吾平原《あいらばる》第2遺跡があった。多数の石鏃が出土し，当時の狩場であったと考えられている。高千穂温泉のある場所には，縄文時代の吾平遺跡があり調理場跡と考えられる集石遺《しゅうせきい》構《こう》が，高千穂町立病院のある場所には古墳時代後期の吾平原北横穴墓群10基がみつかった。これらは保存のため今は埋め戻されているが，出土品や6号横穴墓は，はぎ取り転

浅ヶ部長福寺跡石塔群

写模型として高千穂町コミュニティセンターでみることができる。

天岩戸神社《あまのいわとじんじゃ》 ㉕

天岩戸伝説の地にたつ神社

0982-74-8239

〈M ► P.2, 33〉西臼杵郡高千穂町岩戸 Ⓟ
JR日豊本線延岡駅🚌高千穂行高千穂バスセンター乗換え
岩戸行天岩戸神社前🚶5分

宮崎交通高千穂バスセンターから約8km，岩戸川沿いに秋には刈干切りの行われる山の斜面をみながらつづら折りの県道をいくと，天岩戸神社の西本宮の鳥居前に着く。天岩戸神社は東本宮と西本宮とからなり，祭神は天照大神《あまてらすおおみかみ》である。西本宮の拝殿裏手の遊歩道をいくと，V字に浸食された岩戸川の対岸の，うっそうとした木々のなかに天岩戸がのぞめる。大きく口を開いた洞窟《どうくつ》で，天照大神が隠れた場所といわれ，御神体としてまつられている。

さらに遊歩道を上流へ7，8分ほどのぼると，深閑とした河原にでる。ここが八百万神《やおよろずのかみ》が集まり話しあった場所といわれる天安河《あまのやすが》原《わら》で，「仰慕窟《きょうぼがいわや》」と称する間口30m・奥行25mほどの大洞窟がある。ここはかつて石を積みあげて祈願する風習があった。今は川から石をとることは禁止されているが，ここを訪れた人は「賽《さい》の河原」を彷彿《ほうふつ》させる雰囲気を味わうことができる。

この天岩戸神社一帯の山川すべてが神域とされ，古来から地域の人びとに大切にまもられてきた。毎年5月2・3日には西本宮祭で岩戸神楽が奉納され，9月22・23日には東本宮祭がもよおされる。また11月3日には岩戸神楽三十三番大公開祭りがある。

西本宮の境内には招霊《おがたま》の古木があり，天鈿女命《あまのうずめのみこと》が，実のついた枝をもって天岩戸の前で舞ったと伝えられ，赤い鈴のような実を結ぶ。また参道には，高千穂地方で出土した土器や石器類を収集・展示した徴古館《ちょうこかん》もある。

天岩戸神社西本宮

江戸時代に林子《し》平《へい》・蒲生君平《がもうくんぺい》らとと

刈干切唄

コラム

芸

山里に響く素朴な農村歌

「ここの山の　刈干《かりほ》しゃすんだよ
明日《あす》は田んぼで稲刈ろかよ」

哀調をおびた節にこのような歌詞でうたう民謡「刈干切唄《かりぼしきりうた》」が，高千穂地方でうたわれるのは，毎年10月ごろの茅《かや》が背丈以上にものびる時期である。昔はこの地方の民家の屋根は茅葺《ぶ》きであり，茅は大切な屋根の葺き替え材料であった。今では茅葺き屋根はほとんどみられなくなり，冬場の家畜飼料のための草刈り作業となった。大きな特別製の鎌で刈られた茅は，野に高く積み上げられて冬の風物詩となる。

全国的に知られている旋律は，現代風に編曲し直したもので，高千穂地方では元唄《もとうた》が地区ごとに少しずつ違った節回しでうたわれている。毎年11月下旬には高千穂町で刈干切唄全国大会が開かれる。

ここの山の刈干しゃすんだよ
明日は田んぼで稲刈ろかよ
高い山からにぎりめしこけた
（こけた＝ころげた）
カラスは喜ぶわしゃひだり（ひだり＝空腹）
もはや日暮れじゃ迫々《さこざこ》かげるよ
駒《こま》よいぬるぞ秣《まぐさ》負《お》え（迫々＝水のない谷，いぬる＝帰る）
秋もすんだよ田の畦道《あぜみち》を
あれも嫁じゃろ灯《ひ》が五つ
屋根はかやぶきかやかべなれど
昔ながらの千木《ちぎ》をおく

もに寛政《かんせい》の三奇人といわれた高山彦九郎《たかやまひこくろう》は，1792（寛政４）年に当社へ参拝しており，神楽がもよおされた場所として神楽尾の地名を記録している。

三田井から天岩戸神社へ向かう途中，大野原《おおのばる》バス停で下車すると，岩戸川の方向に小高い丘がある。ここが三田井氏四十八塁の１つ亀山《かめやま》城跡である。三田井・岩戸に続く道がある西側は，土塁や空堀《からぼり》の跡が残り，対岸からみると，南・北・東の三方が岩戸川に削りとられて切りたっており，天然の要害として堅固な山城《やまじろ》の構えがうかがえる。最後の城主は三田井氏の家臣富高《とだか》弥十郎長義《やじゅうろうながよし》で，1591（天正19）年，高橋元種の攻撃により落城した。

天岩戸神社からさらに岩戸川の支流土呂久《とろく》川に沿って上流へ６kmほどいくと土呂久鉱山跡

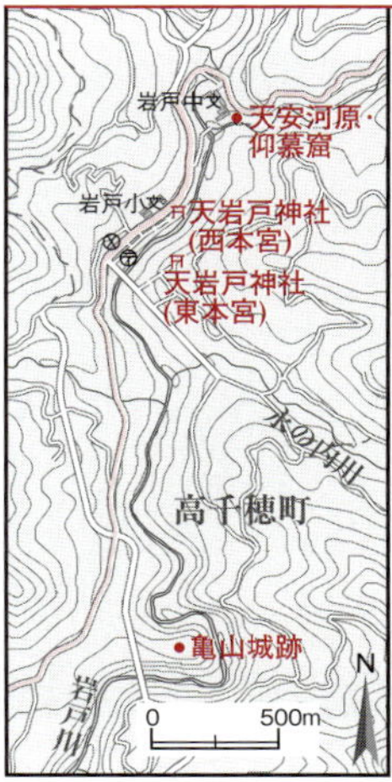

天岩戸神社周辺の史跡

に着く。江戸時代の初めに豊後国の森田三弥《もりたさんや》が発見し，ポルトガル人技師によって銀を中心に採掘された。幕末には鉛の産出も行われたようである。その後，明治・大正時代と経営者がかわり，大正年間から副産物であった亜砒酸《あひさん》の生産が主となり，昭和時代の戦時中には錫《すず》の生産もあり岩戸の町は賑わった。しかし1950年代後半には経営難におちいり，1962(昭和37)年には閉山した。

昔から「土呂久銀山　三弥が庭にゃ　夏の夜でさえ霜が降る　霜じゃござらぬ　十七・八の　白髪娘を霜と見た」と伝えられるように，鉱毒については知られていたが，1971年，一《いち》小学校教師の砒素《ひそ》中毒症の実態報告をきっかけに，土呂久の亜砒酸鉱毒事件は公害問題として社会の大きな反響をよんだ。損害賠償請求訴訟におよんだ鉱毒事件は，1990(平成２)年に最高裁判所での和解が成立し，ようやく一応の解決をみた。

高千穂神社《たかちほじんじゃ》 ㉖

0982-72-2413

〈M►P.2, 30〉西臼杵郡高千穂町三田井神殿《こうどの》 P
JR日豊本線延岡駅🚌高千穂行高千穂バスセンター乗換え波《は》帰《き》・鞍岡《くらおか》行高千穂神社前🚶5分

日向国を代表する古社の1つ

三田井地区中心部から高千穂峡へ向かい，約1kmで右手に大きな杉木立と鳥居がみえる。ここが瓊瓊杵尊ほかの高千穂皇神《すめがみ》と三毛《みけ》入野命《いりののみこと》ほかの十社大明神をまつった高千穂神社である。神社前でバスをおり参道をいくと，境内には，12世紀末に源頼朝《みなもとのよりとも》の代参をした畠山重忠《はたけやましげただ》手植えの樹齢800年の秩《ちち》父《ぶ》杉がある。

鉄製鋳造狛犬(高千穂神社)

高千穂神社は，平安時代の『続日《しょくに》本後紀《ほんこうき》』や『日本三代実録《にほんさんだいじつろく》』に高智保《たかちほ》皇神とみえ，その起源は古く，従五位下をさずけられるなど，官社に列していた。天慶《てんぎょう》年間(938～947)，高千穂地方の領主となった大神政次《おおがまさつぐ》のころから十社大明神《じっしゃだいみょうじん》とよばれるようになり，高千穂八十八社の総社となった。

高千穂神社本殿(国重文)には，鎌倉時代の男女神像４体(県文化)が，拝殿

高千穂を満喫する

泊まる

神楽《かぐら》の館　高千穂町岩戸《たかちほちょういわと》56（天岩戸温泉館の下）　☎0982－76－1213

日之影《ひのかげ》町にあった明治時代初期の農家を移築し，地元の町おこしグループが民宿としている。屋根の部材は新しいが，そのほかは移築当時の部材を使っている。

土産

焼酎《しょうちゅう》・高千穂牛・高千穂菊・シイタケ・漬物・神楽面・高千穂焼

憩う

天岩戸温泉　高千穂町岩戸58　☎0982－74－8288

泉質は底張性弱アルカリ性低温泉。源泉の温度は27.5℃。効能は筋肉痛・神経痛・関節痛・五十肩・運動麻痺・関節のこわばり・打ち身・くじき・疲労回復・健康増進。

営業時間は10時～22時。定休日は毎月第３木曜日（祝日の場合翌日）。設備として大浴場・寝湯・うたせ湯・泡《あわ》風呂・サウナ・休憩室がある。

高千穂温泉　高千穂町大字三田井《みたい》字吾平《あいら》3214－1　☎0982－72－7777

泉質・温度・効能は天岩戸温泉と同じ。

営業時間は10時～22時。定休日は毎月第１木曜日（祝日の場合翌日）。設備として大浴場・露天風呂・ジャグジー・ジェッバス・うたせ湯・ドライサウナ・ミストサウナ・イベント湯（ハーブ・薬草など）・シンワの湯（バリアフリー）・休憩室・売店などがある。

みる（夜神楽）

高千穂神社　高千穂町三田井神殿1037　☎0982－72－2413

11月から２月の本番以外に，毎日，高千穂神社神楽殿にて夜８時から約１時間観光神楽として「手《た》力雄《ぢからお》」「鈿女《うずめ》」「戸取《ととり》」「御神体《ごしんたい》」の４番が見学できる（有料）。

飲む・食べる

焼酎・高千穂牛・カッポ酒・だご汁・ハチの子・流し素麺《そうめん》・シイタケ・漬物・地鶏・煮しめ・猪鍋《ししなべ》・鹿刺・ヤマメ（エノハ）・うどん・そば

体験する

夜神楽での神楽せり，上野・田原系統の夜神楽での「七貴神《しちきじん》」での飛び入り（男性のみ・人数制限あり），高千穂町内全地区の夜神楽の「繰下《くりおろし》」の「みどりの糸」をもつ体験など。

には鉄製鋳造狛犬《こまいぬ》（国重文）一対がある。鉄造狛犬は全国でも珍しく，重文指定は３件しかない。鎌倉時代後期の作である。

神社裏手の遊歩道横には，俳人種田山頭火《たねださんとうか》の句碑がある。高千穂の山々を詠んだ句「分け入っても分け入っても青い山」がきざまれている。山頭火は，1926(大正15)年の初夏のころ，熊本県馬見原《まみはら》から津花《つばな》峠をこえて高千穂にきている。

高千穂神社の北側，県立高千穂高等学校裏の丘陵が，豪族三田井氏(高知尾氏)の支城四十八塁の１つ，淡路《あわじ》城跡である。淡路城は花《はな》見《み》城ともいわれ三田井を一望でき，本城である仲山《なかやま》城(高千穂町向山)とも近い距離にあったが，延岡城主高橋元種の攻撃により滅んだ。今では，わずかに山頂に曲輪《くるわ》とよばれる平坦《へいたん》地と枡形《ますがた》虎口《こぐち》という遺構があるのみである。

高千穂峡《たかちほきょう》 ㉗

宮崎でもっとも観光客の多い景勝の地

〈M►P. 2, 30〉西臼杵郡高千穂町三田井　P
JR日豊本線延岡駅高千穂行高千穂バスセンター乗換え波帰・鞍岡行高千穂大橋５分

高千穂神社前から，坂道をくだり約500m熊本方面へいくと，高千穂大橋の手前に高千穂峡入口の案内板がある。急カーブの道をくだると，川に削られた谷に阿蘇山《あそざん》の噴火による火砕流《かさいりゅう》が流れ込んでできた台地が，さらに川によって浸食された渓谷がある。これが高千穂峡(別称五ヶ瀬川峡谷，国天然)である。岩肌に裂け目(柱状節理)をもつ断崖《だんがい》は高さ80〜100mもあり，その柱状節理の不整合な部分からわきでる水が，真名井《まない》の滝となって五ヶ瀬川にそそぎ込む。とくに新緑・紅葉の季節の景観はみごとである。

高千穂峡には「ひく水に　麻のをひてて　月まつは　清き河原の天地根元作りの家」の北原白秋《はくしゅう》歌碑と，宮崎県出身の歌人若山牧《ぼく》水《すい》の「幾山河　こえさりゆかば　寂しさの　はてなむ国ぞ　けふも旅ゆく」の歌碑がある。白秋が高千穂を訪れたときは，すでに視力を失いつつあった。この高千穂峡付近は「御塩井《おしおい》」ともいわれる。

高千穂峡から五ヶ瀬川の対岸の急な坂道(県道)を１kmほどのぼり右手に農道を約400m進むと，仲山城跡がある。現在は水田となってしまったが，三田井氏の本城で見晴らしもよく，支城の淡路城(花見城)や岩戸の亀山城(大野原《おおのばる》)を見渡すことができる。

三田井氏は，はじめ高知尾氏を名乗り，古くから高千穂を中心におさめ，全盛期は肥後・豊後の一部にまで勢力を伸長した。また四十八塁と称された出城《でじろ》を郡内に築き，守りを堅固なものにしていた。しかし，天正年間(1573〜92)に延岡城主となった高橋元種の計略に

国見ヶ丘からの眺望

よって，仲山城主三田井親武が討たれ，高千穂の領主三田井氏は滅亡した。

高千穂峡から高千穂町営ふれあいバス粡崎行に乗ると，1kmほど五ヶ瀬方面へ進み，右折して坂道を約3kmのぼり，国見ヶ丘《くにみがおか》バス停に着く。国見ヶ丘は高千穂盆地につきでた標高513mの小丘で，神武《じんむ》天皇の皇孫建磐竜《たていわたつ》命が九州統治のために西へくだった際，阿蘇に向かう途上ここで国見をしたことにちなむ地名といわれている。その名のとおり眺望にすぐれ，東の三田井方向に天香久山《あまのかぐやま》・高天《たかまが》原《はら》・四皇子ヶ峰《しおうじがみね》，西に阿蘇五岳《あそごたけ》，南には二上山《ふたがみやま》とそれに連なる諸《もろ》塚《つか》・椎葉《しいば》の山々，北には祖母連山《そぼれんざん》が一望のもとに見渡せる。またここには民謡刈干切唄《かりぼしきりうた》発祥の地の碑もたっている。さらに10月下旬から11月中旬までの早朝6時ごろにここを訪れると，雲海を眺めることができる。山々に霧が低くたれこみ神話の世界を感じさせる。なお気象条件によって雲海がみられないこともある。

久兵衛橋《きゅうべえばし》 ㉘

〈M►P.2〉西臼杵郡高千穂町上野《かみの》
JR日豊本線延岡駅🚌高千穂行高千穂バスセンター乗換え河内《かわち》・夕塩《ゆうしお》行上野🚶5分

浄瑠璃人形(高千穂町コミュニティセンター)

高千穂町の中心である三田井から，国道325号線を北へ進むと，上野地区に至る。ここの柚木野集落には柚木野人形浄瑠璃(県民俗)が伝わる。マツの木で人形をつくり芝居をはじめたのが柚木野人形浄瑠璃といわれている。その後，徳島県の阿《あ》波《わ》から人形の頭《かしら》や衣裳などを取り入れ，民衆芸能の1つとして「阿波の鳴門《なると》」「源平屋島《やしま》の合戦」などの作品を伝承した。人形の頭のなかには天狗《てんぐ》久《ひさ》や人形富《にんぎょうとみ》ら名人の作が残っており，高千穂町コミュニティセンターにも展示されている。

また上野中学校前の上野川にかかる久兵衛橋

久兵衛橋

(関橋)は，宮崎県内に現存する貴重なアーチ型の石橋である。橋のたもとにある供養碑から，1863(文久３)年に地元上野の酒屋黒木《くろき》久兵衛《きゅうべえ》の出資で，肥後の石工によってつくられたと伝えられ，長さ約21m，橋面までの高さ約８mのアーチ型で，幅は上部で4.3mある。

今も残る浄瑠璃人形

龍泉寺《りゅうせんじ》 ㉙

0982-77-1036

〈M►P.2〉西臼杵郡高千穂町上野

JR日豊本線延岡駅🚌高千穂行高千穂バスセンター乗換え河内・夕塩行竜泉寺🚶5分

大友氏の兵火を免れた防火の菩薩

上野バス停から河内方面に向かい，竜泉寺バス停でおりると，すぐそばに集雲山龍泉寺(曹洞《そうとう》宗)がある。後鳥羽《ごとば》天皇の第３皇子，寒巌義伊禅師《かんがんぎいぜんじ》の開山と伝えられ，七堂伽藍《がらん》，末寺７カ寺をもつ大寺院であったといわれている。

この寺に愛宕《あたご》将軍地蔵とよばれる地蔵菩薩《ぼさつ》坐像(県文化)がある。1578(天正６)年，豊後国の大友宗麟《そうりん》(義鎮《よししげ》)の軍勢により，吉村惣右衛門種供《よしむらそうえもんたねとも》を城主とする高千穂四十八塁の１つ玄武《げんぶ》城は落城したが，この仏像のみは災禍を免れて残った。大友氏もこれを恐れ，以来防火・鎮火の菩薩として崇拝する人びとがふえた。旧暦正月24日の祭礼には，開帳され，地元はもとより熊本や大分など他県からの参拝者も多い。この地蔵菩薩像は，近年の調査で平安時代末期の一木造とわかり，大分の国東《くにさき》半島系の仏師の作ではないかといわれている。

愛宕将軍地蔵(龍泉寺)

龍泉寺から北上し，玄武山《げんぶさん》トンネルを抜けてすぐ左へ３km

木地屋

コラム

産

古くから活躍していた山奥の木工職人

木地屋《きじや》とは，山林の木を切り，轆轤《ろくろ》を使って椀《わん》や盆・杓子《しゃくし》などの木製品をつくる職人集団のことで，木地挽《きじびき》・木地職《しき》・轆轤師などともよばれていた。近江《おうみ》国愛知《えち》郡東《ひがし》小椋《おぐら》村が発祥の地ともいわれ，小椋・小倉・大倉・大蔵などの姓を名乗るものが多い。

山間地にはいって，男は木材を切りだし，女は家で轆轤《ろくろ》をひいて製品にし，里におりてそれを売って生活必需品を購入する。良材がなくなれば，他の山に移るという山の民であった。したがって習俗・風習なども里に暮らす人たちとは異なっていた。

全国に残っている木地山・木地ヶ峰・木地畑といった地名は，その足跡をあらわすといわれている。九州山地の中心にあたる椎葉村《しいばそん》から五ヶ瀬町鞍岡《くらおか》にかけてと，祖母《そぼ》山《やま》一帯は原生林に恵まれ，相当な数の木地屋が活動していたと思われる。

記録によれば，五ヶ所山(高千穂町)には1735(享保《きょうほう》20)年で10軒，1766(明和《めいわ》3)年で五ヶ所木地屋4軒，鞍岡山に9軒とみえ，日向国のなかでも木地師の数が多い地域であった。鞍岡の向坂山《むこうさかやま》(標高1684m)，白岩山《しらいわやま》(標高1646m)の谷には，木地師との関係がうかがえる木合屋《きごうや》・木地屋谷《きじやだに》といった地名が，今も残っている。

明治時代にはいって木地師の定住化が進み，活動も衰えていくが，三ヵ所《さんがしょ》坂本の小椋家には，平安・鎌倉時代から戦国時代末にかけての木地師に関する免許状が伝えられている。山林地帯にあっては豊かな自然林は，生活に恵みをもたらす大事な資源だったのである。

ほどいったところには，玄武山正念寺《しょうねんじ》(浄土真宗《じょうどしんしゅう》)がある。玄武城主吉村種供の菩提をとむらうために，種供の父道休が建立した寺院である。

上野地区に伝わっている民衆芸能に臼太鼓踊《うすだいこ》(県民俗)がある。天正年間(1573〜92)，薩摩島津氏と豊後大友氏が，日向国の知行をめぐって，高城《たかじょう》(児湯《こゆ》郡木城《きじょう》町)で合戦をしたとき，島津方の平田美濃守光宗《ひらたみののかみみつむね》は，重さ約40貫(約150kg)の臼を首からさげ，権現《ごんげん》の霊夢の歌をうたいながら諸軍とともに踊った。大友軍はこの様子をみてあざ笑ったが，そのすきに島津軍は堰提《えんてい》を切り放ち，大友軍の多くを溺死《できし》させて勝利を得た，という由来記が伝わる。龍泉寺の祭礼のとき踊が披露されている。

三秀台《さんしゅうだい》 ㉚

〈M►P.2〉西臼杵郡高千穂町五ヶ所《ごかしょ》 P

JR日豊本線延岡駅🚌高千穂行高千穂バスセンター乗換え河内・夕塩行河内乗換え五ヶ所・原山行三秀台🚶10分

祖母山・九重山・阿蘇山を一望できる絶景の地

龍泉寺からさらに国道325号線を進むと，河内地区に着く。そこからさらに約2km山道をはいった奥鶴《おくづる》地区で丸山石棺《まるやませっかん》群が発掘された。この石棺群は標高620mの丘陵上にあり，石棺13基と横穴墓2基が発見され，石棺の1つは長さ175cm・幅55cmで，6枚の阿蘇凝灰岩を組み合わせてあった。石棺には，刀子《とうす》・鉄環《てつわ》・平玉《ひらだま》などの副葬品があり，5～6世紀の古墳時代のものと考えられている。また横穴墓は玄室《げんしつ》の両側に屍床《ししょう》とよばれる小室をおき，頭の部分に一段低く石枕《いしまくら》を彫り込む肥後型とよばれるこの地方独特の形式で，肥後地方との交流を物語っている。現地で見学できるのは石棺の一部のみで，高千穂町コミュニティセンターの外に，出土した箱式石棺墓(丸山石棺墓第13号墓)が移設されている。

この地区の指野《ゆびの》には三田井氏四十八塁の1つ，亀頭山《きとうさん》城跡がある，この山城は家臣甲斐《かい》将監《しょうげん》惟房《これふさ》の居城で，三田井氏にとっては日向と肥後・豊後との交通路をまもる要害であったが，1594(文禄《ぶんろく》3)年に延岡城主高橋元種に攻められ落城した。惟房は奥鶴までのがれ，ここで自刃《じじん》したといわれる。

河内の中心から竹田《たけだ》方面へ県道竹田五ヶ瀬線を進むと，祖母山《そぼさん》(標高1757m)の麓《ふもと》，五ヶ所高原に着く。この入口の高台が三秀台である。祖母山・九重《くじゅう》連山・阿蘇山の三秀峰を眺めることができることが名の由来である。ここには2つの碑がたっている。1つは日本近代登山の父ウェストンの碑で，ウェストンが日本アルプスを開拓する前の1890(明治23)年に，祖母山を登山したことにちなむ。毎年11

三秀台からの眺望

月3日にウェストン祭が開かれ，業績をたたえている。もう1つは平和祈念碑で，1945(昭和20)年8月30日に祖母山で遭難したB29と，同じく8月7日に消息をたち暮れに機体が発見された隼《はやぶさ》戦闘機にちなみ，かつて日米両国の若者の尊い命がこの地で失われたことを記憶にとどめ，恒久平和と日米両国の友好を願いたてられたものである。こちらも毎年8月末に平和祈念祭が行われている。発見されたB29の部品は高千穂コミュニティセンターに展示されている。

吉野《よしの》朝《ちょう》勤王《きんのう》家《か》芝原又三郎《しばはらまたさぶろう》の墓《はか》 ㉛

南朝方で活躍した勤王の人

〈M►P.2〉 西臼杵郡高千穂町芝原《しばはら》

JR日豊本線延岡駅🚌高千穂行高千穂バスセンター乗換え鞍岡《くらおか》・波帰《はき》行中の原🚶70分

高千穂バスセンターから五ヶ瀬町方面へバスで約10分，中の原で下車し，押方小学校方面へ右折し，5kmほど進むと芝原地区がある。ここは南北朝時代の南朝方の武将芝原又三郎入道性虎《にゅうどうしょうこ》の出身地である。性虎は，征西将軍懐良《かねよし》親王の九州下向にあたり，令旨《りょうじ》を奉じて高千穂荘《しょう》を統率した人物である。性虎が熊野から勧請《かんじょう》したという芝原神社が老杉のなかに鎮座している。この神社前から西に100mほどいき，右手の階段をあがると，吉野朝勤王家芝原又三郎の墓(県史跡)がある。高さ1.3mの自然石で，墓碑銘などなにもきざまれてはいない。また，1934(昭和9)年，建武《けんむ》中興600年を記念してたてられた，高さ4mの吉野朝勤王家芝原又三郎誠忠碑もある。

国道218号線を西に進み，津花《つばな》トンネルをぬけると，五ヶ瀬町の中心部三ヶ所赤谷《さんがしょあかだに》に着く。県道竹田五ヶ瀬線を北へ約8km進む。途中，北に阿蘇の高岳《たかだけ》・根子岳《ねこだけ》を眺めながら桑野の横通《よこどおり》地区に至る。馬場バス停から東へ約500mのところには，性虎が芝原から移したという古戸野《ふるとの》神社があり，馬場バス停より西500mには，菩提寺であった厚福寺《こうふくじ》跡がある。古戸野神社は古くは熊野三社権現《くまのさんしゃごんげん》とよばれ，古来，火の神様として周辺の人びとの信仰も篤く，また寺跡には五輪塔が数基ある。

そして横通バス停の東には性虎八幡宮《はちまんぐう》があり，その奥にある墓石群が，芝原一族の墓と称され，そのなかの五輪塔が性虎の墓と伝えられている。阿蘇氏と結んで北朝方とたたかうために，性虎は芝原から桝形山《ますがたやま》の北側の横通地区が地勢が有利であると考え，居を移したものと思われる。近くには性虎の築城によるという樺木岳《かばきだけ》城跡や桝形城跡があり，陣・馬場《ばば》などの地名にその名残りをとどめている。

三ヶ所神社《さんがしょじんじゃ》 ㉜

0982-82-1513

〈M►P.2, 44〉西臼杵郡五ヶ瀬町三ヶ所 P
JR日豊本線延岡駅🚌高千穂行高千穂バスセンター乗換え波帰行赤谷，または埋立乗換え谷下・坂本行宮之原《みやのばる》🚶5分

壮麗な社殿と枝垂れ桜

国道218号線の赤谷トンネル付近から県道五ヶ瀬諸塚《もろつか》線を諸塚方面へ約2kmいった五ヶ瀬町宮之原には，伊弉諾命《いざなぎ》・伊弉冉命《いざなみ》2神をまつる三ヶ所神社(二上《ふたがみ》神社西宮)が，宮之原バス停の南東の杉林のなかにある。天孫降臨の伝承をもつ二上山(男岳《おだけ》・標高1060m，女岳《めだけ》・標高989m)の山麓《さんろく》にあるが，高千穂町側にも同名の二上神社があり，高千穂町側が東宮，五ヶ瀬町側が西宮にあたる。

詳しい創建の年代はわからないが，9世紀末ごろとも伝えられ，1571(元亀《げんき》2)年，大工藤原尾張守武家《おわりのかみたけいえ》ら30人の手により本殿が完成したという。現在の三ヶ所神社本殿(県文化)は文政年間(1818～30)の完成で，獅子や花・鳥などの彫刻がほどこされ，壮麗なつくりを誇っている。神社には石刻門守神像《せっこくもんじゅ》2体(県文化)がある。神門の左右の袖《そで》間にすえられている守護神像で，「応永《おうえい》四(1397)年」の銘がある。

神社西隣には，1615(元和《げんな》元)年に宗源が開基した西栄山《さいえいざん》浄専寺《じょうせんじ》(浄土真宗)がある。境内の高さ15m，樹齢200年以上という枝垂《しだ》れ桜(県天然)が，毎年春には薄紅の花をいっぱいつけてみごとであり，多くの花見客で賑わう。このサクラは，江戸時代中期に9世住職戒肇《かいちょう》が，京都の祇園《ぎおん》からもち帰り植えたものと伝える。なお，境内に

三ヶ所神社(二上神社西宮)

荒踊り

コラム

芸

山中に響く天正から伝わる勇壮な舞い

五ヶ瀬町坂本《さかもと》地区に天正年間(1573〜92)から伝わる荒踊りは，県内でもめだって勇壮な踊りの1つである。坂本城主だった坂本伊《い》賀守正行がはじめたのが最初といわれ，その孫にあたる坂本城主入道休覚《きょうかく》が，慶長年間(1596〜1614)，その守護神である二上《ふたがみ》大明神(三ヶ所神社)に奉納することを決め，新発意《しんぼち》に踊りの総指揮をとらせたという。寺に飼われていたサルにも踊らせたと伝えられている。そのため踊りには，その新発意とサルの役割もある。現在は9月29日の三ヶ所神社の秋季大祭とその翌30日に中登《ちゅうのぼり》神社(坂狩)，ほかに坂本城跡で年1回奉納されている。

踊りは18種の演目があったが，江戸時代に一時中断しており，現在は練踊り(行列隊形の踊り。出陣・帰陣で進行方向をかえて踊る)，御門のていの踊り(武器を手に踊る)，御所殿踊り(武器をもたず，開き扇・さかい拍子で踊る)など，13演目が伝わっている。すべて踊るには6時間ほど要し，坂本地区の14組244戸のなかから選ばれた60数人ほどによって踊られている。

踊り手は戦国時代さながらの武者装束に弓や鉄砲・槍などをもち，戦意を鼓舞するための鉦《かね》，大小の太鼓《たいこ》，笛・法螺貝《ほらがい》が陣立てに加わって行列が構成される。勇壮活発な踊りや扇をもった踊り，素手で手をたたく踊りなどさまざまである。

この荒踊りの特徴は，練り踊りのはじめとおわりで，その途中に鉄砲隊が2挺《ちょう》の火縄銃の発砲を合図に，組ごとに異なる勇壮な踊りに急変するところで，大きな見どころである。

この地方の歴史が踊りの歌のなかにおり込まれており、古式に則《のっと》った行列や装束などは，ほかに類のない地域的特色をもつ芸能として，1987(昭和62)年，西都《さいと》市の米良《めら》神楽，高千穂町の高千穂神楽につぎ，県内で3番目の国の重要無形民俗文化財に指定された。

荒踊り

は元二上大明神別当観音像も安置されている。

三ヶ所廻淵《めぐりふち》には，三ヶ所鉱山(廻淵鉱山)の跡がある。1953(昭和28)年まで操業していた。良質の銅鉱石が産出することで有名で，江戸時代後期，岩戸の土呂久《とろく》鉱山を掘りあてた森田三弥《さんや》が発見した

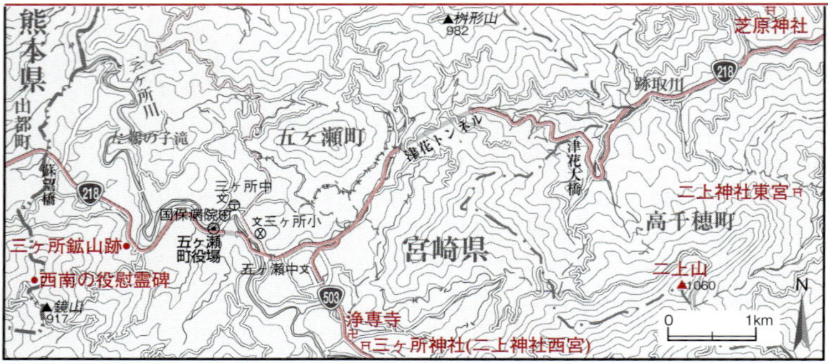

三ヶ所神社周辺の史跡

という。現在跡地は整備され，その痕跡《こんせき》はとどめていない。

また標高917mの鏡山《かがみやま》は，室野《むろの》の明神山《みょうじんやま》(標高948m)，坂狩《さかがり》の中《ちゅう》登岳《のぼりだけ》(標高949m)とともに鏡石の由来もつ三山の1つで，西南戦争(1877年)の際，桐野利秋《きりのとしあき》らが率いる西郷《さいごう》軍と新政府軍が死闘を繰り広げた激戦地の1つである。現在，西南の役慰霊碑が建立されている。西南戦争では延岡市・西臼杵一帯が戦場となり，戦いにかりだされた地元の人びとも多かったという。

現在，宮崎県総合博物館(宮崎市)に移築保存されている旧藤田家住宅(国重文)も，この地域にあった。1787年(天明《てんめい》7)年にたてられた県内でも古い，典型的な江戸時代の民家の1つである。

国道218号線を三ヶ所赤谷から鞍岡行きのバスで約5km熊本方面へいくと，肥後国と日向国の国境の要衝馬見原《まみはら》(現，熊本県上益城《かみましき》郡山都《やまと》町)に着く。馬見原はかつて江戸時代から明治時代にかけて，山村商品の集積地として発展した在町《ざいまち》であった。そこからバスは国道265号線にはいって椎葉《しいば》方面へ向かう。約4kmで鞍岡の中心地祇《ぎ》園《おん》地区に至る。祇園山(標高1307m)は，約4億3000万年前のシルリア紀に熱帯地方生物であるクサリサンゴやハチノスサンゴ・オーム貝・三葉虫などの化石がでたことで有名である。

椎葉へと続く国見《くにみ》峠(胡麻山《ごまやま》峠，標高1100m)への登り口にあたる本屋敷《もとやしき》・波帰《はき》には，近年天然の清流を利用してヤマメ(別名エノハ)の養殖が大規模に行われ，重要な地場産業の1つとなっている。白岩山(標高1646m)には石灰岩峰植物群落(県天然)があり，初夏に咲くシャクナゲなどの高山植物が440種余り群生している。

3 覇者たちの激戦地—耳川—

近・現代の史跡が多く，港町の風情を味わえる海岸部と，山深い入郷《いりごう》地区からなる地域。

庵川観音堂周辺《いおりがわかんのんどうしゅうへん》 ㉝

〈M►P.3〉東臼杵郡《ひがしうすきぐん》門川《かどかわ》町庵川
JR日豊《にっぽう》本線門川駅🚌延岡《のべおか》方面行門川海浜公園入口
🚶30分

日向・延岡を一望できる遠見山の麓の庵川地区

門川海浜公園入口バス停から門川湾沿いに東に2kmほどいくと，20年ほど前に新しくつくりかえられた庵川観音堂がある。この観音堂は江戸時代初期，延岡藩主有馬直純《ありまなおずみ》の正室日向御前《ひゅうがごぜん》(徳川家康《いえやす》の孫)が帰依《きえ》していた子安《こやす》観音を，有馬氏が1692(元禄《げんろく》5)年に越後《えちご》国の糸魚川《いといがわ》に転封《てんぽう》となったとき，この村の「エイ」という女がゆずりうけて崇拝したのが起源という。当時のものは焼失してしまったが，直純がキリシタン大名有馬晴信《はるのぶ》の子だったため，マリア観音像ではなかったかとも考えられている。

観音堂から500mほど北へはいった山裾《やますそ》の一帯を皿山田《さらやまだ》とよぶが，その段々畑のなかに，反地下式有段状登窯《のぼりがま》の庵川焼窯跡がある。延岡城主高橋元種《もとたね》が，豊臣秀吉《とよとみひでよし》による朝鮮出兵(1592〜98)の際に，朝鮮からつれ帰ったシンニョム，カンニョムという2人の陶工が開いたという起源が伝わっている。庵川焼と伝えられたものは壺・皿などの陶器が多かったが，1972(昭和47)年の発掘調査の結果では，ほとんどが磁器，しかも17世紀後半以降に焼かれたもので，元種の時代にはさかのぼりえないという。なお出土品の一部は，門川町役場近くの門川歴史民俗資料館に陳列されている。

庵川観音堂から東へ約5km，門川湾につきだした遠見山《とおみやま》半島の南端，烏帽子《えぼし》岳(標高260m)の南西の丘地は牧山《まきやま》とよばれ，江戸時代に延岡藩の牧がおかれた。牧の柵《さく》に使用した石垣や土手が現存している。牧跡の

遠見山からみた延岡市

北東にある遠見山(標高308m)には，江戸時代には，遠見番所がおかれ，海岸の警備にあたっていた。眺望が開け，日向灘《ひゅうがなだ》・門川湾・赤水《あかみず》湾・土々呂《とどろ》湾をすぐ下にみることができ，門川湾の中央には，周囲約4kmの乙《おと》島(県名勝)をのぞむことができる。島の東側には柱状節理がみられる。また海食洞が数カ所あり，なかでも南側の茶屋の大門(竜宮のぞき)が最大で，奥行60mあるという。釣り場やキャンプ場としても知られており，県内外からレジャー客が訪れている。島へは，門川漁港から渡し船がでている。

門川城跡《かどかわじょうあと》 ㉞

〈M ▸ P.3〉 東臼杵郡門川町城屋敷《じょうやしき》
JR日豊本線門川駅🚌宇納間《うなま》行五十鈴《いすず》小学校前🚶2分

日向三城の1つ、門川城跡

門川駅の南，五十鈴川河口北側の門川町役場付近は，古代駅制の刈田駅家《かりたのうまや》があった場所とされている。『延喜《えんぎ》式』によると，古代の日向路は北から長井駅家(現，延岡市北川町長井)，川辺《かわのべ》駅家(現，延岡市西階《にししな》)からこの刈田駅家，そして美禰《みね》駅家(現，日向市美々津《みみつ》)につうじていた。刈田駅家には駅馬5疋《ひき》と伝馬《てんま》5疋がおかれていたことがみえる。門川は刈田の転訛《てんか》，刈田は門川の誤記ではないかともいわれている。

門川町役場南の国道10号線から県道38号線を西へ向かうと，約2kmで門川城跡がある。五十鈴小学校の東側に広がる水田のなかの高さ29m余の小さな丘がそれである。本丸・二の丸，曲輪《くるわ》・空堀《からぼり》の跡が現存しているが，以前は周辺が湿田のため胸までぬかり，近づきにくい要害《ようがい》であったという。戦国時代，伊東・土持《つちもち》両氏が争奪を繰り返し，たびたび合戦が行われた。15世紀中ごろから16世紀後半の伊東氏領有時代には，県《あがた》(現，延岡市)の土持氏に対する最前線の城で，日知屋《ひちや》城・塩見《しおみ》城(ともに現，日向市)とともに日向三城の1つに数えられ，伊東氏家臣米良四郎右衛門尉《めらしろうえもんのじょう》の居城であった。

城跡からさらに県道38号線を西方へ約2km進んだ小松《こまつ》バス停近くの道路脇に，古い石塔や板碑《いたび》を多く有する墓地がある。鎌倉時代の小松寺跡(日蓮《にちれん》宗)と推定され，高さ1.7mの五輪塔や「文永《ぶんえい》四(1267)丁卯天三月」の銘をもつ県内最古の板碑もある。鎌倉時代からこの地方をおさめていた伊東氏一族の門川氏あるいは小松氏の墓とみられているが，確証はない。なお，この墓地内には，樹高15m

の門川のギンモクセイ(県天然)がある。

富高陣屋跡《とみたかじんやあと》 ㉟

〈M ▸ P. 3, 47〉日向市本町10－20 Ⓟ
JR日豊本線日向市駅🚶10分

現在の日向市の中心部、天領の地富高

日向市の中心部分富高は，江戸時代初期は延岡藩有馬氏領だった。1690(元禄 3)年，領内の山陰《やまげ》村(現，東郷《とうごう》町)で百姓の逃散《ちょうさん》がおこり，そのため有馬氏は1692年に越後《えちご》国(現，新潟県)糸魚川《いといがわ》へ転封《てんぽう》となった。このため富高は天領となり，豊後国(現，大分県)の日田《ひた》代官所の支配下におかれた。

富高にはこの幕府領を管轄する陣屋(手代所《てだいしょ》)が設けられ，手代(幕府の役人) 2 人が駐在した。その富高陣屋跡の石柱が，日向市役所のすぐ南にある幸福《こうふく》神社の境内にある。陣屋の建物は，第二次世界大戦後も市議会の議場として使用されたが，その後取りこわされ，なにも残っていない。幸福神社は，富高陣屋の鬼門除けのために1776(安永 5)年に西国筋《さいごくすじ》郡代(旧日田代官)揖斐《いび》富次郎が京都伏見《ふしみ》稲荷《いなり》を分祀《ぶんし》したものであろうといわれ，陣屋の鎮守稲荷社と称していたが，1868(明治元)年に現在名に改めた。

大御神社《おおみじんじゃ》 ㊱

0982-52-3406

〈M ▸ P. 3, 47〉日向市伊勢《いせ》が浜 Ⓟ
JR日豊本線日向市駅🚶50分

伊勢ケ浜、小倉が浜に隣接する大御神社

日向市駅から南東約 3 kmの海岸伊勢ケ浜は，夏は海水浴客で賑わうところだが，その伊勢ケ浜の南方に，大御神社(祭神天照皇大《あまてらすすめおお》御神《みかみ》，国重文)がある。創建の年月はあきらかではないが，社名は天照皇大御神の「大御」をとってつけられたといわれている。例祭は11月15・16日で，「日向のお伊勢さま」といわれて慕われている。

大御神社東側の奇岩をみおろす伊勢ケ浜に面した岬は，日知屋《ひちや》城跡である。日知屋は，南北朝時代から都於郡《とのこおり》城(西都《さいと》市)に本拠を

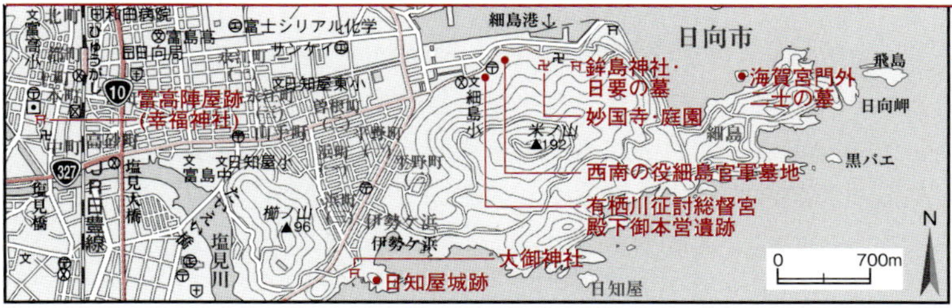

伊勢ケ浜周辺の史跡

大御神社

構えた伊東氏がおさめ，日知屋城はその支城で，門川城(門川町)・塩見城(日向市)とともに日向三城の1つに数えられた。15世紀末には，伊東氏12代の祐国《すけくに》の弟祐邑《すけむら》が城主であった。祐邑は，祐国の子尹祐《ただすけ》と争い，「豊後を味方につければ，国も安泰」だと豊後の大友《おおとも》氏につうじ，本家から謀反《むほん》の嫌疑をかけられ，尹祐の刺客に殺害された。

祐国・祐邑の供養碑(日知屋城跡)

そのとき城は取りこわされてそのまま廃城となり，今は石段がわずかに残るのみである。城跡内には祐国・祐邑の供養《くよう》碑があり，公園として整備されている。

有栖川《ありすがわ》征討《せいとう》総督《そうとく》宮《みや》殿下《でんか》御本営《ごほんえい》遺跡《いせき》 ㊲

西南戦争の史跡、港をみおろす宮軍墓地

〈M►P.3, 47〉 日向市細島《ほそしま》700−1 🅿
JR日豊本線日向市駅🚌東細島行細島小前🚶2分

日知屋城跡から北へ約2km進むと，細島商業港に着く。港の南，細島小学校の向かい側に有栖川征討総督宮殿下御本営遺跡(県史跡)がある。1877(明治10)年の西南《せいなん》戦争で，西郷《さいごう》軍を鎮圧するため明治政府軍は8月に細島へはいり，摂津《せっつ》屋善兵衛宅を征討総督本営とした。征討総督の有栖川宮熾仁《たるひと》親王は8月25日から9月26日まで滞在し，新政府軍の総指揮にあたった。現在，ここには摂津屋の子孫が住んでおり，家は一部修築している。

有栖川征討総督宮殿下御本営遺跡から東に50mほどいくと「細島

日向ひょっとこ踊り

コラム

芸

みるものの笑顔を誘う ひょっとこ踊り

ひょっとこ踊りは，日向市塩見《しおみ》永田《ながた》地区に伝わる滑稽《こっけい》な郷土芸能で，別名橘《たちばな》踊り・ピーヒョロ踊りともいう。1908(明治41)年，塩《しお》見《み》の眼科医橘公行《きみゆき》が付近の青年たちに教えたのが始まりといわれる。

キツネ・おかめ・ひょっとこの面をつけ，赤い着物に白い帯，褌《ふんどし》姿で，笛や鉦《かね》・太鼓のリズムにあわせて首や腰を前につきだしたり，手足を滑稽に動かして踊りまわるものである。

現在では８月第１土・日曜日に開催され，県内外から多くの人が集まってくる。

官修墳墓拝堂入口」の標柱がみえてくる。そこを右折し，階段をあがると一般墓地のすぐうえの細島商業港をみおろす位置に，西南の役細島官軍墓地(官修墓地)がある。延岡方面へ西郷軍を追撃した官軍は，西郷側の反撃で多数の死者をだしたが，この墓地にはそのときに戦死した第１連隊第３大隊長迫田鐵五郎《さこたてつごろう》少佐ほか新政府軍将兵，警察官ほか計282人が埋葬されている。墓碑には氏名・官職・階級・出身地・死亡地などがきざまれている。九州出身者以外にも，山口・広島・和歌山・三重・石川などの出身者が多く，青森・岩手・山形・新潟出身者もみえる。

細島官軍墓地

妙国寺庭園《みょうこくじていえん》 ㊳

0982-52-2486(妙国寺)

〈M►P.3, 47〉 日向市細島373 Ⓟ

JR日豊本線日向市駅 東細島行妙国寺入口下車 5分

寺田屋事件ゆかりの地、黒田の家臣

官修墓地から200m東方にいくと妙国寺(日蓮《にちれん》宗)に着く。本堂の南側に築造された庭園(国名勝)は，南西に急峻《きゅうしゅん》な崖《がけ》が迫り，東は露出した岩盤を波状にし，表面を湧水《ゆうすい》が流れ，中央につくられた池に注ぐなど，周囲の自然を取り入れている。池には中島をおき，水は西の隅から境内の外の小川に流れでるようになっている。小規模な庭園だが，東西の丘陵にはモミジ・シイ・マツなど古木がしげり，

妙国寺庭園

四季の変化に富み自然地形をいかし，仏法の世界をあらわしている。

作庭時期はあきらかではないが，本堂が建立《こんりゅう》された1756(宝暦《ほうれき》6)年，あるいは作庭の手法などから1342(康永《こうえい》元・興国《こうこく》3)年の開山当時に庭園の基礎がつくられたのではないかと考えられている。長い間荒廃していたが，1973(昭和48)年に全面的に修復し，また1978年に水源地や池底・植木などを修復し，当時の様子を再現した。

妙国寺からさらに東に約200m進むと鉾島《ほこしま》神社(祭神誉田別《ほんだわけ》命ほか12柱)がある。その階段をあがり裏道にぬけると，僧日要《にちよう》の墓(県史跡)がある。もと本要寺《ほんようじ》のあったところだが，今は廃寺となっている。

日要は1436(永享8)年に細島に生まれ，妙国寺で出家。のち安房《あわ》国(千葉県)日蓮正宗本山妙本寺《みょうほんじ》11世となり，仏門の興隆に力をそそいだ。日要が郷里細島に帰ったとき，悪病の流行で死者が続出しており，それが伊東尹祐の刺客に殺された日知屋城主伊東祐邑とその一族によるものと考えられていた。そこで日要は的供養《まとくよう》をして怨《おん》霊《りょう》悪疾を退散させ，人びとに日要上人と尊崇された。このときの的供養は，日要が題目を書いた石を海に沈め，萬屋《よろずや》関本《せきもと》伊太郎《いたろう》・伊次郎《いじろう》の兄弟に鬼面の的を破魔矢で射させ，怨霊退散を祈禱《きとう》して祐邑一族の霊をしずめたというものである。現在はその的供養の行われた旧暦1月15日に，42歳の大厄の厄除けが実施されている。

細島商業港から東へ海岸沿いに約2km，御鉾ヶ浦《みほこがうら》公園端(通称「黒田の家臣」)に，幕末勤王家海賀宮門《かいがくもん》外二士の墓(県史跡)がある。京都伏見の寺田屋事件(1862年)で捕えられ，薩摩に護送される途中，細島港外の高島で惨殺された海賀宮門(直求《なおもと》，筑前《ちくぜん》)・千葉郁太郎《いくたろう》(但馬《たじま》)・中村主計《かずえ》(肥前《ひぜん》)の墓である。3人とも右手をしばられて，全身に8〜9カ所の傷があったという。ひとりの腹巻に「平生心事

海賀宮門外二士の墓

豈有也，赤心報国唯四字，黒田家臣海賀直求」と書かれていたことから身元が確認された。それから死体があった場所を「黒田の家臣」とよぶようになったといわれる。

墓は1913(大正２)年にたてかえられ，中央の碑には「海賀直求之墓」，向かって右の碑に「贈正五位千葉郁太郎喜胤墓」，左は「肥前中村主計重義之墓」ときざまれている。ほかに1914年に設けられた山県有朋《やまがたありとも》筆による赤心報国之碑もたっている。

元《もと》廻船問屋《かいせんどんや》河内屋《かわちや》跡《あと》 ㊴

0982-58-0443(日向市歴史民俗資料館)

〈M►P.3, 52〉日向市美々津《みみつ》町3244 Ⓟ

JR日豊本線日向市駅🚌高鍋《たかなべ》行立縫《たちぬい》の里《さと》🚶2分

神武天皇船出の地、町並保存地区美々津

日向市からバスで国道10号線を南下すると，20分ほどで美々津に着く。耳《みみ》川の河口近くの美々津大橋の真下にある立磐《たていわ》神社は，神武《じんむ》天皇が船出の安全を祈願して底筒男《そこつつお》命・中《なか》筒男命・表《うわ》筒男命をまつった由緒《ゆいしょ》により，景行《けいこう》天皇の時代に創建されたといわれる。境内には神武天皇が腰かけたと伝えられる御腰掛岩や，神武天皇の東遷2600年記念として建立された「日本海軍発祥之地」碑がある。

また，この地は古くから港町として栄え，江戸時代には高鍋藩秋《あき》月《づき》氏によっておさめられ，藩の番所・米蔵・役人屋敷などがおかれ，参勤交代にも利用された。耳川流域の木材・木炭・シイタケなどを大坂へ運び，「美々津千軒」といわれるほどの賑わいをみせた。そのため上方《かみがた》の影響が京格子・漆喰《しっくい》壁・通り庭風の土間など，家屋のつくりに今も残っており，国の重要伝統的建造物群保存地区に選

立磐神社

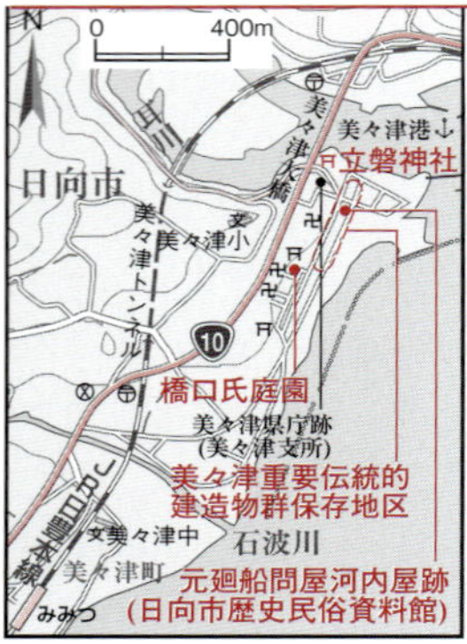

美々津の史跡

定されている。

元廻船問屋河内屋跡もその1つとして保存地区内にある。1983(昭和58)年に日向市歴史民俗資料館として復元され，日向市内出土の考古資料，廻船問屋河内屋に伝わる商品取引関係の古文書や掛軸，使用されていた船箪笥《ふなだんす》などを収蔵している。河内屋は1855(安政2)年にたてられ，2つの棟を平行につないだ形式の平入《ひらいり》2階建ての町屋である。正面には出格子や格子戸が設けられ，2階正面には虫籠《むしこ》窓がある。土間は通り庭の形式を伝え，千石《せんごく》船の設計図なども あり，当時の商家を再現させている。

河内屋の南側，国道10号線下に橋口《はしぐち》氏庭園(県名勝)がある。橋口家は天文《てんぶん》年間(1532～55)から続く旧家で，庭園も天文年間の築造といわれる。柱状節理の自然岸壁を利用してつくられた庭園は，京都醍醐寺《だいごじ》の三宝院庭園を模したものである。

庭園の北側，国道10号線沿いには美々津県庁跡があり，現在は美々津支所がおかれている。1872(明治4)年7月の廃藩置県により，日向国は，延岡・高鍋・佐土原《さどわら》・飫肥《おび》・鹿児島《かごしま》・人吉《ひとよし》の6県に分割された。美々津は高鍋県に組み入れられたが，11月に6県の統廃合が行われ，美々津県・都城《みやこのじょう》県の2県がおかれた。美々津県は大《おお》淀《よど》川以北を管轄し，人口20万1798人，初代参事は橋口兼三で，県庁ははじめ美々津におかれたが，1872(明治5)年8月，旧富高県庁跡(現，日向市役所)に移った。

元廻船問屋河内屋跡

美々津の町並みから，国道10号線を北に1kmほどいったところに権現崎《ごんげんざき》の照葉樹林(県天然)があ

つきいれ餅

コラム　み

美々津の昔からのみやげ、お船出だんご

　美々津《みみつ》のみやげ品に「お船出だんご」がある。これは神武《じんむ》東征に関する伝説に由来し，「つきいれ餅」ともいう。神武天皇が旧暦8月1日の昼ごろ，美々津から大和《やまと》東征のため船出する予定であったが，風の都合で急に船出が早朝に変更された。そのため献上する予定だった祝いの団子がまにあわず，米の粉と小豆と塩を混ぜて蒸し，これをついて天皇に献上したといわれ，これから「つきいれ餅」の名称がうまれた。みやげ物として売っている「お船出だんご」は，黒砂糖をまぜてつくってあるので，そのままで食べられる。

り，その近くには日向サンパークとして温泉施設やキャンプ場・道の駅が整備されている。

成願寺《じょうがんじ》 ㊵

0982-69-2035

〈M►P.3, 53〉日向市東郷《とうごう》町山陰《やまげ》12－1　P
JR日豊本線日向市駅🚌上椎葉《かみしいば》・中山行成願寺前🚶2分

冠岳の麓、山陰百姓一揆の地

　日向市から国道327号線を西に約10kmを進むと東郷町にはいる。町の中心は山陰といい，尾鈴《おすず》山地の冠《かんむり》岳（標高432m）が集落の東側にかぶさるようにそびえ，朝日のあたるのが何時間も遅れる場所で，文字どおりの山の陰にあたる。

　山陰バス停近くの東郷町役場には，県内で最古の「天文《てんぶん》十八(1549)年」の銘のある梵鐘《ぼんしょう》(県文化)がある。もとは，山陰から耳川を渡って坪谷《つぼや》川に沿って約1kmに位置する羽坂《はさか》神社(祭神伊邪那岐命《ぎのみこと》・速玉男《はやたまお》命)にあった。羽坂神社は明治初年までは冠岳大権現と称していた。梵鐘は高さ68.3cm・口径43cmの鋳銅製で，銘文は冠岳が新納院《にいろいん》(現，児湯《こゆ》郡木城《きじょう》町字高城《たかじょう》)の一部であったことを示し，歴史学・地理学的資料としても貴重である。

　東郷町役場から国道327号線を西へ約1.5kmで，右手に成願《じょうがん》寺(曹洞《そうとう》宗)がみえてくる。境内に1690(元禄《げんろく》3)年，山陰騒動(山陰・坪屋百姓一揆《いっき》)で死罪に処せられた21人の供養塔がある。1811(文化《ぶんか》8)年に大庄屋《おおじょうや》寺《てら》原和《はらかず》右衛《え》門《もん》と成願寺8世実門叟《じつもんそう》らに

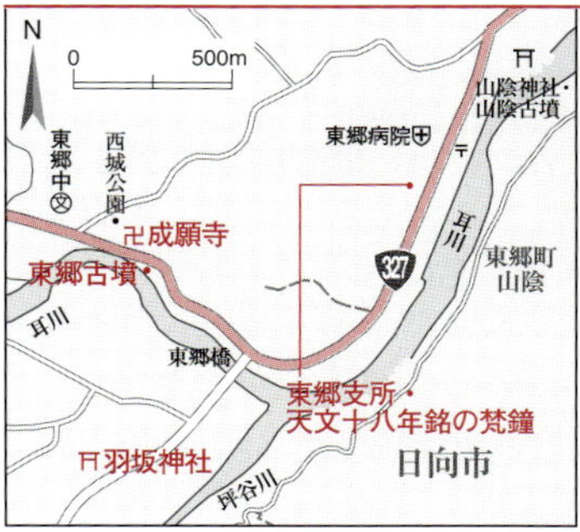

成願寺周辺の史跡

山陰・坪屋百姓一揆記念碑

よってたてられた。また1969(昭和44)年と1989(平成元)年に東郷町がたてた記念碑は，近くの西城《さいじょう》公園にある。

山陰はかつて延岡藩主有馬氏領であったが，農民に重税を課し，3年続きの凶作にも年貢の減免をせず，郡代梶田《かじた》十郎左衛門・代官大崎久左衛門らによる厳しい取り立てが行われた。1690(元禄《げんろく》3)年，ついに領民1422人は，高鍋藩に逃散《ちょうさん》をはかった。1691年，延岡藩主が幕府に裁断をあおいだため，江戸の評定所で百姓代表21人は郡代・代官と対決させられた。その結果，農民側の減税はなったが，磔《はりつけ》2人・打首12人・遠島(八丈《はちじょう》島)7人の犠牲をだした。

また，郡代・代官は，60カ国お構いの追放，藩主有馬清純《きよずみ》は政道不行届《ふゆきとどき》として越後国(新潟県)糸魚川に転封《てんぽう》となった。以来，この地の農民は犠牲者の霊を慰めるため朝参《ちょうさん》供養といって，毎年旧盆(8月17日)に法会《ほうえ》を営んできた。朝参は，人目をさけて朝早く墓参し冥福《めいふく》を祈ったからとか，逃散の字をはばかったからといわれている。

成願寺よりも東側，国道327号線と耳川の間には，東郷古墳(県史跡)の円墳3基のうちの1つ鶴野内《つるのうち》古墳が，また，東郷町役場の手前の，山陰神社(祭神大己貴《おおなむち》命，旧称利国《としくに》大明神)の境内にも山陰古墳があり，墳丘をみることができる。

若山牧水生家《わかやまぼくすいせいか》 41

0982-69-7722

〈M►P.3〉日向市東郷町坪谷《つぼや》 P

JR日豊本線日向市駅🚌中山行牧水記念館🚶1分

日向市駅からバスで国道327号線をさかのぼり，東郷町山陰をすぎて左折，東郷橋を渡り，牧水がよく歌に詠んだ耳川の支流坪谷川の渓谷をみながら45分，静かな山あいに古い木造の2階家若山牧水生家(県史跡)と，外観に和風を取り入れた鉄筋コンクリート造りの牧水記念文学館が並んでいる。

旅と酒と故郷を愛した歌人、若山牧水の生地

若山牧水生家

牧水は，1885(明治18)年に医師立蔵《りゅうぞう》とマキの長男として生まれた。本名は繁《しげる》といい，3人の姉がいた。旧制延岡中学校(現，県立延岡高校)から早稲田大学文学科高等予科に進んだ。同期に北原白秋《はくしゅう》がいる。尾上柴舟《おのうえさいしゅう》に師事し，1910年，第三歌集『別離』で認められ，1928(昭和3)年に静岡県沼津で43歳で亡くなるまで自然主義的な歌や酒・旅・愛郷の歌などを数多く残した。

生家は，1845(弘化《こうか》2)年，父立蔵と同じくやはり医師だった祖父健海《けんかい》がたて，のちいく度か修理が加えられてはいるが，「起き出でて　戸を繰《く》れば瀬は　ひかり居り　冬の朝日の　けぶれる峡《かい》に」とうたったように，今も牧水が少年時代を送ったころのたたずまいをみせている。周囲の風景もかわらない。

牧水記念文学館は，1967(昭和42)年，建築家である牧水の長男旅《たび》人《と》の設計で建設され，牧水の遺墨，愛用品や写真・著書など，400点ほどを展示している。

記念文学館のすぐ後ろの丘には，「ふるさとの　尾鈴の山の　かなしさよ　秋もかすみの　たなびきてをり」と，牧水の筆跡できざまれた歌碑がたっている。牧水が毎日のように寝転んでいたという自然石が用いられ，全国で275基(1996年現在)確認されている歌碑のなかでも出色のものである。毎年9月第2日曜日の牧水忌には歌碑祭が行われる。

神門神社《みかどじんじゃ》 ㊷

0982-59-1134

〈M►P.2〉東臼杵郡美郷《みさと》町南郷区神門　Ⓟ

JR日豊本線日向市駅🚌中山行神門病院入口🚶3分

韓国との交流も盛んな南郷区神門

牧水生家からさらにバスに乗り20km，国道446号線を進むと，約70分で南郷区神門に着く。神門神社は，718(養老《ようろう》2)年の創建といわれ，伊弉諾命《いざなぎ》・大山祇命《おおやまつみ》・菅原道真《すがわらのみちざね》・百済《くだら》王禎嘉《ていか》王のほか4神をまつっている。

神門に伝わる百済王族の伝説は，『比木大明神縁起《ひきだいみょうじんえんぎ》』には，つぎ

神門神社

のようにみられる。新羅《しらぎ》に国を追われ，安芸《あき》国の厳島《いつくしま》(広島県宮島《みやじま》町)を経て金《かね》ヶ《が》浜《はま》(日向市)に漂着して，神門(美郷町南郷区)に宮居を構えたが，新羅の追討軍が押し寄せ，流れ矢にあたって戦死し，その後，神門塚《つか》の原《はら》に埋葬されまつられたという。

神門神社社殿(国重文)は簡素で装飾の少ない流造であり，屋根のつくり方の手法が注目されるものである。また，子宝・安産・再会の祈願として「願かけひょうたん」がつりさげられている。

村内にある南郷古墳(県史跡)は円墳2基からなるが，1基は，神門神社から東南方約3kmの国道446号線沿いの水田のなかにある禎嘉王の墓といわれる塚の原古墳で，もう1基の神門神社裏手にある古墳が，新羅の軍と戦い，百済王を助けた土地の豪族益田太郎の墓といわれている。百済王族の伝説との関わりを物語っている。

また，今もなお旧暦12月18日から3日間行われる神門神社の師走《しわす》祭りは，禎嘉王の長子福智王をまつる比木神社(木城町)から約90kmの道のりを，神官・氏子《うじこ》にまもられながら神体の渡御があり，全国的にもほとんど例をみない2社合同の祭りが行われている。この師走祭りは，1947(昭和22)年ごろまでは9泊10日で行われ，比木から神門に至る道中は祭礼や神楽《かぐら》などで賑わった。小丸《おまる》川での禊《みそぎ》や野焼き，住民との交歓などの祭り絵巻が繰り広げられたが，現在は2泊3日の神門中心の祭りとなっている。

西の正倉院 ㊸

神門神社の宝物をおさめる西の正倉院

0982-59-0556

〈M►P.2〉東臼杵郡美郷町南郷区神門62－1 P

JR日豊線日向市駅🚌神門行百済の館前🚶3分

神門神社の東隣には，奈良の正倉院を忠実に模した西の正倉院があり，神門神社の宝物が多く展示されている。33面の銅鏡(県文化)のうち，4世紀末のものとされる半円形帯神獣鏡《しんじゅうきょう》と5～7世紀の神獣鏡や海獣《かいじゅう》葡萄《ぶどう》鏡など合計10面は，大陸でつくられた銅鏡をわ

西の正倉院

が国で模倣してつくった仿製《ほうせい》鏡である。8世紀の奈良時代のものは11面にのぼり，唐《とう》式の六花《ろっか》鏡・八花《はっか》鏡・八稜《はちりょう》鏡など優美なものがあり，平安時代の鏡3面，南北朝・室町・江戸初期の9面をあわせて計33面である。このうち瑞花《ずいか》六花鏡1面は，正倉院宝物の御物・東大寺大仏殿大仏台座下出土鏡・岡山県笠岡市大飛島《おおひしま》出土鏡と同じ型のもので，古くから神社などで保管されている伝世鏡である。千葉県香取《かとり》神社の銅鏡とは2種4面が，三重県鳥羽《とば》市八代《やつしろ》神社の銅鏡とは4種7面が同型のものである。また，伯牙弾琴《はくがだんきん》鏡など7種13面は日本各地の伝世鏡や出土鏡と同じ文様であり，関連する場所は25カ所にもおよんでいる。

ほかに，「応永《おうえい》八(1401)年」の銘をもち，三門《みかど》大明神御正体《みしょうたい》といわれ，神仏習合資料としても注目される**板放《いたはなち》絵《え》着色《ちゃくしょく》観音《かんのん》菩薩《ぼさつ》御正体**(県文化)がある。また禎嘉王が伝えたという須恵器《すえき》の甕，6世紀後半制作といわれる馬鐸《ばたく》・馬鈴《ばれい》各1個が伝わっている。この辺地にこのような貴重なものがどのようにして伝わったのかはまったくわかっていない。

国道388号線を10kmほど西へ向かうと，**鬼神野《きじの》・栂尾《つがお》溶岩渓谷**(県名勝)がある。1億2000万年前に赤道付近で噴出したといわれる柱状溶岩からなるこの渓谷は，小丸川の上流に位置し，澄みきった清流が流れている。

田代神社《たしろじんじゃ》 ㊹

〈M►P.3, 58〉東臼杵郡美郷町西郷区田代161－1 Ⓟ
JR日豊本線日向市駅🚌上椎葉行田代局前🚶50分

毎年、御田祭で賑わう西郷区

神門神社から国道388号線を4kmほど東に戻り，国道446号線との分岐を左折してそのまま国道388号線を18kmほど北に進む(日向市からは，国道327号線を30kmほど西に進む)と，**御田祭《おんださい》**(県民俗)で有名な西郷区田代に着く。御田祭は1032(長元《ちょうげん》5)年の田代神社創建以来の田植祭りで，無病息災と豊作が祈願される。**田代神社**

田代神社周辺の史跡

(祭神彦火々出見命《ひこほほでみ》)は，古くは霧島《きりしま》大権現といい，日陰山(通称権現山，標高898m)の中腹500mほどにある。上円野《うえんの》から林道を歩き，一の鳥居から約1時間，急な山道をのぼっていくと急斜面の岩壁のうえの10m²ほどの平地にたっている。

神社は古来，神田《しんでん》として上《かみ》・中《なか》・下《しも》の宮田《みやた》を有していたが，現在は上の宮田・中の宮田だけになり，御田祭もここで行われる。御田祭は毎年7月7日を例祭とし，神官・祝子《ほうり》をはじめ，氏子総代および地元役員と，世襲によってうけつがれているミヨド(男役で，神への供物《くもつ》の準備や神官・祝子の接待役)，ノボリモチ(男役，のぼりをかつぎ，御神幸行列に参加)，ウナリ(女役，御神幸に加わり，赤飯の握り飯と梅干を参詣《さんけい》者に配る)らで進められる。田代神社が山腹にあるため，神輿《みこし》などは山裾の上円野神社(旧称愛宕《あたご》神社)におかれている。祭り当日の早朝，上円野神社へ神官らが神輿を迎えにゆき，降神儀式を行う。その後，御神幸行列が上の宮田に向かい，田植えをする。同じころ中の宮田では，若者が裸馬を乗り入れ，牛もこのあとに続き引きいれて，泥しぶきをあげながら勇壮に走らせる行事がある。

中の宮田の横には年《とし》の神《かみ》神社があり，その横には日陰山中腹の田代神社を真正面にあおぐように鳥居がたっていて，神輿の御座所となる。上の宮田の田植えがおわり，御神幸は中の宮田へと進む。年の神神社で地《じ》割《わり》神楽などが舞われたのち，神輿は中の宮田にはいり，泥田のなかで勇壮な神輿振りを何度も繰り返し，祭りは最高潮に

年の神神社

諸塚神楽

コラム　芸

諸塚村の人びとの生活や文化を伝える神楽

諸塚神楽《もろづかかぐら》の代表的なものは，南川《みなみがわ》神楽（２月最初の土・日曜），戸下《とした》神楽（１月最終土・日曜），桂《かつら》神楽（11月15日）である。南川神楽は37番まで，戸下神楽は51番まで，桂神楽は21番まであり，村内のほかの神楽の源流となっている。民家や公民館に神高屋《みこや》を設けて，上演している。1991（平成３）年に県の無形文化財に指定された。

神楽やその他の諸塚村の文化・自然については，総合観光・宿泊案内所が，中央公民館に隣接するしいたけの館21（☎0982-65-0178）にあるので，問い合わせるとよい。

達する。その後，宮田中央に張られた綱に向かって早乙女による植え始めを行い，昔から伝わる田植歌と太鼓・はやしにあわせて一般の参加者や中学校の生徒により田植えが行われる。のち，神輿は年の神神社をたち，上円野神社に帰って祭りがおわる。

大雄寺《だいおうじ》 ㊺

0982-66-2041

〈M►P.3, 58〉東臼杵郡美郷町西郷区田代1431　Ⓟ
JR日豊本線日向市駅🚌上椎葉行田代局前🚶15分

時を知らせた雲板で有名な寺

年の神神社から東に歩いて５分で，延命地蔵《えんめいじぞう》を本尊とする百丈山大雄寺（曹洞《そうとう》宗）がある。キリシタン大名として有名な豊後（現，大分県）の大友義鎮《よししげ》（宗麟《そうりん》）の支配下におかれたとき，この地の寺院はことごとく破却され，由緒などは一切なくしているが，この寺は1169（嘉応《かおう》元）年，芳外によって雲居庵《うんごあん》として創建され，1675（延宝《えんぽう》３）年，実堂瑣伝《じつどうさでん》が再建し，大雄寺と称したと伝える。

寺は，「明徳《めいとく》二（1391）年」銘の雲板《うんばん》（県文化）を所蔵している。この雲板は別名を斎《さい》板ともいう。銅製で元来は仏具であるが，明治時代に近くの小学校で時鈴に代用され，中央部がへこんでいる。

また，西郷古墳（県史跡）が，西郷区の中心田代から北西約６kmの鳥の巣ダムをみおろす山腹にある。直径10m・高さ２mほどの円墳で，1929（昭和４）年に発掘調査が行われ，石棺が出土し，なかから鉄剣・直刀《ちょくとう》・鉄鏃《てつぞく》などが発見された。1977年の発掘では箱式石棺が発見され，鉄鏃が出土している。

金鶏寺《きんけいじ》 ㊻

0982-65-1090

〈M►P.2〉東臼杵郡諸塚村大字家代《えしろ》4103　Ⓟ
JR日豊本線日向市駅🚌上椎葉行諸塚《もろづか》🚶80分

西郷区役場から国道327号線にでて，西へ約24kmいくと諸塚村に

山の中腹にある金鶏寺、家代神社

はいる。国道から右折して県道50号線を約５kmのぼっていくと，山の中腹に集落をなす家代《えしろ》の最上部に金鶏寺(曹洞宗)がある。のちに延岡藩主高橋氏によって滅ぼされた高千穂の三田井《みたい》氏の一族で家代城主の甲斐宗摂《かいそうせつ》が，甲斐家の菩提寺《ぼだいじ》として1580(天正８)年に開基したという。

本堂には勝軍《しょうぐん》地蔵とともに金銅装笈《こんどうそうおい》１背(県文化)がある。笈とは修験者《しゅけんじゃ》や行脚《あんぎゃ》僧が使った背負いの箱のこと。金鶏寺の金銅装笈は木製，黒漆塗りに金銅板で装飾した四脚でささえる三段棚の箱笈で，室町時代の様式が顕著であるといわれる。今は失われたが，中段には三重塔の金銅装をつけた観音扉があり，なかには地蔵尊・不動《ふどう》尊《そん》・薬師如来《やくしにょらい》が安置されていたらしい。また笈は甲斐宗摂の所持といわれ，金のニワトリの金具が笈にもあったことから寺名を名づけたという。

金鶏寺から少し山をのぼった高いところには，標高200〜300mの山の中腹にある家代の集落をみまもるように，家代神社がある。この神社は，伊邪那岐命などを紀伊国熊野から分霊してまつったもので，旧称熊野大権現といい，1872(明治５年)から現社名になった。ここには古墳時代のものといわれる方角規矩鏡《ほうかくきくきょう》，南北朝時代から室町時代と伝わる双雀蓬莱《そうじゃくほうらい》鏡・双尾長鳥宝相華文《ほうそうげもん》鏡など，銅鏡11面(県文化)を伝存している。方角規矩鏡は漢式仿製鏡であり，神社創建当初における御霊代《みたましろ》(神霊にかえるもの)としたものといわれる。

また，諸塚村の中心部にある中央公民館の東隣には諸塚村民俗資料館があり，村民が使用してきた生産・生活道具など1000点以上の資料を，陶器具・着物織機・屋内調度品・農産具などの種別に分類して保存・展示している。

鶴富屋敷《つるとみやしき》 ㊼

0982-67-2320

〈M►P.2〉東臼杵郡椎葉《しいば》村上椎葉　Ⓟ
JR日豊本線日向市駅🚌上椎葉行終点🚶5分

平家の落人伝説ゆかりの地、椎葉村

民謡「ひえつき節」にもうたわれた平家落人《おちうど》伝説で有名な椎葉村は，日向市から国道327号線を西へ約75km，諸塚村からは約22kmのところにある。平家落人伝説については，「椎葉山由来」によるとつぎのようになる。

壇《だん》ノ浦《うら》合戦(1185年)後，生き残った平家の残党が，豊後(現，大

椎葉平家祭り

コラム

祭

平家落人伝説を伝える山深い椎葉の祭り

毎年11月第２土・日曜に，椎葉《しいば》村《そん》役場や鶴富《つるとみ》屋敷周辺を中心に開催される盛大な祭りである。干ししいたけなどの地元の特産品の販売や，各種もよおし物も同時に行われている。紅葉のきれいな季節でもあり，郷土芸能パレードや平家方の鶴富姫と源氏方の那須《なす》大八郎宗久《むねひさ》の逢瀬を再現する大和《やまと》絵巻武者《むしゃ》行列が行われることから，県の内外から多くの観光客が集まってくる。

分県）玖珠《くす》の山から阿蘇《あそ》を経てこの地に迷いきて，ひそかに住み着くようになった。そのことが鎌倉幕府にわかり，屋島の合戦の扇の的のくだりで有名な那須与《なすのよ》一宗高《いちむねたか》の弟，那須大八郎宗《だいはちろうむね》久《ひさ》が討伐に派遣された。ところが平家の残党はすでに再挙の気持ちもなく，貧しい生活をしており，大八郎は討伐をやめ，この地に３年間滞在した。鶴富という平家の娘が，彼の寵《ちょう》をうけ，大八郎が帰国するときに妊娠していたので，大八郎は「もし男子が生まれたら私の本国下野《しもつけ》国（現，栃木県）につれてこい。女子ならばこれにおよばぬ」と証拠の太刀と系図をあたえて去った。やがて鶴富は女子を出産し，成人した娘に養子を迎えて那須姓を名乗らせた。

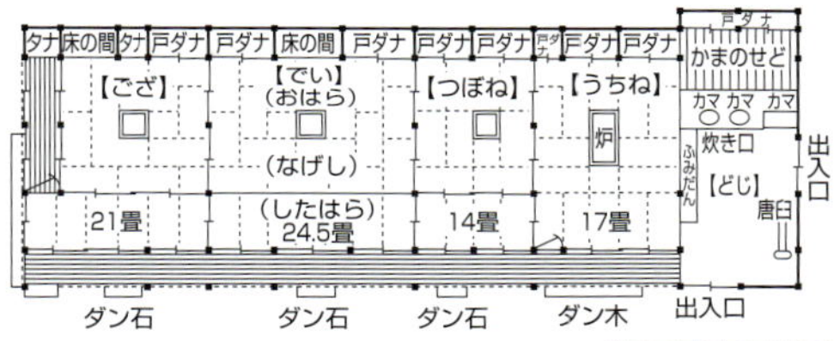

鶴富屋敷平面図

鶴富屋敷

このような落人伝説がうまれるほど椎葉はきわめて険しい深山であった。古くはこの地の土豪領だったが，1619（元和《げんな》５）年に一揆《いっき》がおこり，その鎮圧後は天領となり，江戸幕府の鷹狩りに使うタカをとる鷹巣山に指定されていた。

この平家落人伝説ゆかりの鶴富屋敷（那須家住宅，国重文）が，バ

八村杉

ス終点上《かみ》椎葉のすぐうえにある。那須家にはそのときのものという書状や系図が残っているが，後世につくられたもののようである。

鶴富屋敷の造りは，土間に続き，うちね(茶の間)・でい(客間)・ござ(神棚・仏壇をおく部屋)の3間を並列し，各室前方にしたはら(畳敷の広縁風の部屋)，さらにその前方に3室をとおした抜縁がある。本建物は，うちねとでいの間につぼね(夫人の部屋)を設け，4室並列の間口12間にもおよぶ大型の椎葉村独特の民家で，1823(文政6)年にたてられたという。戸棚・押入れなどすべて作り付けで，屋根は茅葺《かやぶ》きであったが，保存のため現在はカヤのうえを銅板でおおっている。

鶴富屋敷の近くには，平家の落人が氏神である安芸国(現，広島県)の厳島《いつくしま》神社から勧請《かんじょう》したという厳島神社(祭神市杵姫《いちきひめ》命・素盞嗚《すさのお》命)や，那須大八郎陣屋跡・鶴富姫の墓がある。また，椎葉村民俗芸能博物館では，椎葉神楽(国民俗)や臼太鼓踊りなどの民俗芸能や，昔ながらの狩猟具・農耕具などを展示している。

上椎葉から国道327号線を約6km戻り，十根《とね》川との分岐点那須橋から国道265号線を北へ約6kmで，十根川神社(祭神大己貴命)に着く。境内に樹齢800年と推定され別名を十根のスギといわれる八村《やむら》杉(国天然)がある。八村杉とよばれるのは，昔は十根川神社を八村大明神といっていたことに由来する。元久《げんきゅう》年間(1204～05)，那須大八郎宗久が平家の残党討伐のためにやってきたときに植えたと伝えられ，樹高約55m，根元の周囲約19mである。そのほかにも十根川神社の東側の大久保集落には大久保の大ヒノキ(国天然)，椎葉村入口の松尾集落には松尾のイチョウ(県天然)がある。

宇納間地蔵《うなまじぞう》 ㊽

〈M►P.3〉東臼杵郡美郷町北郷《きたごう》区宇納間1　Ⓟ
JR日豊本線門川駅🚌宇納間行終点🚶10分

椎葉から国道327号線を東へ約47km戻り，和田地区の道路標識に

椎葉十根川重要伝統的建造物群保存地区

コラム

十根川《とねがわ》地区は，1998(平成10)年に重要伝統的建造物群保存地区として国の選定をうけた。この十根川地区は，平家追討の命をうけた那須大八郎宗久《なすのだいはちろうむねひさ》が椎葉《しいば》にはいり，追討の拠点にした陣屋跡があったといわれている。

「大杉と石垣のある山里」をキャッチフレーズにし，美しい曲線のそりをもつ石垣を中心にした景観整備も行っており，そば打ち体験や木工工芸体験施設などを整えている。

見ごたえ十分な大杉と石垣の景観

十根川地区景観

したがって左折して県道22号線の急な上り坂を約7km北へ進むと，北郷区の中心部宇納間に至る。門川町からは五十鈴《いすず》川沿いに国道388号線を西に向かうと，約35kmで宇納間に着く。鉄城山全長寺《ぜんちょうじ》(曹洞宗)の山門と石段がみえる。門をくぐり，1年をあらわす365段の石段をのぼりきると地蔵堂がある。ここに安置されている延命地蔵菩薩は宇納間地蔵とよばれ，奈良時代の僧行基《ぎょうき》が天平勝宝《てんぴょうしょうほう》年間(749～756)に彫った霊仏と伝えられる。高さ約36cmの木像で，忿怒《ふんぬ》の相をしているという。平安時代末期，天台宗の僧正岸が諸国行脚《あんぎゃ》の途中，この地に梅花山宝蔵寺(天台《てんだい》宗)を建《こん》立《りゅう》し，この延命地蔵菩薩を本尊としたといわれている。1578(天正6)年，豊後

昔から火防地蔵として慕われている宇納間地蔵

全長寺

宇納間地蔵堂

の大友宗麟の日向攻めによって寺は焼失したが，地蔵菩薩は山頂に移っていて無事だったため，以来「火《ひ》防《よけ》地蔵」ともよばれるようになり，人びとの尊崇を集めたと伝承される。1688(元禄《げんろく》元)年，全長寺に移された。

さらに，1801(享《きょう》和《わ》元)年，江戸に大火があり，延岡藩江戸藩邸で，類焼を免れるために神仏祈願すると，1人の僧が突然屋根にあらわれ，雨をふらせて鎮火させた。早速，藩主は僧を捜したがみつからなかった。しかしその夜，この僧の夢告があり，「われは領内宇納間の地蔵なり。領主の切なる祈願により防火したり」といったので，それ以後，藩主がとくに地蔵を保護したため，領民をはじめ多くの人びとが「火切地蔵」「火伏せ地蔵」として信仰したという。

地蔵例祭は旧暦の1・6・9月の24日であるが，とくに1月24日を中心とした3日間(現在は2月末〜3月初め)は宇納間地蔵尊大祭として県内外から多数の参拝者が訪れて賑わう。しかし残念ながら，開帳は60年に1度であり，地元でもみたことがある人は少ないという。

Takanabe・Sadowara
Saito・Miyazaki

日向国の中原

大淀川

平和台公園

石堂山 1547
日平越
井戸内峠 902
烏帽子山 1126
天包山 1189
銀鏡神社
龍房山 1021
金比羅宮
オサレ山 1152
尾鈴山 1405
畑倉山 849
松尾ダム
児湯郡
木城町
児湯郡
都農町
都農古墳群
ひがしつの
つの
尾鈴神社
観音滝
矢研の滝
不動滝
石河内ダム
猪田山 741
稗畑山 853
小屋町峠
児湯郡
川南町
白鬚神社
日向街道
JR日豊本線
平田川
かわみなみ
児湯郡
西米良村
米良神社
越野尾橋
銀鏡トンネル
一ツ瀬ダム
国見山 1036
川原自然公園
宗麟原供養塔
川南古墳群
高鍋IC
西都市
速川神社
長谷観音
杉安橋
石井十次の墓
石井記念友愛社
南方神社
小丸川
たかなべ
南九州大
児湯郡
高鍋町
掃部岳 1223
上山路寺
百塚原古墳群
松本塚古墳
大森岳 1109
盤木山 711
釈迦ヶ岳 831
竹野のホルトノキ
東諸県郡
国富町
常心塚古墳
鹿野田神社
児湯郡
新富町
水沼神社
富田浜公園
ひゅうがしんとみ
西都IC
北俣神社
黒貫寺
岩爪神社
日向大橋
一ツ瀬川
さどわら
東九州自動車道
綾川湧水群
川中神社
照葉大吊橋
東諸県郡
綾町
綾城址
刀工田中国広宅跡
垂水公園
瓜生野八幡宮
石崎川
ひゅうがすみよし
住吉IC
自然動物園
江田神社
住吉海岸
はすがいけ
シーガイアIC
一ツ葉道路
朝倉観音
倉岡城跡
高岡
小林市
生目古墳群
みやざきじんぐう
檍1号墳
宮崎西IC
去川のイチョウ
小村薬師堂
宮崎PA
みやざき
宮崎カトリック教会
宮崎港
宮崎市
みなみみやざき
大淀川
日向街道（高岡筋）
国見山 407
青井岳 563
宮崎産業経営大
宮崎空港
みやざきくうこう
みなみかた
清武IC
清武JCT
清武PA
きよたけ
JR日豊本線
ひゅうがくつかけ
たの
田野天建神社
宮崎大
JR日南線
清武川
日向灘
都城市
天神トンネル
天神ダム
田野IC
サンマリンスタジアム
県総合運動公園
外所地震供養碑
きばな
うんどうこうえん
こどものくに
そさんじ
宮崎県
人形の館
やまのくち
長鼻 638
双石山 509
あおしま
青島港
おりゅうざこ
戸崎鼻
堀切峠
フェニックス
大戸野越
椿山峠
花切山 669
北諸県郡
三股町
鰐塚山 1118
雪が峰 853
新矢立トンネル
円野神社
三文字山 519
岩壺山 738
大野山 721
日南市
御崎神社
椎八重公園
矢立峠
1:390,000
0 4 8km
N

◎宮崎県中部散歩モデルコース

高鍋〜木城コース　JR日豊本線高鍋駅 10 高鍋城跡 5 高鍋町歴史総合資料館 10 秋月墓地 20 高城跡 5 宗麟原供養塔 12 比木神社 20 JR高鍋駅

佐土原コース　JR日豊本線佐土原駅 15 大光寺 10 商家資料館(旧阪本家) 3 学習館跡 5 佐土原城跡(鶴松館) 15 僧日講遺跡 5 高月院 15 巨田神社 20 久峰観音 15 JR佐土原駅

西都〜西米良コース　JR日豊本線・日南線・宮崎空港線南宮崎駅 5 宮交シティ 60 西都バスセンター 5 西都市歴史民俗資料館 25 西都原古墳群(鬼の窟古墳) 5 男狭穂塚・女狭穂塚 15 宮崎県立西都原考古博物館 30 寺崎遺跡 8 都万神社 80 村所バス停 10 菊池記念館 10 村所バス停 80 西都バスセンター 60 宮交シティ 5 JR南宮崎駅

宮崎市コース　1. JR日豊本線宮崎駅 10 宮崎神宮 3 宮崎県総合博物館・宮崎県埋蔵文化財センター神宮分館・民家園 15 平和台公園 15 直純寺 10 王楽寺 30 JR日豊本線・日南線・宮崎空港線南宮崎駅 10 城ヶ崎俳人墓地 10 JR南宮崎駅

2. JR日豊本線宮崎駅 25 安井息軒旧宅・きよたけ歴史館 5 中野神社・伊東氏累代の僑墓 10 JR日豊本線清武駅 5 黒坂観音堂・山内石塔群 5 流町バス停 15 伊東氏四代墓地 5 清武城跡 5 稲津掃部助重政墓所 20 JR清武駅

本庄コース　JR日豊本線宮崎駅 40 万福寺 15 (本庄古墳群)筆塚 3 義門寺 10 藤岡山東陵古墳 5 国富待合所 45 JR宮崎駅

①都農神社
②持田古墳群
③高鍋城跡
④高鍋町歴史総合資料館
⑤秋月墓地
⑥土持墓地
⑦石井十次生家
⑧高城跡
⑨比木神社
⑩新しき村
⑪佐土原城跡
⑫僧日講遺跡
⑬大光寺
⑭高月院
⑮巨田神社
⑯久峰観音の芭蕉句碑
⑰西都原古墳群
⑱都万神社
⑲西都市歴史民俗資料館
⑳日向国分寺跡
㉑都於郡城跡
㉒小川城址
㉓菊池記念館
㉔勤王家甲斐右膳父子の墓
㉕宮崎神宮
㉖宮崎県総合博物館
㉗平和台公園
㉘宮崎城跡
㉙王楽寺
㉚生目神社
㉛城ヶ崎
㉜青島神社
㉝清武城跡
㉞安井息軒旧宅
㉟蓮ヶ池横穴墓群
㊱谷村計介旧宅跡
㊲穆佐城跡
㊳天ヶ城址
㊴去川の関跡
㊵万福寺
㊶本庄古墳群
㊷本庄の石仏
㊸法華岳薬師寺
㊹亜椰駅址

1 文教の地―高鍋―

小丸川を中心に古代以来の史跡が数多く残る。江戸時代には秋月氏が藩校明倫堂を開いて多くの人材を輩出した。

都農神社《つのじんじゃ》 ❶

0983-25-3256

〈M ► P.66〉 児湯《こゆ》郡都農町川北《かわきた》13294 Ⓟ
JR日豊《にっぽう》本線高鍋《たかなべ》駅🚌日向《ひゅうが》行一《いち》の宮《みや》神社前🚶1分

日向一宮として人びとの尊崇をあつめる古社

都農町の国道10号線沿いに，日向一宮《いちのみや》として知られる都農神社(祭神大己貴命《おおなむちのみこと》)がある。この神社は，神武《じんむ》天皇が日向宮崎宮《みやざきぐう》を出発し，大和《やまと》(現，奈良県)に向かったおり，この地で東征の成功を祈願したことにはじまるという。都万《つま》神社・江田《えだ》神社・霧島岑《きりしまみね》神社とともに『延喜式《えんぎしき》』にみえる日向四座の1つで，古くは疱瘡《ほうそう》の神としてまつられ，江戸時代には高鍋藩主秋月《あきづき》氏から尊崇された。境内には，森に見立て池を配した庭園があるが，これは1869(明治2)年，尾張《おわり》国(現，愛知県)の庭師につくらせたもので，名園として知られている。

都農神社北方の岩山《いわやま》地区には高鍋藩営の岩山牧《まき》があり，御崎《みさき》牧(現，串間《くしま》市)とあわせて良馬を産出した。現在も旧藩都農牧駒追込場跡(県史跡)が残っている。また都農神社から南東1.5kmのJR都農駅周辺には都農古墳(県史跡，14基)があり，海岸部に立地した積石塚群であることから注目されている。

都農神社

持田古墳群《もちだこふんぐん》 ❷

〈M ► P.66,69〉 児湯郡高鍋町持田
JR日豊本線高鍋駅🚌日向行鬼ケ久保《おにがくぼ》🚶5分

盗掘がひどかった東児湯有数の古墳群

バス停から細い路地を南にはいると，全国的にも有名な茶や，野菜畑が一面に広がるなかに持田古墳群(国史跡)がある。古墳の総数は85基，4世紀から6世紀にかけて築造された豪族の墳墓と考えられている。持田古墳群のうち，計塚《はかりづか》(1号墳)は古墳群中最大の柄《え》

持田古墳群(計塚)

鏡《かがみ》式前方後円墳で全長約100mあり，獣文縁獣帯鏡・盤龍《ばんりゅう》鏡を出土したことで有名である。28号墳(山《やま》の神《かみ》塚)出土の三葉環頭大刀柄頭は全国的に出土例が少ない。また，25号墳出土の２鏡は重要文化財(広島県耕三寺蔵)である。

また台地から南東にくだった真米《まごめ》地区にある亀塚《かめづか》(62号墳)は前方後円墳のなかでも珍しい全長50mの帆立貝《ほたてがい》式で，木棺をもつ古墳として知られている。持田古墳群をはじめ高鍋周辺には，川南町の川《かわ》南《みなみ》古墳群(55基，うち51基が国史跡)・木城町の山塚原《やまつかばる》古墳群(23基，県史跡)などがある。

持田古墳群のある台地の南端，東光寺《とうこうじ》地区に高鍋大師《だいし》とよばれる

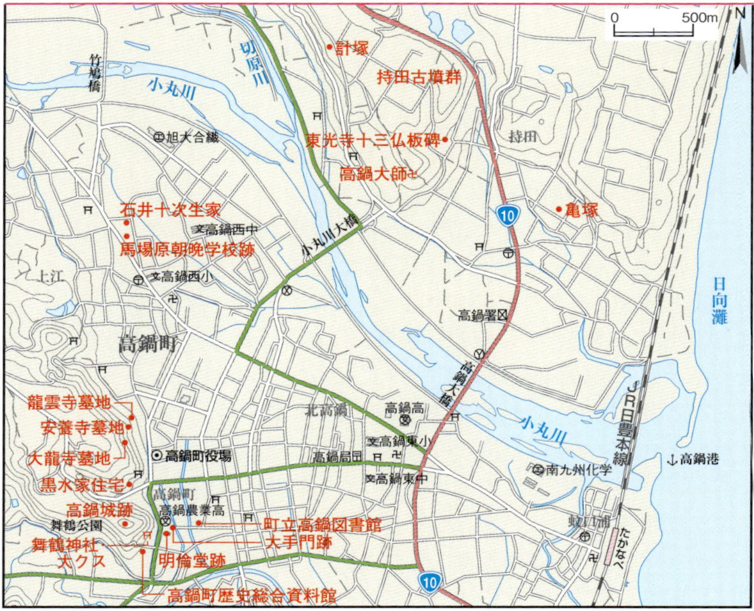

高鍋町中心部の史跡

東光寺十三仏板碑

石仏群がある。ここには大小さまざまな石仏が700体余り安置されており，なかには高さ6mにおよぶものも9体ある。また東側山腹の上り口階段には，四国八十八カ所に見立てた石仏が並んでいる。この石仏群は1929（昭和4）年に持田古墳群で盗掘があったとき，岩岡弘覚が埋葬者の霊を慰めるため，私財を投じてみずから石仏づくりをはじめ，以来40余年にわたって彫り続けたものである。ここからは高鍋町が一望でき，小丸川の清流や太平洋の雄大な姿を見渡すことができる。

高鍋大師の東側上り口から北へ300mほどいったところが東光寺（真言《しんごん》宗）跡で，現在は家床《いえとこ》営農研修センターがたっている。ここに東光寺十三仏板碑《いたび》がある。これは室町《むろまち》時代末期の作で，永禄5（1562）年銘があり，高さ約1.6mの石柱に13の円をくり抜き，1つずつ仏像を浮彫りにしたもので，県内でも珍しいものである。

高鍋城跡《たかなべじょうあと》 ❸

〈M ► P.66,69〉児湯郡高鍋町上江《うわえ》 Ⓟ
JR日豊本線南宮崎駅宮交シティ🚌高鍋行中央通り🚶10分

秋月氏の藩政をしのばせる古城

高鍋城は高鍋市街地西方の台地に築かれた城で，その地形がツルの羽ばたく姿に似ているところから，舞鶴《まいづる》城ともよばれた。この地は古来財《たから》部《べ》といわれてきた。財部城は9世紀中ごろから約600年間土持《つちもち》氏の居城であったが，室町時代なかばの1457（長禄《ちょうろく》元）年都《と》於《の》郡《こおり》（西都《さいと》市）を本拠とする伊東《いとう》氏が財部土持氏を破り，約120年間支配した。しかし戦国時代末の1577（天正《てんしょう》5）年，島津氏との戦いに敗れた伊東義祐《よしすけ》が大友義鎮《おおともよししげ》（宗麟《そうりん》）をたよって豊後《ぶんご》（大分県）に落ちのびたことで，財部城は島津氏の領有するところとなった。

1587（天正15）年豊臣秀吉《とよとみひでよし》の九州攻めによる島津氏降伏後，日向仕置により財部城は秋月《あきづき》氏にあたえられた。当初櫛間《くしま》（串間市）を本拠としていたが，初代種長が1604（慶長《けいちょう》9）年に財部城に移り，以後明治時代に至るまで秋月氏の居城となった。財部城が近世城郭とし

高鍋大クス

てととのったのは3代藩主秋月種信《たねのぶ》のころで，1673(延宝《えんぽう》元)年には財部を高鍋と改めた。

現在，高鍋城の敷地の大半は舞鶴公園となっている。この公園の入口は岩坂《いわさか》門跡で二の丸入口にあたる。二の丸跡の右側に舞鶴神社(祭神品陀和気命《ほんだわけのみこと》ほか13柱)があるが，神殿右側には樹齢500年といわれる大クス(国天然)が雄然とたっている。二の丸跡から石段をのぼると本丸跡にでる。本丸は藩の政庁であるが，廃藩置県直後も高鍋県の県庁となった。

本丸跡から急な坂道をのぼると児童遊園地があるが，その北側に石垣があり，その上は梅林になっている。ここに3層の櫓《やぐら》がたっていた。ここから高鍋を一望できる。

舞鶴公園から道路をはさんで東側に，県立高鍋農業高校があるが，その敷地は三の丸跡である。高校正門の少し南に大手門跡があり，その両側に堀跡が残っている。また藩校明倫堂《めいりんどう》が高校の運動場北西端にたっていた(所在地跡を示す碑は，玄関前のロータリーに移設)。本来この場所は「廉《かど》の屋敷」とよばれたが，5代藩主種弘《たねひろ》がここに学問・武芸の稽古所《けいこじょ》(俗に廉の屋敷学問所)を開いた。

さらに7代藩主種茂《たねしげ》が，1778(安永《あんえい》7)年に千手《せんじゅ》八太郎(廉斎《れんさい》)の進言で学問所を改修し，明倫堂と名づけ，本格的教育を開始した。明倫堂は行習《ぎょうしゅう》斉《さい》と著察斉《ちょさつさい》とに分けられ，藩士の子弟は行習斉への入学が義務づけられていた。行習斉は8～9歳で入学し主に手習・礼法を学び，著察斉は行習斉を卒業したものが，14～15歳で入学した。

高鍋城大手門跡

1853(嘉永《かえい》6)年には寄宿寮として切偲楼《せっしろう》も設置された。講義内容ははじめ漢学中心だったが，幕末には国学・医学・洋学も加えられた。

農業高校の正門から東へ150mほどいったところの三差路の角に町立高鍋図書館がある。ここには高鍋藩の記録である『本藩実録《ほんばんじつろく》』『本藩秘典《ひてん》』などの藩政時代の貴重な資料が保管されている。図書館の敷地内にある明倫堂書庫は，明倫堂創立当時の書庫を原形どおりに移築したものである。

また町立高鍋図書館の周辺は筏《いかだ》とよばれる地区で，藩政時代には上級の武家屋敷が並んでいた。現存する武家屋敷としては，高鍋藩の家老であった黒水《くろみず》家の旧宅(主屋・籾《もみ》蔵・土蔵・味噌蔵)が，舞鶴公園北隣の黒谷《くろたに》地区に残っている。文化・文政年間(1804～30)ごろの建築とされ，黒水家住宅として一般に公開されている。

町立高鍋図書館から東へ約200mいくと南北に走る道路にぶつかるが，この道路沿いの上町《かみまち》・六日町《むいかまち》・十日町《とおかまち》・下町《しもまち》が当時の商人町で，とくに中町から下町にかけてが賑わっていた。商家の地割は間口2間半(約4.5m)と定められ，これが1軒分に割り当てられていた。

高鍋町歴史総合資料館《たかなべちょうれきしそうごうしりょうかん》 ❹

0983-23-1322

〈M►P.66,69〉児湯郡高鍋町南高鍋6937－2 P

JR日豊本線南宮崎駅宮交シティ🚌高鍋行中央通り🚶10分

近世諸史料を中心にあつめた歴史資料館

舞鶴公園の南側に，1986(昭和61)年10月に開館した高鍋町歴史総合資料館がある。1階には歴史資料，2階には民俗資料が展示されている。

高鍋町歴史総合資料館

石器や土器といった考古資料を手はじめに，土持氏・伊東氏・島津氏居城時代の中世をパネルなどで紹介している。中心となるのは，豊臣秀吉の日向仕置によって財部(高鍋)に移《い》封《ほう》され，徳川氏からも知行を安堵されて藩を形成した秋月氏に関する近世史料である。知行宛行のための天正十五年豊臣秀吉朱印状や東南アジアとの貿易を許可した徳川家康朱印状(写)，藩の領域を示した元禄国絵図《げんろくくにえず》(控)や藩校明倫堂についての諸史料を所蔵する。

また幕末・維新期にかけて若年寄に任じられるなどした秋月種樹《たねたつ》(10代藩主種殷《たねとみ》世子)については，衣服や書を展示して顕彰するとともに，舞鶴公園内に邸宅として使用した萬歳亭《ばんざいてい》を復原している。資料館裏には刀工鍛冶場も再現され，藩政時代の鍛冶屋をしのぶことができる。

秋月墓地《あきづきぼち》 ❺

〈M ▶ P. 66, 69〉児湯郡高鍋町上江字高月
JR日豊本線南宮崎駅宮交シティ🚌高鍋行中央通り🚶10分

3つの寺に分かれて眠る秋月氏歴代藩主たち

舞鶴公園から北へ約600mいったところ，高鍋町役場の西の台地斜面に3つの墓地からなる秋月墓地がある。

秋月氏は古来筑前《ちくぜん》国(現，福岡県)の豪族で，中世には豊前《ぶぜん》・筑後《ちくご》にまたがる広大な地域を領していたが，1587(天正15)年，種実《たねざね》のとき豊臣秀吉の九州侵攻に対抗して敗れた。島津氏が秀吉に降伏したのち，森吉成を介して赦され，秀吉から財部と櫛間(現，串間市)3万石を領した。初代藩主秋月種長《たねなが》は，はじめ父種実とともに櫛間に居城したが，1604(慶長《けいちょう》9)年財部に移った。

秋月氏一族の墓は，その菩提寺《ぼだいじ》であった大龍寺《だいりゅうじ》(臨済《りんざい》宗)・安養《あんよう》寺(浄土《じょうど》宗)・龍雲《りょうおん》寺(臨済宗)の墓地にある。この3寺は1869(明治2)年に廃仏毀釈《はいぶつきしゃく》で廃寺になっている。大龍寺墓地には2代種春《たねはる》・4代種政《たねまさ》・5代種弘《たねひろ》・8代種徳《たねのり》・9代種任《たねただ》・10代種殷《たねとみ》の歴代藩主の墓がある。

秋月墓地(龍雲寺)

大龍寺墓地入口にある高鍋藩万霊鎮慰解脱《げだつ》宝塔から，右におれた小道を約200m北進すると安養寺墓地がある。ここには『本藩実録』をあらわすなど高鍋藩の文教に大きな足跡を残した大《おお》

塚観瀾《つかかんらん》や，藩校明倫堂の開校につくした千手《せんじゅ》八太郎(廉斎《れんさい》)らの墓がある。安養寺墓地からさらに北に100mほど進んだところにある龍雲寺墓地には初代藩主種長・3代種信・6代種美《たねみつ》・7代種茂の墓がある。

土持《つちもち》墓《ぼ》地《ち》 ❻

郷土史家により発見された中世豪族の墓地

〈M►P.66〉児湯郡高鍋町南高鍋7680
JR日豊本線南宮崎駅宮交シティ🚌高鍋行中央通り乗換え一《いっ》丁田《ちょうだ》経由西都《さいと》行下《しも》太平寺🚶6分

土持墓地

下太平寺バス停で下車し，北西へ約300mのぼった右斜面に太平寺(廃仏毀釈で廃寺)墓地があり，その一隅に土持墓地がある。土持氏は，古代以来の豪族として日向国内に勢力をのばした。1372(応安《おうあん》5)年には財部(高鍋)城主として直綱の名がみえる。

土持氏の墓は，1926(大正15)年に郷土史家岩村《いわむら》真鉄《まがね》により発見され，1カ所に集められた。高鍋ではもっとも古い墓である。域内の墓石は31基であるが，6基が土持氏一族の墓で，うち2基には土持兼綱《かねつな》・土持高綱の碑銘がある。

石井《いしい》十次《じゅうじ》生家《せいか》 ❼

社会事業に尽くした石井十次の生家

〈M►P.66,69〉児湯郡高鍋町上江2042
JR日豊本線南宮崎駅宮交シティ🚌高鍋行終点高鍋営業所乗換え木城《きじょう》行川田🚶1分

高鍋から木城に向かう道路沿いに，川田バス停がある。そこから小道を東へ100mほどはいったところに，孤児教育に生涯をささげた石井十次生家(県史跡)がある。現在は子孫の方が居住されているので，見学には注意を要する。

石井十次生家のすぐ東の十字路を右におれて，約200mいったところに馬場原公民館があるが，ここは馬場原朝晩学校があったところである。馬場原朝晩学校は，十次が岡山県医学校(現，岡山大学

孤児の父石井十次

人 コラム

信仰に基づいて貧民・孤児救済に生涯を尽くした

石井十次は，1865(慶応《けいおう》元)年，上江《うわえ》村馬《ば》場《ば》原《はる》(現，高鍋町)に生まれた。子どものときから思いやりの心が深く，その人柄は大正時代の修身教科書の題材にも取りあげられた。

1882(明治15)年，岡山県医学校(現，岡山大学医学部)に入学した十次は，放浪している貧困児や孤児たちの気の毒な様子をみかね，1887(明治20)年に孤児教育会(のちの岡山孤児院)をつくった。教育会の資金は，乏しい学資の一部と，アルバイトをして得たものであった。

こうして医学と孤児救済の両立を考えていた彼に，あるとき重大な転機が訪れた。早くからキリスト教を信仰していた彼は，聖書の「人は二主に仕うるあたわず」という章句に接して，孤児救済と医術による貧民救済の二道を1人で貫徹することがむずかしいことを悟り，医書をすべて焼き捨てて医学校を中退し，孤児の救済と教育に尽くす決心をしたのである。卒業を目前にひかえた1889(明治22)年1月のことであった。

しかし，社会福祉政策らしいものはまったくといってよいほど顧みられていなかった時代にあって孤児院の経営は生易しいものではなく，寄付や下賜金をうけてはいても，孤児の数が増えるにつれて飢えに苦しめられ，断食・祈禱にその日を過ごすことも少なくなかった。1905(明治38)年の東北地方の大飢饉に際して，あらたに800人の孤児を収容し，岡山孤児院は1200人の大所帯となったが，資金不足を解消することはできず，やがてやむをえず整理の方向にむかった。

その後十次は，孤児の教育は自然のなかにあって農業労働を通じてでなければ成功しないという信念に基づき，1909(明治42)年郷里に帰って茶臼原《ちゃうすばる》に岡山孤児院の分院を開いた。開墾は進み，1913(大正2)年には，水田13町歩，桑園16町歩・畑46町歩に達し，事業は明るい見通しをもつに至った。しかし，翌1914(大正3)年1月30日，十次は持病の肝臓炎が悪化し，50歳でその生涯を閉じた。

医学部)在学中の1884(明治17)年，夏季休暇に帰郷したおり，その船中で新島襄《にいじまじょう》の同志社英学校(現，同志社大学)設立趣意書を読み，教育の必要を痛感して設立したもので，1887(明治20)年に岡山で孤児教育会を設立するまで，村の恵まれない学齢子弟を朝晩教育する場であった。

高鍋町・木城町・西都市の3市町が接する茶臼原《ちゃうすばる》には，石井十次

石井記念友愛社

石井十次の墓

関係の史跡がいくつかある。茶臼原小学校の西の小道を北東へ約500mいくと，比較的広い道路につきあたる。そこを右へおれたところに石井記念友愛社がある。これは第二次世界大戦後，十次の遺業をついで，十次の孫児島虓一郎が戦災児のためにたてたものである。敷地内には児童施設のほかに，岡山から解体・移設して使用した静養館(十次臨終の地)などの建築物や，ゆかりの文物が収蔵されている石井十次資料館があり，多くの人びとが訪れている。

また十次の墓は，茶臼原バス停から西方に徒歩で５分ほどのところにある茶臼原農村公園内にあり，墓碑銘は十次の友人徳富《とくとみ》蘇峰《そほう》の筆によるといわれている。

高城跡《たかじょうあと》 ❽

〈M►P.66〉児湯郡木城町高城《たかじょう》
JR日豊本線南宮崎駅宮交シティ 高鍋行終点高鍋営業所乗換え木城行役場前 3分

「九州の関ケ原」の歴史的舞台となった古城

木城町役場前から北方を向くと，急峻な崖が目前に迫っている。木城町の中央部につきでたテーブル状の台地の先端部が高城跡である。三面を険しい断崖《だんがい》で守られ，自然の要害といえる。日向国の交通の要衝に位置するため，中世には財部城(高鍋城)とともに軍事的に重要な拠点となった。築城の年代は明らかでないが，1335(建武《けんむ》２)年薩摩《さつま》国(現，鹿児島県)の新納《にいろ》(島津)時久が本拠をおいてから，秀吉の九州侵攻に至るまでの間に，土持・伊東・島津の３氏があいついで支配した。とくに1578(天正６)年と1587(天正15)年の２度，島津氏の支配下にあったこの城をめぐって激戦が繰り広げられた。

1578年，九州北部を制圧したうえで，伊東氏の求めに応じる形で南進政策をおし進めようとする大友《おおとも》氏は，日向国をほぼ掌中に収めた島津氏と，九州での覇権を競うこととなった。

まず大友義鎮（宗麟）は居城を府内《ふない》から臼杵《うすき》（ともに大分県）に移し，同年4月県《あがた》土持親成を松尾《まつお》城（現，延岡市）に攻め滅ぼし，9月にはみずから日向国にはいって無鹿《むしか》（現，延岡市）に本陣を構えた。10月20日，総勢5万の大友軍は怒濤のごとく南下し，島津氏の拠点高城を囲んだ。高城の島津軍守将は山田有信《やまだありのぶ》（新介）で，その兵力は援軍をあわせて約3000であったが，大友軍の連日の激しい攻撃にもかかわらず落城せず，大友軍は20日以上もくぎ付けとなった。

大友軍による日向侵攻の報をうけた島津義久《よしひさ》は，すぐに鹿児島を出発，11月2日に4万の兵とともに佐土原《さどわら》城にはいった。両軍の決戦は11月12日，大友軍の高城川（小丸《おまる》川）渡河とともに開始された。義久は兵を5つに分け，大友軍を前軍と本隊でひきつけながら側面攻撃によって三方から攻めたて，ついにこれを崩した。崩れた大友軍は北へ敗走し，島津軍は耳《みみ》川河口（日向市）まで追撃した。この間7里（約27.5km）の道は死体で覆われたと伝えられる。敗戦の報をうけた義鎮はすぐさま豊後に兵をひき，九州最強の敵をくじいた島津氏は九州随一の勢力となった。

1585（天正13）年，いわゆる惣無事令をだした豊臣秀吉は，1587年に37カ国25万の兵を動員し，肥後口と日向口の2方面から進撃を開始した。日向口の総大将は秀吉の弟秀長《ひでなが》で，総勢20万の大軍は4月6日に耳川を越えて財部城を落とした。秀長は51カ所に砦を築いて高城を取り囲み，島津軍の本隊に備えて根白坂《ねじろざか》（現，木城町）に前軍をおいた。これに対して高城は，山田有信を将とする島津方の軍勢1300人が籠城し，城を死守した。そして島津軍が根白板で敗れ，同年4月21日に和議が成立するまで，高城は大軍に囲まれながらも落城しなかった。後年，山田有信が死んだとき，義久は徒歩で棺のそばにつき葬儀に列したといわれている。この戦いののち，九州における近世大名の領域が成立した。

現在，高城は城山《じょうやま》公園となっているが，空堀《からぼり》跡を整備した登り口から頂上への道は険しく，道端には石仏が並び，頂上からは木城・高鍋が一望できる。

高城の下から川南方面へ向かう広域農道を湯迫《ゆざこ》（現，川南町）から

宗麟原供養塔(遠景)

南におれると，樹木に覆われた丸い塚があらわれる。この塚は1578年の合戦直後に山田有信が島津・大友両軍の戦死者を分け隔てなく埋葬したもので，有信はその後1585(天正13)年に宮崎から石を運んで供養《くよう》塔をたてた。宗麟原供養塔(国史跡)とよばれるものである。塔には「本来無東西　何処有南北　迷故三界城　悟故十方空」の文字がきざまれている。

比木神社《ひきじんじゃ》 ⑨

0983-32-2854

〈M ► P.66〉児湯郡木城町椎木《しいのき》1306－イ　P
JR日豊本線南宮崎駅宮交シティ🚌高鍋行終点高鍋営業所乗換え木城行出店《でみせ》🚶20分

百済王亡命の逸話が残る伝説の神社

出店バス停から西に2km余り小丸川沿いに歩くと，比木神社(祭神大己貴命ほか4神)がある。伝説によると，朝鮮半島の百済《くだら》からの亡命王福智《ふくち》王を合祀しているという。社伝では，852(仁寿《にんじゅ》2)年の創建とあるが，詳細は不明である。江戸時代には，高鍋藩主秋月家の氏神としても崇敬された。

この神社は多くの伝統行事を現在に伝えるが，とくに百済王族漂着にかかわる三連祭が注目される。まず福智王が地域の人びとの支援に感謝して巡歴したとの伝説にちなみ，9月中旬「お里回り」と称する木城・高鍋方面への神幸が行われる。中祭にあたる「大《おお》年《とし》下り」は，大年神社(高鍋町)にまつられる之伎野《しぎの》妃との母子対面であり，毎年11月4日に行われる。そして旧暦12月の酉《とり》の日から3日間，神《み》

比木神社

門《かど》神社(美郷町南郷区)への神幸，いわゆる「神門神幸祭」(神門神社での呼称は「師走《しわす》祭り」)が行われるが，これは神門神社に福智王の父禎嘉《ていか》王がまつられていることによる。

また，旧暦12月初めには当神社をはじめ，旧藩領内の６神社が輪番で高鍋神楽(県民俗)を奉納する「六社大神事」もある。この神事に参加する三納代《みなしろ》八幡神社(新富町)の木造薬師如来坐像は，県の有形文化財に指定され，宮崎県総合博物館に所蔵されている。

新《あたら》しき村《むら》 ⑩

〈M►P.66〉児湯郡木城町石河内《いしがわち》
JR日豊本線南宮崎駅宮交シティ🚌高鍋行終点高鍋営業所乗換え木城行役場前🚶90分

はたされなかった白樺派文豪の理想郷

木城町役場から川原自然公園をすぎ，県道22号線を北上すると，尾鈴《おすず》山南麓の，小丸川が湾曲したなかの小高い段丘のうえに，新しき村がある。この村は，明治時代末から大正時代にかけて文壇で活躍した白樺《しらかば》派の武者小路《むしゃのこうじ》実篤《さねあつ》が，文学の世界の理想を実現しようとして，1918(大正７)年に建設したものである。尾鈴の山を背景とし，小丸川の清流を前にひかえた大自然のなかにつくられた理想郷に，多数の青年が共鳴し，ある者は大学を中退し，またある者は事業を投げ捨ててこの村に集まった。住民は山小屋式の住居に住み，農耕に従事しながら個人の才能をいかすさまざまな芸術活動を行い，新しい社会の実現に努力した。

しかし営農収入は少なく，財政的ゆきづまりを打開することは困難であった。一時は四十数人もいた住民たちも１人，２人と脱落していった。そこで実篤は，村の経済を補うべく，執筆に専念するため1926（大正15)年に離村した。1939(昭和14)年，県営ダム建設にともない田畑が水没するのをうけ，第二の新しき村を埼玉県入間《いるま》郡毛呂山《もろやま》町に建設し，住民も順次離村していった。第二次世界大戦後も，埼玉・宮崎双方で村は運営されていった。1963年には「日向新しき村」の名称で財団法人の認可をうけ，1968年には実篤の記念碑が建立された。2002(平成14)年には実篤の旧居が復元され，現在に至っている。

2 宗藩鹿児島と佐土原

鹿児島藩島津氏の影響をうけながらも，独自の歴史を展開した佐土原藩島津氏の本拠地は，今は宮崎市近郊田園都市として発展。

佐土原城跡《さどわらじょうあと》 ⑪

〈M►P.66,81〉宮崎市佐土原町上田島《かみたしま》
JR日豊本線南宮崎駅宮交シティ🚌西都行佐土原小前🚶3分，またはJR日豊本線佐土原駅🚌西都行西佐土原🚶5分

佐土原小前バス停から200mほど南にいくと，小高い山に囲まれたなかに，佐土原城跡(国史跡)がみえてくる。城域は，本丸のあった山城を中心に，国道219号をはさんで東側に広がり，佐土原小学校東側の通用門付近に追手門があったとされる。追手門前は飫肥《おび》街道・薩摩《さつま》街道の交わる交通の要地であり，商人町が栄えた。

明治維新の激動のさなか，佐土原藩の本拠が1869(明治２)年に広《ひろ》瀬《せ》陣屋(佐土原町)に移されるまで，この田島《たしま》地区が佐土原の政治・経済の中心であった。

佐土原城の創建年代ははっきりしていないが，南北朝時代から戦国時代にかけての動乱の時代(14〜16世紀)は伊東氏の居城であった。伊東義祐《よしすけ》入城の翌年にあたる1537(天文《てんぶん》６)年，佐土原城は失火により炎上したので，義祐は２層の櫓《やぐら》をもつ本丸を中心とした，堂々たる城を再築した。

伊東氏の没落後は，島津氏が領有することになったが，1600(慶長５)年の関ヶ原の戦いで城主豊久《とよひさ》が戦死したのち，しばらくの間徳川家康《とくがわいえやす》に没収された。1603年10月18日，島津以久《ゆきひさ》が大隅《おおすみ》国垂水《たるみず》(現，鹿児島県)から佐土原３万石に封じられ，翌年２月佐土原城に入城した。1625(寛永《かんえい》２)年，佐土原藩２代藩主忠興《ただおき》は，財政的事情により，それまで山上にあった本丸から山下の二の丸に政庁を移

鶴松館玄関

商家資料館(旧阪本家)

した。以後ここが，藩政時代を通じて本城となった。

現在，城跡一帯は佐土原城跡歴史資料館として整備されている。資料館は，鶴《かく》松館《しょうかん》・出土文化財管理センターと，西側にそびえる小高い山城《やまじろ》の３つから構成される。なかでも中心施設となる鶴松館は，1989(平成元)年からの発掘調査で明らかになった二の丸政庁跡の礎石を利用して，1993年に開館した。

館内は，当時の大広間を再現するとともに，佐土原町内に残る古代から明治時代の諸物を展示し，名産の佐土原人形を陳列する展示室もある。二の丸跡から少し離れた御普請所跡には，考古・民俗資料を展示する出土文化財管理センターが1995(平成７)年に開館した。

現在佐土原小学校のプールがある辺りに，藩校学習館があったといわれる。学習館は1825(文政《ぶんせい》８)年に，御牧赤報《みまきせきほう》(篤好《あつよし》)を教主として設置された。

赤報は大坂の儒学者で，1823(文政６)年の春，門弟１人をつれて遊学の途中佐土原に立ち寄った。赤報は文武両道に精通した人として大坂でも高名な人物だったので，隠居していた忠持《ただもち》は，一門格(藩主の親類格)100俵給で招き，藩士の指南役とした。

これを機に藩の文教活動は活発となったが，武術が武士の本分であり，文教を志す者は柔弱であると考える弓場組を中心とする藩内の武道派は，赤報が藩外からきて破格の待遇をうけていることに反感をもち，鳴之口騒動を引きおこした。この騒

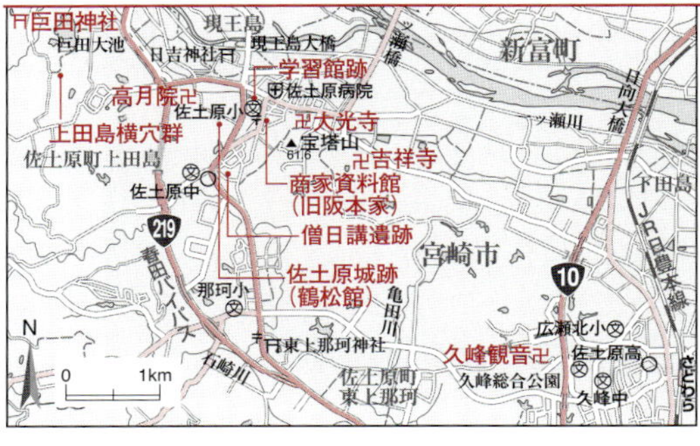

佐土原城跡周辺の史跡

動で赤報を支持する文学派が勝利し，これが学習館の開設につながったといわれる。学習館では，『小学』にはじまり，『図書』『五経』などが講じられ，のちに『十八史略』や『記紀』も加わった。

佐土原郵便局前には，商家資料館(旧阪本家)がある。この一帯は城下の商人町で，この阪本家のある新町《しんまち》のほかに八日《ようか》町・曼陀羅《まんだら》町・十文字《じゅうもんじ》町・上中《かみなか》町・大小路《おおこうじ》町・下《しも》中町・納屋《なや》町という9つの町から構成されていた。江戸時代から味噌・醤油の醸造販売を手がけた阪本家は，城が広瀬に移ったのちも，旧城下で栄えた。

僧日講遺跡《そうにちこういせき》 ⑫

〈M►P.66,81〉宮崎市佐土原町野久尾《のくび》
JR日豊本線南宮崎駅宮交シティ🚌西都行佐土原中前🚶5分

藩の文教政策を決定づけた名僧の墓地

佐土原城跡歴史資料館から国道219号線を南へおれ，町役場の佐土原総合支所東側の小高い住宅地を300mほどさらにのぼりつめると，頂上にある西《にし》野久尾公園内に日蓮宗不受不施《ふじゅふせ》派の僧日講遺跡(県史跡)がある。

不受不施派とは，日蓮の教義を頑《かたく》なに守り，法華経の信者以外からの布施をうけず，彼らに対して法を施さないとする一派で，権力者への抵抗も強く，江戸幕府からも弾圧された。

日講はもと下総国野呂妙興《みょうこう》寺(千葉県)の壇林講主だったが，1666(寛文6)年5月幕府に忌まれて佐土原に配流された。

高橋一閑《たかはしいっかん》を師範として文教政策を進めつつあった4代藩主忠高《ただあきら》は，日講を厚偶し，はじめ城下曼陀羅小《まんだらこう》路《じ》に，のち野久尾に新居をあたえて住まわせた。日講はここで読経などを行うかたわら，一閑や藩士らに仏典や漢学などを教授するなど，佐土原の文化興隆に大きな役割をはたした。

僧日講遺跡

佐土原人形

コラム

産

佐土原《さどわら》人形の起源は定かではないが，一説によれば，豊臣秀吉《とよとみひでよし》の朝鮮出兵に従軍した島津《しまづ》氏が，帰国の際捕虜として連れ帰った朝鮮の陶工らに人形をつくらせたことにはじまるという。

佐土原人形は大別すると，縁起人形(七福神など)・節句人形(わらべ人形や武者人形など)・風俗人形(茶つみ女など)・歌舞伎《かぶき》人形の4種類に分けられる。

縁起人形のうち「饅頭《まんじゅう》食い人形」はとくに有名である。これは「お父さんとお母さんのどちらが好きか」と問われた子どもが，手にもった饅頭を2つに割り「どちらがうまいか」と問い返したという故事にちなんだもので，利発な子に育ってほしいという親の願いが託されている。

また，歌舞伎人形は，幕末に佐土原座という歌舞伎の一座があったことから，つくられるようになった。舞台での姿を表現する人形であるから，2つ組や3つ組など，必ず組人形になっている。したがって，その目玉は右か左へ片寄って描かれている。相手をみつめる目なのである。また動きをだすために，胴体・首・腕の3つを別々につくったのち組み合わせるという，差手《さしで》差首《さしくび》の技法が用いられている。

人びとの生活を色濃く残した郷土玩具

なお，日講の日記を『説黙日課』という。

僧日講遺跡は日講庵があったところで，現在，不受不施派妙覚《みょうかく》寺《じ》と同派講門派本覚寺《ほんかくじ》(2寺とも岡山県)が建立した2つの墓所からなっている。

大光寺《だいこうじ》 ⑬

0985-74-0345

〈M►P.66,81〉宮崎市佐土原町上田島767－6 P

JR日豊本線南宮崎駅宮交シティ🚌西都行佐土原小前🚶15分，またはJR日豊本線佐土原駅🚌西都行鬼子母神前🚶3分

京都東福寺とも縁のあった中世以来の古刹

大光寺(臨済《りんざい》宗)は，宝塔山《ほうとうさん》の東麓に所在する妙心寺派の古刹で，佐土原城跡から歩いて約15分の距離にある。この寺は，1345(康永《こうえい》4)年に田島(伊東)祐聡《すけさと》が創建し，嶽翁長甫《がくおうちょうほ》が開山《かいさん》したといわれている。嶽翁長甫は，京都東福寺17世乾峰士曇《けんぽうしどん》の弟子で，大光寺文書のなかには，嶽翁長甫の墨蹟とともに乾峰士曇墨蹟(6種，国重文)がある。

大光寺正面の山門をはいると，右側に宝物殿がある。このなかには「運慶五代之孫　法眼康俊之作　貞和《じょうわ》四(1348)年戊子八月日」と朱書きの銘をもつ木造騎獅文殊菩薩《きしもんじゅぼさつ》及脇侍《わきじ》像附天蓋《てんがい》一面(国重文)

古月禅師分骨塔

や，同じころの作とされる寄木《よせぎ》造の木造地蔵《じぞう》菩薩半跏《はんか》像(県文化)が安置されている。地蔵菩薩半跏像は延命菩薩・耳だれ仏ともいわれ，耳の病気に効験があるといわれている。

山門の左側には田島氏の墓といわれる墓石が並んでいる。大光寺は田島氏の勢力伸張とともに寺勢をのばしたため，田畠寄進状など田島氏との密接な関係を示す文書が多数現存し，日向中世史の研究上重要な史料となっている。近世にはいると，同寺は佐土原藩主島津氏の帰依をうけて寺運を開いた。

寺中央部の旧宝物殿横には古月禅師《こげつぜんじ》分骨塔(県史跡)がある。古月は佐賀利《さがり》(現，佐土原町)に生まれ，9歳のとき僧籍にはいり，求道のため諸国をめぐったのち，1704(宝永元)年，38歳で佐土原に帰り，3年後大光寺42世の住職となった。大光寺に入山した古月は，寺内に別院自得《じとく》寺(はじめ知叉軒《ちゆうけん》と称す)をたて，ここに住んだ。

古月の名声は内外に高く，5代藩主惟久《ただひさ》や6代忠雅《ただまさ》は古月に深く帰依し，死後大光寺に葬られている。また晩年，筑後《ちくご》国(現，福岡県)久留米《くるめ》藩主有馬頼僮《ありまよりゆき》に招かれて，慈雲山福聚《ふくしゅう》寺(臨済宗)の開山となった。古月はこの福聚寺で1751(宝暦《ほうれき》元)年に85歳で没したが，遺言によってその分骨が自得寺へ送られた。翌年桃園《ももぞの》天皇により本《ほん》妙広鑑《みょうこうかん》禅師と勅諡《ちょくし》された。古月は領民の教化にも尽力し，日講上人と並んで佐土原の藩学啓発の推進力となった。

大光寺から南東へ100mほどいったところに，吉祥《きっしょう》寺(法華《ほっけ》宗)がある。俗に佐土原鬼子母神《きしもじん》ともいわれ，子育てと安産の神として近在の信仰も深く，旧暦1月28日の前後3日間の祭礼には露店も立ち並び賑わいをみせる。

高月院《こうげついん》 ⑭

0985-74-0629

〈M ▸ P.66,81〉宮崎市佐土原町上田島8079 P

JR日豊本線南宮崎駅宮交シティ🚌西都行春田🚶2分，またはJR日豊本線佐土原駅🚌西都行春田🚶2分

佐土原藩島津氏の歴代藩主が眠る菩提寺

島津以久の墓

春田バス停から南へ50mほどはいったところに，大池山青蓮寺高月院（浄土《じょうど》宗）がある。本尊は阿弥陀如来で，２代藩主忠興《ただおき》が1610（慶長15）年に初代藩主以久《ゆきひさ》の三回忌追善のために建立した。以後，佐土原島津家の菩提寺となった。なお高月院という寺名は以久の法名「高月院殿前典厩照誉崇恕居士」に由来する。歴代藩主，正室や側室の墓石が並び，仏間には一族や殉死者の位牌がまつられている。

巨田神社《こたじんじゃ》 ⑮

〈M ▸ P.66,81〉宮崎市佐土原町上田島10732 P

JR日豊本線南宮崎駅宮交シティ🚌西都行佐土原岐道《わかれみち》🚶15分

残っていたことが珍しい中世を伝える古社

佐土原から国道219号を西都へ向かってしばらくいくと，国道沿いに佐土原岐道バス停がある。そこから西へ約1.4kmいったところに巨田神社がある。巨田神社は，はじめ1093（寛治《かんじ》７）年宇佐八幡宮（大分県）の荘園田島荘の鎮守社として勧請されたもので，その本殿（附棟札22枚，国重文）は三間社流《さんげんしゃながれ》造という技法でつくられ，中世の様式をそのまま伝えている。

1448（文安《ぶんあん》５）年に上棟修造され，1508（永正《えいしょう》５）年・1550（天文19）年の２度の再興を経たものであることが棟札《むなふだ》（佐土原城跡歴史資料館展示）によって確認できる。

本殿の両脇にある摂社若宮社《せっしゃわかみやしゃ》・摂社今宮社《いまみやしゃ》（ともに県文化）も本殿と同じ古い建物と考えられている。

巨田神社の神の池といわれる巨田大池の周辺には，「越《こえ》」という藩政時代以来の狩猟法が残っている。冬になり飛来したカモが，夕方この池から飛びたち，早朝に帰ってくる。このとき低空を飛ぶカ

巨田神社本殿と若宮社・今宮社

モに向かってY字形の枠に網をはった越網を投げ上げて捕らえるのである。日の出・日没の15分ほどの間が勝負である。

なお，巨田大池東側には上田島横穴群《かみたじまよこあなぐん》(佐土原古墳，県史跡)43基が現存している。

久峰観音《ひさみねかんのん》の芭蕉《ばしょう》句《く》碑《ひ》 ⑯

〈M►P.66,81〉宮崎市佐土原町下那珂久谷《しもなかひさたに》13822－3
JR日豊本線佐土原駅🚶15分

近世日向俳壇の隆盛を伝える石碑

佐土原駅から西方約1.2kmの丘陵は，現在久峰総合公園として整備され人びとの憩いの場となっている。公園の東側には施設のととのった野球場もあるが，その球場から細く急な坂をのぼると，安産の観音様として近在の信仰を集めている久峰観音(真言宗)がある。

その境内に松尾芭蕉句碑がたっている。高さ1.2mの自然石で，正面に「芭蕉翁」，右に「元禄《げんろく》七甲戌十月十二日」，左に「旅に屋無(病)て夢ハ枯野をかけ巡る」，正面下段に「佐土原城下連中」とある。元禄7(1694)年10月12日は芭蕉の命日であり，最後の病中吟を碑にし，しのんだと思われる。

芭蕉句碑(久峰観音)

佐土原藩では，幕末まで毎年正月25日に城中で連歌の会が開かれ，また日向の諸藩では，文化・文政年間(1804～30)に連歌が盛んとなり，各地に芭蕉の碑が建立された。久峰観音の句碑も，建立年月はないが，この時期のものと伝えられている。

久峰総合公園の南側には，丘陵を開発した住宅地が広がっているが，その南端部に土《ど》器《き》田《た》横穴群《よこあなぐん》7基があった。とくに東1号横穴は，県内でも非常に稀な装飾壁画が，玄室内部で確認されている。これらは近辺の広瀬城ヶ峰横穴群などとあわせて，1939(昭和14)年に広瀬村古墳として県史跡に指定されている。西隣の東上那《な》珂《か》地区にも那珂横穴群(那珂古墳，県史跡)があり，石崎川下流域一帯が古墳時代後期の人びとにとって，豊かな生活の場であったことがわかる。

3 日向中原の地—西都—

九州最大規模を誇る西都原古墳群。またその近くに設置された日向国府。日向中原の西都市と辺境米良をたどる。

西都原古墳群《さいとばるこふんぐん》 ⑰

0983-41-0041(西都原考古博物館)

〈M►P.66,89〉 西都市三宅《みやけ》 P
JR日豊本線南宮崎《みなみみやざき》駅宮交シティ🚌西都行西都バスセンター🚶25分

男狭穂・女狭穂両塚を含む県内最大規模の古墳群

西都原古墳群(国特別史跡)は，一ツ瀬《ひとつせ》川右岸に広がる東西2.6km・南北4.2km・標高60～70mの西都原台地とよばれる洪積台地上に位置し，前方後円墳32基・円墳278基・方墳1基・地下式横穴《おうけつ》墓《ぼ》12基，総数311基で構成されている。なかには前方部が低くのび，柄の長い鏡を伏せたような形の，全国的に珍しい柄鏡式《えかがみしき》古墳が10基余り含まれている。この古墳群の築造年代は4世紀から7世紀前半とされている。

1912(大正元)年から1917年にかけて，宮崎県が主催して，東京帝国大学・京都帝国大学・宮内庁から浜田耕作・黒板勝美・喜田貞吉ら考古学者で組織された発掘調査団によって，30基の古墳を対象に日本最初の本格的な学術発掘調査が行われた。この結果をうけて，1934(昭和9)年に国史跡に，1952年には国特別史跡に指定された。

さらに1966年，この古墳群の中心部分が全国にさきがけて史跡公園「風土記《ふどき》の丘《おか》」第1号に指定された。近年では，1995(平成7)年から5カ年計画で，国の補助のもと「地方拠点史跡等総合整備事業(歴史ロマン再生事業)」による調査と整備が進められ，1997(平成9)年には西都原古代生活体験館が，2004(平成16)年には，これまでの宮崎県総合博物館西都原資料館が閉館し，あらたに宮崎県立西都原考古博物館が開館している。この博物館は，豊かな自然と歴史的

宮崎県立西都原考古博物館

景観に配慮し，大空間としての展示室と収蔵庫を地下に配置し，建物の地上部分には，自然に調和する素材と色彩を厳選し，駐車場からの主導線と建物外壁は，古墳の葺石や石室を想起させる設計である。

西都原台地の東側縁辺部に，南北に並んで存在する柄鏡式古墳が，西都原古墳群のなかでもっとも古式の古墳と推察されている。なかでも，35号墳，13号墳については大正時代の発掘調査の結果，4世紀前半～後半ごろの築造とされ，13号墳からは三角縁三神三獣鏡《さんかくぶちさんしんさんじゅうきょう》が出土している。

台地の中心にある最大の古墳が男狭穂《おさほ》塚・女狭穂《めさほ》塚である。古くから男狭穂塚は瓊瓊杵尊《ににぎのみこと》，女狭穂塚は木花開耶姫《このはなさくやひめ》の陵墓と伝承され，地元の崇敬を集めていた。そのため，1895(明治28)年に陵墓参考地とされ，宮内庁により管理されている。

男狭穂塚は，墳形について前方後円墳説や造出《つくりだし》付円墳説，帆立《ほたて》貝《がい》式古墳説などがあり，全長についても211m，167m，148mなどの諸説があり，不明な点が多かった。しかし，1997(平成9)年からの墳丘測量の結果，造出付円墳とみるべきことが判明した。主円丘部の直径128m・高さ18m，全長148mで，二重の濠跡があり，5世紀初頭の築造とされている。

女狭穂塚は男狭穂塚の南に隣接している前方後円墳である。全長175m，後円部の直径95m，高さ

都万神社周辺の史跡

鬼の窟古墳

15mで，九州最大（全国48番目）の規模を誇る。前方部と後円部の接する所の両側に造出があり，幅20mの盾形の周濠を有し，5世紀前半ごろの築造とされている。なお，1998（平成10）年の調査で西側に外堀が確認されている。残念ながら，女狭穂塚は1975（昭和50）年に盗掘の被害にあっている。

男狭穂塚・女狭穂塚の陪塚《ばいちょう》として169号墳（飯盛《いいもり》塚），170号墳（雑《ざっ》掌《しょう》塚），171号墳が挙げられるが，とくに170号墳は，子持家形埴輪《こもちいえがたはにわ》，舟形《ふながた》埴輪（ともに国重文，東京国立博物館所蔵）などが出土したことで有名である。また，171号墳はこの古墳群唯一の方墳として注目されている。

女狭穂塚の南東500m，当古墳群のほぼ中央部に1基だけ独立して206号墳（鬼《おに》の窟《いわや》古墳）が存在している。高さ6～7m，東西36.5m・南北35mとやや楕円形状を呈しており，6世紀後半～7世紀初頭ごろの築造とされている。この古墳は，開口された南向きの横穴式石室を有し，墳丘裾部から8m離れた周囲に高さ約2～2.6m，幅9mの土塁がめぐらされている，日本でも特異な古墳として知られている。また，横穴式石室は西都原古墳群においてこの古墳が唯一である。その他，202号墳（姫塚《ひめづか》），265号墳（船塚《ふなづか》）など有名なものが多い。

西都原台地上には，前方後円墳や円墳などの高塚古墳と混在して地下式横穴《よこあな》も分布している。とくに，4号地下式横穴からは鉄製短甲や直刀《ちょくとう》などの武具が出土しており，注目されている。

なお，西都原古墳群の周辺には多くの古墳群が存在する。一ツ瀬《ひとつせ》川右岸には，百塚原《ひゃくつかばる》古墳群（清水西原《きよみずにいばる》古墳群，県史跡），松本塚古墳（国史跡）・三納《みのう》古墳（県史跡），常心塚《じょうしんづか》古墳（国史跡），三財《さんざい》古墳（県史跡）がある。百塚原古墳群のなかの古墳から金銅馬具類（国宝，五島美術館〈東京都〉蔵）が出土しているが，どの古墳から出土したものかは明らかではない。

西都原から一ツ瀬《ひとつせ》川を隔てた対岸(左岸)は，西都原台地と同じように，新田原台地と洪積台地が連なっている。北から横穴式石室の千畑《ちばたけ》古墳(国史跡)・茶臼原《ちゃうすばる》古墳群(国史跡)，それに西都原の真向かいにあるのが新田原《にゅうたばる》古墳群(国史跡)，富田《とんだ》村古墳(県史跡)である。

新田原古墳群は西都原に対し東都原ともよばれ，総数207基あり，全長95mもある48号墳(弥五郎塚《やごろうづか》)など大型なものが多い。また2005(平成15)年に新たに発掘された前方後円墳の81号墳は，奈良県の纏《まき》向《むく》型前方後円墳と類似しており，国内でもっとも古い古墳の1つではないかと評されている。

宮崎県内にある約5000基の古墳のうち，約1500基は西都原を中心に分布している。さらに西都原古墳群のすぐ東側に位置する稚児《ちご》ヶ池と都万《つま》神社との間に，日向国府《ひゅうがこくふ》跡(国史跡)がある。このように西都原古墳群や日向国府(国衙《こくが》)や日向国分寺《こくぶんじ》の存在は，当地方が歴史的に日向国の中央に位置していたことを象徴していることを象徴している。

都万神社《つまじんじゃ》 ⑱

0983-43-1238

〈M ▸ P.66,89〉 西都市妻《つま》1 P

JR日豊本線佐土原《さどわら》駅 🚌 杉安峡《すぎやすきょう》行都万神社前 🚶 2分

木花開耶姫をまつる神社

国道219号線を西都市の中心地妻の市街地から北へとおり抜けると，都万神社(祭神木花開耶姫)の森がみえる。『延喜式《えんぎしき》』神名帳《じんみょうちょう》の日向四座の1つで，創建年代は不詳だが，社蔵の棟札に「承和《じょうわ》四(837)年九月十八日建立」とみえることから，かなり古いものと思われる。拝殿右側には，「宝徳《ほうとく》二(1450)年」献上された旨の銘文をもつ太刀が安置されている。長さは3.57mで，日本一長い。桃山様式を残す本殿裏には経塚が，近くには神宮寺跡もある。

都万神社

この神社の北西には，『記紀』にも記述されている，夫婦神瓊瓊杵尊・木花開耶姫の伝説にちなむ地名がみられる。2神が見初めあったという逢初川《あいそめ》，新婚の住居である八尋殿《やひろでん》，3皇子を生んだ産殿跡の無戸室《うつむろ》，3皇子の産湯として使った児湯の池などがそれである。

また『日本書紀』には，木花開耶姫が3皇子を養育するにあたって，母乳で足りない分を補うために，西都原より湧きでる水を利用して田をつくり，その田の稲(米)で甘酒をつくったとも記述されている。このため西都はわが国最初の米による酒の発祥地であるといわれる。

広い境内には，樹高40m，目通りの幹回り10.3m・根回り16.4mの妻《つま》のクス(国天然)が根をおろしている。その樹齢は1200年と推定される。また，都万神社から国道219号線を杉安方面へ2.3kmほどいくと，左手に南方《みなみかた》神社がみえる。ここの境内にも樹高42m，目通りの幹回り9.95m・根回り22mの巨木，上穂北《かみほきた》のクス(国天然)がある。

都万神社と稚児ヶ池(稚児殿池)にはさまれた寺崎地区は，日向国の国衙の所在地，すなわち国府跡であるといわれている。これまで国衙の所在地については，地名などによっていくつかの比定地があげられていたが，最近の調査で右松《みぎまつ》の寺崎《てらさき》遺跡が，奈良時代の後半から平安時代の初頭にかけての国衙の所在地であったことが，ほぼ確認されている。寺崎遺跡からは，これまで瓦《かわら》や硯《すずり》などが出土していたが，とくに1999(平成11)年に確認された南北両面に庇《ひさし》のつく梁《はり》行4間《けん》の東西棟建物が，国衙の正殿と推定されている。

西都市歴史民俗資料館《さいとしれきしみんぞくしりょうかん》 ⑲

0983-43-1111

〈M ► P.66,89〉西都市妻1241－3 P
JR日豊本線南宮崎駅宮交シティ西都行中央公民館前すぐ

西都の遺物・民俗芸能文化財を一堂に展示

中央公民館前バス停で下車すると，西方向に西都市中央公園があり，その敷地内に西都市歴史民俗資料館がある。ここには，銅鏡・石器・土器などの考古資料や古文書類のほか，東米良《ひがしめら》狩猟具(国民俗)など，歴史資料・民俗資料が展示されている。そのなかには，律令時代の郡印である銅印《どういん》(印文「児湯郡《こゆぐん》印」，国重文)の複製品もある。また，資料館前には，天正遣欧使節《てんしょうけんおうしせつ》で有名な伊東マンショの像がある。

日向国分寺跡《ひゅうがこくぶんじあと》 ⑳

〈M►P.66,89〉西都市三宅
JR日豊本線南宮崎駅宮交シティ🚌西都行終点乗換え国《くに》富《とみ》行・九流水《くるす》行・長園《ながその》行三笠《みかさ》🚶5分

古代日向の仏教の中心
五智如来像を安置

西都原台地南端の一段低くなった細長い一帯を，三宅《みやけ》地区という。ここは，大和朝廷の直轄地だったところで，古代日向の政治・経済・文化の中心地であった。そこから西方向に国分《こくぶ》へ坂をのぼっていくと，5分ほどで左手に日向国分寺跡(県史跡)があり，かつての本堂跡脇に今では新本堂として五智堂が再築されている。昔はこの一帯約4haが国分寺だったといわれている。建立された年は定かではないが，『続日本紀《しょくにほんぎ》』の天平勝宝《てんぴょうしょうほう》8(756)年の条に日向国分寺の名がみえる。寺跡の選定には，水害の心配のない南面の高台で，伽《が》藍《らん》を仰ぎみるのによく，また人里に近からず遠からず，そのうえ国府に近いという条件がつけられていたようであるが，この地はその条件をほぼ満たしている。

伽藍は何度か火災にあって，創建当時の建物はなにも残っていない。近年再建された本堂(五智堂)のなかに本尊五智如来像《ごちにょらいぞう》(釈迦・阿弥陀・大日・薬師・宝生，県文化)が安置されている。これは，寛政《かんせい》年間(1789～1801)に10年間この寺の住持となり，寺勢の衰えていた国分寺の復興にあたった木喰上人《もくじきしょうにん》が，浄財を集めてきざんだものである。宝生如来像の背に「クハンセイ四，子《ね》(寛政4年子の年)八月十五日作木喰」ときざまれている。

国分寺から北へ400m隔てた，現在の県立妻高校の敷地内に日向国分尼寺《こくぶんにじ》があったと考えられている。1923(大正12)年，旧制妻中学校校舎建設の際，多数の瓦が出土している。妻高校正門前の尼寺坂をのぼりきったところの武道場横に，国分尼寺跡の碑がある。

五智如来像

国分尼寺跡の碑

三宅神社

国分寺跡から北西へ歩いて10分ほどで，小高い森にかこまれた三宅神社の鳥居がみえる。上の宮神社ともよばれ，古くは覆野大神宮《ふくのだいじんぐう》といった。奈良時代の総社で，祭神は瓊瓊杵尊である。神輿《みこし》と太刀《たち》が有名で，とくに全国で数振りしか残っていない平安時代の毛抜形《けぬきがた》太刀(西都市歴史民俗資料館に展示)は貴重である。

三宅神社から南へ徒歩で約10分，国衙関係の印鑑に関係があるといわれる印鑰《いんにゃく》神社がある。さらに南へ向かい不動坂をくだると，道は延岡と高岡を結ぶ国道三宅バイパスにつうじる。そのバイパスを横切って新興住宅街を南に50mほどいくと，右手に前方後円墳がみえる。西都原古墳群のなかでは珍しく平野部に残っている古墳で，鳥子古墳《とりここふん》とよばれている。

都於郡城跡《とのこおりじょうあと》 ㉑

〈M►P.66,95〉西都市荒武《あらたけ》・鹿野田《かのだ》
JR日豊本線南宮崎駅宮交シティ船野経由西都行池の端10分

伊東氏全盛期の居城「浮舟城」の別名をもつ

都於郡は中世日向の中心をなした地である。西都原方面からは，池の端バス停から戦国時代の名残りをとどめる士中《しじゅう》をとおり抜け，900mほどで都於郡城跡(国史跡)に着く。

都於郡城は，南北朝時代から室町《むろまち》・戦国時代にかけて242年間，伊東氏の居城であった。伊東氏が日向国とかかわりをもつようになったのは，1190(建久《けんきゅう》元)年，伊東氏の祖工藤祐経《すけつね》が日向の地頭《じとう》職に任ぜられたのが始まりである。その子祐時《すけとき》から5代目の貞祐《さだすけ》までは，伊豆(静岡県)に住み，日向には一族を代官として配していた。

伊東マンショ誕生地の碑

伊東本家が日向にはいったのは，1335(建《けん》武《む》2)年のことで，6代の祐持《すけもち》が，足利尊《あしかがたか》氏《うじ》方に属し戦功をあげたことにより都於郡300町をあたえられたことによる。

都於郡城は，自然を利用して築かれ，西は聳立した断崖《だんがい》で，その外側を流れる三財《さんざい》川が外堀のかわりとなり，他の三方も断崖や畑地をいかした堀などといった防御施設があったものと思われる。

この城は別名浮船城ともよばれ，城下を流れる三財川に城壁を映し，名物のアユもここから上流へはのぼることができなかったという。1568(永禄11)年に，島津氏から飫肥《おび》城を奪い繁栄をきわめた都於郡城10代城主伊東義祐《よしすけ》は，その雄大な姿を「春は花　秋は紅葉に　帆をあげて　霧や霞の　浮船の城」と詠んだ。

伊東氏はその全盛期に，都於郡城を中心に48の出城をもち，「伊東四十八城」といわれた。しかし，1572(元亀《げんき》3)年，木崎原《きさきばる》の戦いで島津軍に大敗を喫してからその威勢は衰え，1577(天正5)年，この城も島津氏によって落とされた。そして伊東義祐は親族の大友義《よし》鎮《しげ》(宗麟《そうりん》)を頼って豊後(現，大分県)へ向かっていった。

なお，のちの天正遣欧使節の1人である伊東マンショは，この城で生まれたといわれる伊東祐益《すけます》のことである。

城下町都於郡には名刹《めいさつ》が多い。都於郡の町から県道325号線を南へ約10分歩くと黒貫寺《くろぬきじ》(真言宗《しんごん》)がある。946(天慶《てんぎょう》9)年，隆元僧都《そうず》による開基といわれ，土持《つちもち》・伊東・島津ら領主により篤く尊崇された古刹である。寺域一帯は高台で，うっそうとした老杉に深山のおもむきがある。

しばしば火災にあい，とくに1884(明治17)年の火災では宝物・文書類のほとんどを焼失してしまった。現存するも

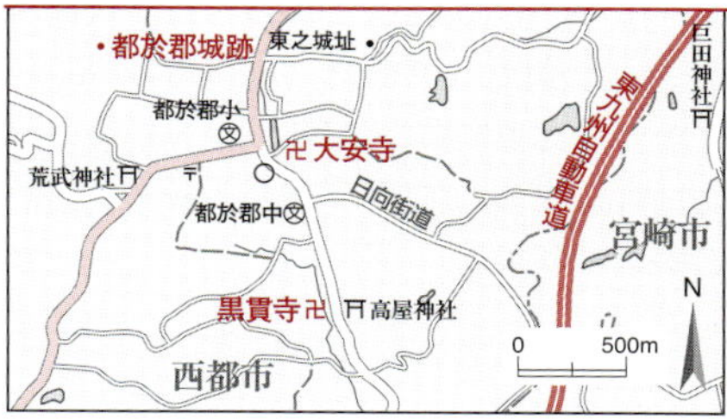

都於郡城跡周辺の史跡

黒貫寺山門

のは，火災ののち佐土原町の久峰観《ひさみねかん》音《のん》堂から移した本堂や聖観音像・大《だい》日如来《にちにょらい》像である。また，寺域に景行天皇の高屋行宮《あんぐう》所といわれる旧跡もある。

都於郡の中心部に近い道路のすぐ東の大安寺《だいあんじ》(曹洞《そうとう》宗)は，都於郡城主であった伊東祐堯の諡号にちなんで総昌院《そうしょういん》と称していたと思われるが，その後初代佐土原藩主島津以久《ゆきひさ》が，大隅《おおすみ》国福山(現，鹿児島県)で戦死した父忠将《ただまさ》の菩提をとむらうため僑墳《きょうふん》をつくり，寺名も1603(慶長８)年に大安寺と改められた。ここには，釈迦《しゃか》如来など多くの仏像が安置されている。西側参道をおりた池のほとりには，古池塚があり，松尾芭蕉《ばしょう》の句碑もたっている。これは1795(寛政《かんせい》７)年に芭蕉の100年忌を記念してつくられたものである。

西都市には，都於郡以外にも伊東氏に縁のある寺院が多い。三宅の上山路寺《かみやまじでら》(鞍馬寺《くらまでら》跡)には，山路毘沙門天《やまじびしゃもんてん》立像(県文化)が安置されている。これは伊東義祐が，都於郡城の北を守護する神として，京都鞍馬寺から勧請した本尊と考えられている。また，三納の中心街から北3.2kmの山頂には長谷《はせ》寺があり，その御堂に長谷観音(十一面観音菩薩《ぼさつ》像・聖観音菩薩像・勢至《せいし》菩薩像の頭部，県文化)がある。長谷寺は717(養老《ようろう》元)年，大和《やまと》長谷寺の徳道《とくどう》上人が諸国を巡歴している途中，この地に立ち寄り創建したと伝えられる。1522(大永《だいえい》２)年の大火により，寺の宝物・古文書類のほとんどを焼失したが，三尊像の頭部だけは残った。都於郡７代城主伊東尹祐《ただすけ》は寺院の再興をはかり，三尊像の体をつくらせた。

また，都於郡城跡から南に歩いて約400mのところに，都於郡古墳(県史跡)があり，円墳が復元されている。都於郡地区の円墳は，この１基のみである。

小川城址《おがわじょうし》 ㉒

0983-37-1240（小川城址公園）

〈M ► P.66〉児湯郡西米良《にしめら》村小川字囲833　Ⓟ
JR日豊本線南宮崎駅宮交シティ🚌西都行終点乗換え村所《むらしょ》行越野尾🚶90分，または🚗15分

江戸時代中期から明治時代初期にかけての米良の中心地

西都市内から国道219号線を西米良村方向に向かうと，西都市尾《お》八重《はえ》地区，西米良村越野尾《こしのお》地区を通過し，西米良村村所に至る。また，途中尾八重地区から県道39号線にはいり北に向かうと銀鏡《しろみ》地区に至る。尾八重地区には樅木尾有楽椿《もみぎおうらくつばき》・大椎葉《おおしいば》有楽椿（ともに県天然）が自生している。また銀鏡地区には銀鏡神社があり，方格四乳《ほうかくしにゅう》葉文鏡《ようもんきょう》（県文化）と室町時代の作といわれる神面２面（県文化）が所蔵されている。

西米良村の小川地区の高台には，江戸時代中期から明治維新に至るまでの間，米良氏10代則重から17代則忠までが米良山領主として居城した小川城があった。1848（嘉永元）年に焼失し，城跡には小川小・中学校があったが，1989（平成元）年に廃校となった。城址周辺には，歴代領主の墓や武家屋敷跡が残っている。

現在，小川城址《じょうし》公園となっているところは，往時，乗馬の調練場や鉄砲の射的場，剣道の稽古場などがあり，御隠居所とよばれていた。屋敷の石垣は，米良山中の石工が築いたものといわれている。公園内には，小川民俗資料館があり，この地域の民俗資料約300点が保存・展示されている。

なお，西都市北部から西米良村にかけては神楽の盛んな地域で，米良神楽（銀鏡神楽，国民俗），尾八重神楽（県民俗），西米良神楽（県民俗）がとくに有名である。

菊池記念館《きくちきねんかん》 ㉓

0983-36-1030

〈M ► P.66〉児湯郡西米良村村所　Ⓟ
JR日豊本線南宮崎駅宮交シティ🚌西都行終点乗換え村所行終点🚶10分

菊池武夫の旧邸
菊池氏をしのぶ象徴的存在

村所バス停から国道265号線を北へ10分ほどのところに，菊池記念館がある。これは，菊池（米良）氏を顕彰するために，1933（昭和８）年に米良村の村民が米良氏20代の菊池武夫《たけお》に贈ったものである。

米良氏は，南北朝時代に南朝方で奮戦した肥後菊池氏の後裔である。15世紀初め，南朝方の征西《せいせい》将軍懐良親王《かねよししんのう》の子良宗親王を奉じて米良にはいったというが，年代は定かではない。当初，竹原村元米《たけはらむらもとめ》

菊池記念館

良《ら》に住んだので米良氏を称し，山中14カ村を領有したと伝えられる。江戸時代には旗本《はたもと》になり，人吉《ひとよし》藩《はん》にしたがいながらも，交替寄合家として，５年に１回江戸へ参勤した。交替寄合とは，知行《ちぎょう》高は１万石に満たない旗本並であるが，老中《ろうじゅう》の下に属し譜代大名に等しい待遇をうけた家のこと。米良氏は明治維新後，旧姓に復した。

この記念館は当初，米良菊池別邸とよばれていたが，1955年の武夫逝去後，菊池記念館と改称した。ここには菊池氏関係のものが集められており，とくに武夫の遺品が多い。古文書には幕末から明治時代初期のものが多く，「参勤交代日記」「武夫巣鴨《すがも》日記」などがある。

菊池記念館の敷地内に西米良村《にしめらむら》歴史民俗資料館がある。1983年に開館され，菊池家ゆかりの品や書簡などのほか，西米良の焼畑農耕用具515点（国民俗）を中心とした民俗資料が展示されている。また，西米良村歴史民俗資料館の裏山には，西米良村古墳《にしめらむらこふん》（県史跡）もある。

菊池記念館へいく途中には，南朝方の征西将軍懐良親王と米良氏４代重鑑をまつる村所八幡神社《むらしょはちまんじんじゃ》があり，ここには室町時代の作といわれる神面２面（県文化）がある。

なお，米良山中は，1601（慶長《けいちょう》６）年に幕府が指定した巣鷹《すたか》の生産地で，立ち入りを禁止されていた。

村所八幡神社

下水流臼太鼓踊

コラム

芸

俗称ウスデコは1913年に復活

西都市《さいとし》下水流《しもずる》に伝わる臼太鼓《うすだいこ》踊《おどり》(県民俗)は，豊臣秀吉《とよとみひでよし》の朝鮮出兵のときにはじまったといわれる。田楽《でんがく》や念仏踊《ねんぶつおど》りの流れをくむともいわれる。白い襦袢《じゅばん》・白鉢巻・手甲《てっこう》・脚絆《きゃはん》に草鞋を履き，花房をかたどった華美な幟を背負い，大きな太鼓を胸につけた踊り手16人，唄い手4人，囃子4人で構成されている，南国的色彩と豪壮さを特色とする踊りである。

毎年，旧暦8月1日，氏神に五穀豊穣，火の神・水の神に無事息災を祈念する。また，神代神楽《かみよかぐら》とともに，11月初めの西都原古墳祭にも奉納される。

勤王家《きんのうか》甲斐右膳《かいうぜん》父子《ふし》の墓《はか》 ㉔

〈M►P.66〉 児湯郡西米良村越野尾
JR日豊本線南宮崎駅宮交シティ🚌西都行終点乗換え村所行米良稲荷《いなり》🚶30分

幕末の激動のなかを駆け抜けた志士たちの魂が眠る地

米良稲荷バス停の東，小高い山の上に児原《こばる》稲荷神社がある。この神社の境内に甲斐右膳《かいうぜん》父子の墓(県史跡)がある。甲斐右膳・大蔵《おおくら》父子は，米良山領主米良主膳則忠の家臣で，王政復古の志を抱く主膳の命により，右膳は京都白川家家人となって，尊王《そんのう》運動に加わり，大蔵は郷里で薩摩や京都の同志との連絡役を果たした。しかし，1863(文久3)年8月18日の政変で挫折し，三条実美《さんじょうさねとみ》ら尊王攘夷派の公卿7名が長州へくだった。甲斐父子は再起をはかって帰郷したが，幕命をうけた人吉《ひとよし》藩によって捕縛され，1864(元治《げんじ》元)年に獄死した。右膳49歳，大蔵27歳であった。

甲斐右膳の墓

4 太陽と緑に彩られた宮崎市

古くは数々の神話に彩られ，旧藩時代は日向諸藩の分割支配の地。現在は人口37万の中核都市で，南国の情緒あふれる観光都市。

宮崎神宮《みやざきじんぐう》 ㉕

0985-27-4004

〈M ► P. 66, 101〉 宮崎市神宮2－4－1 P
JR日豊《にっぽう》本線宮崎駅🚌神宮行終点🚶1分

野鳥と植物の大宝庫
四季折々の行事に注目

宮崎駅西口から北西に進むと，国道10号線にでる。このあたりを江平《えひら》といい，近くに江平子安観音《こやすかんのん》と熊野神社《くまのじんじゃ》がある。ここから国道10号線をさらに100mあまり北へいくと左手に大きな一の鳥居がある。常緑の街路樹沿いに西へ約１kmを歩くと緑豊かな樹木に囲まれた宮崎神宮(祭神神日本磐余彦尊《かむやまといわれひこのみこと》)がある。古くは神武天皇社《じんむてんのうしゃ》・神武天皇宮《ぐう》と称し，崇敬されてきたが，中世には土持《つちもち》氏・伊東《いとう》氏・島津《しまづ》氏，江戸時代には有馬《ありま》氏や内藤《ないとう》氏によって社領の寄進や社殿の修復が行われた。

1873(明治６)年に宮崎神社と改称し県社に，1885年には官幣大社に列した。1913(大正２)年に宮崎神宮と改称された。神武天皇ゆかりの神社として，戦前は神武天皇東征二千六百年祭を行うなど国家的行事の中心となった。現在は宮崎観光の拠点として，広大な緑地は市民の憩いの場として親しまれている。

鳥居をくぐり，樹木に覆われた玉砂利の参道をしばらく進むと，玉砂利は石畳へとかわり，拝殿と掃き清められた庭が広がる。奥に幣殿・神殿が並び，荘厳なたたずまいである。参道の東側には，猿《さる》蓑塚《みのづか》がある。これは，日向江平《ひゅうがえひら》の俳人太田芳竹《おおたほうちく》らが，師とあおぐ松尾芭蕉《ばしょう》の功績を記念して1810(文化《ぶんか》７)年に「猿蓑集」一軸を埋納し，石碑をたてたものである。この近くには，県総合博物館として使われたこともある旧神宮徴古館《ちょうこかん》があった。その前庭に樹齢600

宮崎神宮

神武さま

コラム

祭

宮崎神宮の大祭は，毎年10月26日の例大祭にはじまり，その直後の土・日曜日に，神宮と御旅所《おたびしょ》の間の約4kmを，2日間かけて往復する御神幸祭《ごしんこうさい》によって賑わう。大淀と瀬頭《せがしら》の御旅所が1年おきに泊所となる。

御神幸の歴史は古いが，現在のように大がかりになったのは，明治末のようである。御神幸の行列の無事を祈願する御発輦祭《ごはつれんさい》の神事のあと，8頭の獅子頭《ししがしら》を先頭に古式ゆかしい行列が出発する。若者のかつぐ神体を乗せた鳳輦《ほうれん》を中心に，甲冑《かっちゅう》をつけた勇壮な騎馬武者や稚児行列などが続き，日向《ひゅうが》路に時代絵巻を繰り広げる。

御神幸の行列のあとには，さらに神賑行列が続く。企業・地域の団体，郷土芸能隊など数千人が続き，県外からの参加もあり，祭りに彩りを添える。なかでも高島《たかしま》田《だ》・金襴緞子《きんらんどんす》の花嫁が乗り，花婿《むこ》がひくシャンシャン馬には，沿道の市民から感嘆の声がおこるなど，神武さまのメインのだしものとなっている。

古式をとどめた御神幸行列と鮮やかな神賑行列の連なる神武さまは，秋の日向路の風物詩で，この行列を一目見ようと，沿道は連日10万人もの人出で賑わう。

神輿・武者・稚児・シャンシャン馬などの時代絵巻

年とも800年ともいわれる根回り3mのオオシラフジ(国天然)がある。

宮崎神宮神殿の西側には流鏑馬《やぶさめ》馬場と宮崎県護国《ごこく》神社がある。神社境内にある遺品館には，戊辰《ぼしん》戦争以後の戦没者の遺品が多数収められている。流鏑馬馬場では，毎年4月3日に流鏑馬が行われる。由緒は明らかではないが，農民らが集ま

宮崎神宮から宮崎城周辺の史跡

り，ヤクサミの神事という競べ馬を行って秋の収穫を神に感謝したことが起源ではないかと考えられている。1898(明治31)年以降途絶えていたが，1940(昭和15)年に古式流鏑馬として復活した。狩装束の射手が疾走する馬上からモミの木でつくった的をねらって射込む勇壮な姿に，多くの人びとが見学に集まる。観客は，矢の命中した当たり的《まと》をもち帰り，1年の豊穣を祈願し，家の発展を祝福する縁起物にする。

宮崎県総合博物館《みやざきけんそうごうはくぶつかん》 ㉖

0985-24-2071

〈M►P.66,101〉 宮崎市神宮2－4－4 Ⓟ
JR日豊本線宮崎駅🚌古賀《こが》総合病院行博物館前🚶2分

宮崎の自然と歴史実体験
神宮の森で芸術との出合い

宮崎神宮の北側に宮崎県総合博物館がある。この一角には博物館本館・県民文化ホール・民家園・埋蔵文化財センター神宮分館がある。

玄関左手に串間《くしま》市福島《ふくしま》川で発掘された縄文《じょうもん》クスノキが展示してある博物館には，歴史・民俗・自然科学に関する資史料が収蔵されており，展示のテーマは「宮崎の自然と歴史」である。2階の歴史展示フロアは，考古学・歴史・民俗の3分野にわたって展示され，とくに原始・古代は生活想定図や複製などにより理解しやすい展示となっている。串間市大平《おおひら》遺跡の深鉢型土器，宮崎市檍《あおき》遺跡の孔のあけられた甕棺《かめかん》，佐土原《さどわら》町下那珂《しもなか》遺跡の飛ぶ鳥の描かれた壺などの絵画文土器，各種埴輪などの展示品がある。5～6世紀につくられた地下式横穴墓《おうけつぼ》の模型なども興味深い。企画展示室では，時代を追い，テーマを設定して所蔵品が展示されるので事前に問い合わせるとよい。

博物館の東側に宮崎県埋蔵文化財センターの神宮分館がある。1982(昭和57)年に開館し，宮崎県における埋蔵文化財に関する調査や出土物の体系的な整理・保存・活用を目的とした活動や，文化財に対する理解と保護意識の啓発に取り組んでいる。ここは自由に見学でき，宮崎県内の遺跡や出土物に関する知識，センターの活動状況などがわかるようになっている。さらに遺物の復元作業の様子も見学できる。分館の東には，民家園《みんかえん》がある。江戸時代にたてられた県内の4棟の民家が移転・修復されている。旧黒木家《きゅうくろきけ》住宅(国重文)

は，関東から南西《なんせい》諸島の太平洋沿岸地方にみられる分棟型で，平入りのおもてと妻入りのなかえからなる農家の典型である。旧藤田《ふじた》家住宅(国重文)は，九州山地中央部の農家の形式を知るうえで貴重な民家であるとともに，1787(天明《てんめい》7)年にたてられた県内に残る最古の民家である。旧黒木家は高原《たかはる》町，旧藤田家は五ヶ瀬《ごかせ》町から移転・修復された。米良《めら》の旧黒木家・椎葉《しいば》の旧清田家の2棟の民家も県の文化財に指定されており，日本の民家建築の様式を知るうえで貴重な建築物である。

県総合博物館から南へ5分ほどのところに県立美術館・県立芸術劇場・県立図書館がある。美術館には郷土にゆかりのある画家らの作品が収蔵され，常設展・特別展などが定期的に開催されている。広場には歌人若山牧水《わかやまぼくすい》・高木兼寛・石井十次・小村寿太郎らの銅像も建立され，宮崎の文化活動の拠点となっている。

平和台公園《へいわだいこうえん》 ㉗

0985-24-5027

〈M►P.66,101〉宮崎市下北方《しもきたかた》町 P

JR日豊本線宮崎駅 バス 平和台行終点 徒歩 1分

宮崎県総合博物館から北西に約1.5kmいくと，広葉樹林と，スギやヒノキに囲まれ市街地を一望できる標高60〜80mの台地上に，平和台公園がある。宮崎を代表する観光地の1つであり，遊歩道やスポーツ広場が整備され，市民の散策やレクリエーションの場としても親しまれている。

平和の塔

公園の中央にある平和の塔は，第二次世界大戦の終戦までは八紘之基柱《あめつちのもとはしら》といった。1937(昭和12)年に日中戦争が勃発し，国家意識の高揚が叫ばれるなかで，1940(昭和15)年，紀元2600年記念式典が行われ，その一環として八紘之基柱が建設された。日名子実三《ひなごじつぞう》の設計で，御幣《ごへい》をかたどった37mの塔の正面には，秩父宮《ちちぶのみや》染筆の「八紘一宇《はっこういちう》」の文字がきざまれ，四隅には荒御魂武人《あらみたまぶじん》・和御魂商工人《にぎみたましょうこうにん》・幸御魂《さちみたま》農夫《のうふ》・奇御魂漁夫《くしみたまぎょふ》の陶製4神像が配され

皇宮屋

た。国内だけでなく世界各地の日本人会などから寄せられた石材で築かれ，1つ1つの石にその地名がきざまれている。戦後，「八紘一宇」の文字はつぶされ，「平和の塔」とよぶようになったが，現在は「八紘一宇」の文字は復元されている。

平和台の近辺には，1951(昭和26)年に日向遺跡調査団により発掘調査された下北方古墳群(県史跡)がある。現在，前方後円墳3基・円墳8基・地下式古墳が残っている。平和の塔北側にある全長110mの大型の前方後円墳からは円筒埴輪《はにわ》や人の手や動物の足といった形象埴輪も出土している。古墳のなかには，墳丘の下に地下式横穴《よこあな》の玄室《げんしつ》を伴うものもある。塔の北側にははにわ園があり，日本の各地から出土した埴輪や土器の複製が戸外におかれている。また，園内にあるはにわ館には，縄文から古墳時代までの遺物を展示している。

下北方古墳群がある台地の南端の宮崎地方気象台の近くに，神武天皇の宮居《みやい》である高千穂《たかちほ》宮跡と伝える皇宮屋《こぐや》がある。静寂につつまれ，タブやクスなどの樹陰に神殿がたっている。日本陸軍発祥の碑などもある。ここから北西へ200mほどのところに，平景清廟《たいらのかげきよびょう》がある。ここは沙汰寺跡といわれ，廟内には「建保《けんぽう》二(1214)年八月十五日　千手院殿水鑑景清大居士神祇」の銘がある平景清の墓や，その娘人丸姫《ひとまるひめ》の墓と伝えられる人丸塚がある。

宮崎城跡《みやざきじょうあと》 ㉘

〈M►P.66,101〉宮崎市池内《いけうち》町
JR日豊本線宮崎駅 古賀総合病院行池内 15分

総合博物館から北へ約2.5km進むと，平和ヶ丘団地入口に着く。団地入口東に広がる水田の前方に，小さな森がみえる。ここが奈古《なご》神社(祭神瓊瓊杵尊《ににぎのみこと》ほか)で，古くは奈古八幡《はちまん》・長屋《ながや》神社ともいい，南方《みなみかた》・池内《いけうち》・上北方《かみきたかた》・下北方《しもきたかた》・花ヶ島《はながしま》・江平《えひら》の6村の産土神《うぶすながみ》とし

奈古神社

て尊崇されてきた。この神社の前に広がる地すなわち「宮前《みやまえ》」の転訛《てんか》が宮崎の地名の語源ではないかともいわれる。この神社には「奈古神社由緒書」「奈古神社棟木」など中世の貴重な文書が豊富に残されている。

宮崎の中世から戦国時代を象徴する戦いの城跡

平和ヶ丘団地入口からさらに北へ800m進むと，池内集落がある。池内の北から平和ヶ丘団地あたりまで南にのびる標高90m位の台地上に宮崎城跡がある。本丸・野首《のくび》城・百貫《ひゃっかん》城・射場《いば》城・彦右衛《ひこえ》城や丸城などの郭跡がわかっているが，現在，跡地は畑地や雑木林となっている。百貫城とその東の馬乗馬場の間は猿渡《さるわたし》といい，とくに深い空堀《からぼり》である。登城口は目曳口《めひきぐち》・船ヶ崎口《ふながさきぐち》・野頸口《のくびぐち》・満願寺口《まんがんじぐち》の4カ所があった。池内バス停近くの標柱を目印に西へ約200mいった満願寺跡をとおってのぼる満願寺口がある。

宮崎城は，南北朝時代に南朝方図師六郎入道慈円《ずしろくろうにゅうどうじえん》の拠点となっていたが，北朝方土持宣栄《つちもちのぶよし》に攻められ落城した。その後伊東氏の支族県伊東氏《あがたいとうし》がこの城にはいったが，のちに伊東祐尭《すけたか》領となり，家臣の落合兼続《かねつぐ》が入城した。1534(天文《てんぶん》3)年には長倉能登守《ながくらのとのかみ》ら長倉一族が，伊東義祐《よしすけ》の弟祐吉《すけよし》を奉じて義祐と対立したが，祐吉が夭折すると勢力をたてなおした義祐が佐土原城からこの城に移った。これ以降，宮崎城は，伊東氏の飫肥《おび》攻略の拠点として，伊東氏四十八城の1つとなり，家臣の長嶺《ながみね》氏や肥田木《ひたき》氏が城主になった。1577(天《てん》正《しょう》5)年に伊東氏が没落すると，1587年まで島津家老中上井覚兼《うわいさとかね》が入部し，日向国内諸域を統括した。覚兼が城主であったころのことは「上井覚兼日記」に記されている。

1587年，豊臣秀吉《とよとみひでよし》の九州仕置により，宮崎城は延岡《のべおか》城主高橋元種《たかはしもとたね》が領することになり，宮崎城には家臣権藤種盛《ごんどうたねもり》が任じられた。1600(慶長5)年の関ヶ原の戦いの際，東軍についた飫肥伊東氏家臣の清《きよ》武《たけ》城主稲津重政《いなづしげまさ》が宮崎城を攻略し，権藤種盛に延岡高橋氏からの救援はなく落城した。この地は，翌年徳川家康の命により高橋氏に返された。高橋氏改易《かいえき》ののちには有馬氏がついだが，1615(元和《げんな》元)年の一国一城令により廃された。

宮崎城跡南端の台地には，平和ヶ丘団地がある。この団地の中央を東西にのびる道が柏田《かしわだ》集落へくだる途中右手に磐戸《いわと》神社(祭神天《あま》照大神《てらすおおみかみ》)がある。天岩戸と伝わる窟の前にたてられ，宮崎城城主上井覚兼もたびたびこの神社に参詣したといい，江戸時代には延岡藩の歴代藩主からも崇敬されてきた。

この付近一帯には，横穴《よこあな》古墳や高塚が分布し，天岩戸と伝えられる窟も横穴古墳の１つである。

磐戸神社からさらに１km進むと柏田集落にはいり，県道26号宮崎須木《すき》線柏田バス停の西側に宮崎城と強いつながりをもつ直純寺《じきじゅんじ》(浄土真《じょうどしん》宗)がある。1600(慶長５)年に宮崎城が落城したときの城主権藤種盛の孫である門解《もんげ》を開祖とする浄土真宗本願寺《ほんがんじ》派の寺である。非業の死を遂げた種盛の子百千代は逃れて出家し，永伝《えいでん》と称していた。1614(慶長19)年，高橋氏にかわって延岡に入封した有馬直《なお》純《ずみ》は，永伝とその子門解に寺院建立を援助して種盛を供養することを許した。永伝は延岡光勝寺《こうしょうじ》の２世に，門解は有馬直純にちなむ直純寺開祖となった。眼下に大淀《おおよど》川がゆったりと流れ，はるか西に霧島連山《きりしまれんざん》をのぞむ直純寺境内には，1710(宝永《ほうえい》７)年に建立の権藤種盛の僑墳《きょうふん》がある。

王楽寺《おうらくじ》 ㉙

0985-41-0177

〈M ► P. 66, 101〉 宮崎市瓜生野《うりゅうの》1068 P

JR日豊本線宮崎駅 バス 国富行野首《のくび》下 徒歩 15分

現地に山岳仏教の名残り
五輪塔や板碑を探索

薬師如来像および日光・月光両脇侍像

直純寺から国富《くにとみ》町本庄《ほんじょう》方面に県道26号線を進み，野首下から北へ約１km曲がりくねった道をいくと，王楽寺(天台《てんだい》宗)がある。寺のある竹篠山《たけしのやま》は，彦《ひこ》火《ほ》火《ほ》出《で》見《みの》命《みこと》が生まれたところといわれる霊山で，彦火火出見命を祭神とする福地大権現《ふくちだいごんげん》があった。今は王楽寺の横に鎮座している。福地大権現は，山岳仏教の拠点・修験《しゅげん》道の道場として栄え12の支院を擁し，一大伽藍《がらん》を呈しその１つが王楽寺であった。宮崎城落城後，衰微していった。王楽寺の本尊薬師如来像《やくしにょらいぞう》および日光《にっこう》・月光両脇侍《がっこうりょうわきじ》像(国重文)は，鎌倉《かまくら》時代初期の作で，ヒノキの寄木《よせぎ》造，絹張り漆かけの金箔がほどこされており，穏やかで気品のある像である。この薬師三尊像は本堂裏の収蔵庫に収められている。本堂脇には五輪塔や板碑《いたび》が残っており，そのなかに日南《にちなん》市にある鵜戸神宮《うどじんぐう》の28世別当舜遍僧正《しゅんへんそうじょう》や34世別当実誉《じつよ》僧正の石塔があり，その関係が推測される。1830(天保《てんぽう》元)年に火災にあい，明治初年の廃仏毀釈《はいぶつきしゃく》によって廃寺となったが，本尊薬師如来像・両脇侍像は保護され，王楽寺は1883(明治16)年に再興された。

生目神社《いきめじんじゃ》 ㉚

0985-47-8272

〈M ▸ P.66〉宮崎市生目字亀井山《かめいやま》 P

JR日豊本線宮崎駅🚌高岡行生目🚶15分

平景清ゆかりの神社
眼病の神として著名

国道10号線を宮崎市街から高岡へ向かう途中に生目がある。中心部の交差点を左におれると，大きな鳥居がある。鳥居をくぐり1.5kmほどいくと生目神社である。途中，右手に妙円寺《みょうえんじ》跡石塔群(県文化)がある。現地は鬼子母神《きしぼじん》・本勝寺《ほんしょうじ》(法華《ほっけ》宗)境内であるが，南北朝時代末期以降の「貞治《じょうじ》二(1363)年」銘の板碑，「至徳《しとく》二(1385)年」銘の五輪塔など1237基がある。生目神社の参道の両脇には桜並木があり，例祭の日には多くの露店が並び，多くの人びとで賑わう。正面には老樹に囲まれた神明造の拝殿と本殿がある。品陀和気命《ほんだわけのみこと》と平景清《たいらのかげきよ》を主祭神とし，「日向の生目様」とよばれ古来眼病の神として名高い。後冷泉《ごれいぜい》天皇の1056(天喜《てんき》４)年にはこの地に八幡社《はちまんしゃ》があったことが「宇佐大鏡《うさおおかがみ》」にみえ，平家滅亡後に日向に住みつき生涯をおえた平景清の活けるがごとき霊眼をまつったことから生目と

生目神社

いう社名がついたとする説などがある。社殿右手後方にあるクスは，1870（明治３）年に藩庁宮崎局より神社境内林伐採の令がだされたが，社司や氏子らの請願により米３石《ごく》８斗《と》と引換えに免れた。現在は幹回り11m・高さ25mの巨木である。

生目神社の南西約１kmほどのところに，小村《こむら》集落がある。この集落からさらに南西に山際の狭い道を進むと，小川沿いの左手に小《こ》村薬師堂《むらやくしどう》の石段がみえる。苔むした石段をのぼっていくと，昼でも薄暗いその周囲には，六地蔵塔や五輪塔が数十基並んでいる。堂の右手後方にある翁丸塔《おきなまるとう》は，「翁丸塔寛喜《かんぎ》四（1232）年」銘が水輪部にある鎌倉時代の五輪塔である。

国道10号線から生目神社にはいってきた交差点を，鳥居と反対側へ田《た》の神《かみ》像をみながら約３km進むと，跡江《あとえ》の集落がある。この跡江の北側に東西1.3km・南北1.2kmの標高25mほどの丘陵が広がる。ここが生目古墳群（国史跡）である。前方後円墳７基，円墳22基が現存する。そのなかで最大の前方後円墳（３号墳）は，築造３〜４世紀，全長143mで，西都原《さいとばる》古墳群の女狭穂塚《めさほづか》につぐ大きさである。馬蹄型の周溝と周堤をもち，前方部２段，後円部３段で構築され，墳丘斜面には葺石が施されている。

県道９号線の有田信号から左に800mほどの坂の下というところに，生目古墳群の案内板がある。ここから200m左手にのぼると跡江八十八カ所があり，これに隣接して９号墳と13号墳がある。この台地では弥生《やよい》時代の環壕集落や円形周溝墓，中世の山城跡も発掘され，史跡公園として整備中である。今は生目古墳群の周囲をスギや竹などがおおい，古墳全体は見渡しにくいが，真西の方向に平和の塔・下北方古墳群のある丘陵地帯を眺めることができる。下北方古墳群と生目古墳群とが大淀川をはさんで対峙している状況や古墳の規模を考えると，古墳の築造時期や古代における日向の勢力争い，統一的な勢力の所在地などにかかわる重要な地域ではないかと興味深い。

生目古墳群の南東には，縄文時代早期・前期の跡江貝塚《あとえかいづか》があった。貝塚は２層からなり上層にハイガイ，下層にシジミガイがあって海岸線の推移を知る貴重な遺構であり，上層下には人骨の埋葬遺構も

宮崎生れの食メニューを堪能する

ひむかの国の食メニュー

あくまき

もち米を竹の皮で包み，上質の灰汁《あく》につけておき蒸してつくる。きな粉・砂糖をまぶしたり蜂蜜や醤油などをつけて食べる。携帯保存食で，関ヶ原の戦いのとき島津義弘《よしひろ》軍がもっていた。西南戦争では西郷軍へ差し入れされたという。

白熊

かき氷に，ミルク・小豆《あずき》・ミカン・バナナ・ブドウ・イチゴなど色とりどりを飾りつける。

冷や汁

イリコを焼き，摺鉢《すりばち》でゴマとともにすりつぶす。豆腐をいれてまぜあわせ，だし汁をいれて溶き汁をつくる。あたたかい麦飯に，薄切りのキュウリ・玉葱・ミョウガ・青シソなどをのせて，汁をかけて食べる。

練りくり

蒸したからいも(サツマイモ)を餅につき込む。砂糖・塩少々で味をつける。きな粉をまぶして食べたり，丸めてなかに餡をいれたり黒砂糖をまぶしてもよい。

かにまき汁

毛ガニ(山太郎蟹《やまたろうがに》)を石臼でつぶし，こす。した汁を鍋にいれ，弱火で味噌汁風に煮る。カニの身とミソが柔らかく固まり美味。秋から冬が旬。

地鶏炭火焼

自然環境で育てた鶏のもも肉を，1本丸ごと炭火で焼く。肉をきざんで食べる。塩・コショウが基本的な味つけ。

チキン南蛮

鶏の肉を油で揚げ，甘酢につける。キャベツの千切りとともに器に盛り，特製のタレをかけて食べる。

レタス巻

酢飯にレタス菜・エビ・マヨネーズをのせ，海苔で巻いた巻きずし。

厚焼卵

溶いた鶏卵を，特製の深底の銅鍋で焼く。プリンのような独特の舌ざわり。日南市の飫肥《おび》城下のみでつくられる。

あって人骨の一部が発見されたが，造成のため掘削されて今はみることができない。

生目台団地から北川内をとおり，宮崎産業経営大学前へ抜ける道の途中に古城《ふるじょう》の集落がある。この古城には，日向七大伽藍の1つ，全国四十九大伽藍の1つでもある伊満福寺《いまふくじ》(真言《しんごん》宗)がある。推古《すいこ》天皇の勅願により聖徳太子《しょうとくたいし》が，百済《くだら》の僧日羅上人《にちらしょうにん》に命じて開山《かいさん》させたものと伝えられる。中世以降，伊東氏・島津氏・内藤氏の諸大名の祈願所とされ，一時は64町歩余りの寺領を有する寺院であった。

島津義久《よしひさ》は1577(天正５)年支配下にいれると薩摩《さつま》から人びとを移住させ門前町として中村町を形成させたという。寺門前にたてられた仁王《におう》像や境内の六角地蔵《じぞう》塔をはじめとする石塔仏は，当時の隆盛をしのばせる。この寺には室町《むろまち》時代末期の大般若経《だいはんにゃきょう》600巻・釈迦涅槃《しゃかねはん》画軸などが残され，いずれも県総合博物館に保存されている。

城ヶ崎《じょうがさき》 ㉛

〈M►P. 66, 110〉宮崎市恒久《つねひさ》 Ⓟ
JR日豊本線南宮崎駅🚶15分

戦国から江戸時代の商人町
町人文化を俳句で体験

宮崎市を流れる大淀川にかかる大淀大橋，さらに下流の小戸《おど》橋(小戸之橋)の２つの橋にはさまれた南岸の自然の堤防上に城ヶ崎がある。城ヶ崎は1551(天文《てんぶん》20)年，豪商太田七郎左衛門《おおたしちろうざえもん》が開いた町といわれ，赤江《あかえ》湊をひかえ室町から明治時代をつうじ物資の集散地としておおいに繁栄した商人の町である。『日向追分《おいわけ》』に「一に玄《げん》海《かい》，二で遠江《とおとうみ》，三で日向の赤江灘《あかえなだ》，赤江城ヶ崎は撞木の町よ，鐘(金)がなければ通られぬ」とうたわれるほど賑わっていたという。江戸時代には，飫肥藩伊東氏領であって，紙や木炭などの特産物が城ヶ崎を経由して上方《かみがた》へ運ばれ，上方の物資や文化が城ヶ崎をつうじて日向の各地に伝えられた。城ヶ崎には和泉屋《いずみや》・淡路屋《あわじや》や豊後屋《ぶんごや》など28軒の問《とい》屋《や》が確認されているが，赤江千軒《あかえせんげん》といわれるほど豪壮な構えの商家が軒を並べていた。これらの豪商は，別当《べっとう》・老名《ろうみょう》とよばれる町役人となり，独自の銀札を発行したり，大淀川に出入りする船からの運上銀の徴収を行うなど自治的運営を行

城ヶ崎俳人墓地

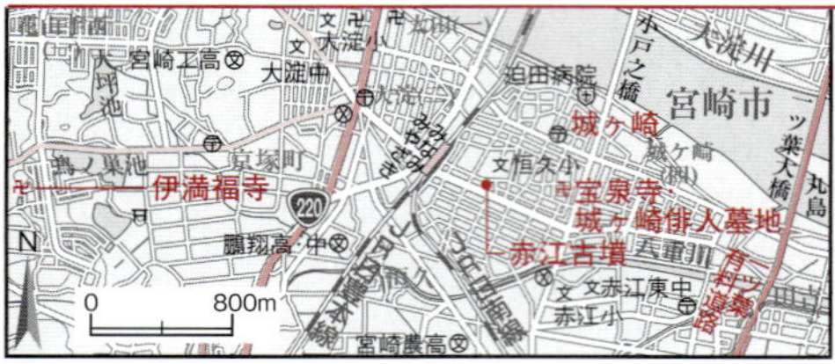

南宮崎駅周辺の史跡

っていた。現在では当時の面影を残すものはほとんど姿を消してしまった。

城ヶ崎バス停から南へ約150mに，宝泉寺《ほうせんじ》(浄土真宗)がある。寺の東側には城ヶ崎俳人墓地と火伏地蔵菩薩がある。赤江湊をとおして大きな経済力を手中にした商人たちは，その富を背景に独自の町人文化を生みだした。なかでも城ヶ崎俳檀は全国にその名が知られるように，太田可笛《かてき》・小村五明《ごみょう》・明之《めいし》・南村梅雪《みなみむらばいせつ》・梅雨《ばいう》らが活躍し，彼らの墓には辞世の句や追悼の句がきざまれている。宝泉寺から北へ5分ほどいくと，八坂《やさか》神社があり，往時はこの神社のすぐ下あたりまで船がはいってきたといわれるが，今は住宅に囲まれている。

宝泉寺から西へ700mのところに恒久小学校がある。この一帯は赤江古墳群であるが，今は開発が進み宅地になっている。小学校の校庭南隣に古墳群のうちの1基，直径43m・高さ4.7mの赤江古墳(県史跡)が残っている。霧島塚といわれ，墳頂に西国八十八カ所がまつられ，石仏や石塔がおかれて人びとに信仰されてきたという。今は古墳と石仏・石塔は分離され，古墳公園として整備されている。

青島神社《あおしまじんじゃ》 ㉜

0985-65-1262

〈M►P.66,112〉宮崎市青島2-6-33 Ⓟ
JR日南線青島駅🚶10分

宮崎市街地から国道220号線を南へ約20kmいくと青島がある。日南海岸国定公園の一部で，日向灘に突きだした周囲約1.5kmの小島は，ビロウなど多くの亜熱帯植物(国特別天然)が群生し，島の周りを「鬼の洗濯岩」とよばれる波状岩《はじょうがん》(国天然)が取り巻いている。この島にある青島神社は彦火火出見命・豊玉姫命《とよたまひめのみこと》・塩筒大神《しおづつのおおかみ》を祭神としている。亜熱帯植物に囲まれた朱塗りの社殿は，彦火火出見命(山幸彦《やまさちひこ》)と豊玉姫命の恋の物語の伝説を彷彿とさせるに十分な

鬼の洗濯岩

青島周辺の史跡

雰囲気がある。

神社の成立ははっきりしないが，9世紀初めの嵯峨《さが》天皇の時代には青島大明《だいみょう》神《じん》として崇拝されたと社伝にある。その後，中世・近世をとおして伊東氏の信仰が篤く再興がなされてきた。青島は霊域として藩の島奉行と神職が入島し，一般の入島は旧暦の3月16日の島開きから3月末日の島止め祭りまでの間のみ許されていた。1737(元文《げんぶん》2)年，宮司長友肥後《ながともひご》が一般の入島を藩主伊東氏に願いでて許可されてからは，他藩からの参詣者も加わり大いに賑わうこととなった。

旧暦6月17・18日には，「海を渡る祭礼」があり，神体をのせた神輿が神社を出発し，対岸の折生迫《おりうざこ》の天神社《てんじんしゃ》へ向かう。翌日白浜《しらはま》の港から大漁旗をかざった漁船に守られて海上を戻ってくる。また，旧暦12月17日に行われる「裸参り」は，山幸彦が綿津見《わたつみ》の宮から突然帰ってきたことに驚き，人びとが着替える間もなく迎えたという伝説にもとづいている。冬の寒さをものともせず着衣1枚で海にはいり祈願するものである。

青島から西へJR日南線沿いに青島バイパスを200m余りいくと，整備された青島歴史文化の広場がある。ここに縄文時代後・晩期の，県内最大の松添《まつぞえ》貝塚と青島古墳(いずれも県史跡)がある。松添貝塚は，東西98m・南北128mの海岸砂丘上の遺跡で，出土土器には深鉢形土器や浅鉢形土器があり，カキ・アワビ・ハマグリなどに加えて石錘《せきすい》・石鏃《せきぞく》・石匙《せきひ》・骨針・骨鏃・貝刃器・腕輪などが出土している。また，チヌ・スズキ・ブリ・マグロ・シカ・イノシシなどの骨もみつかり，埋葬された犬の骨や2～4人と思われる人骨も発掘されている。

青島の対岸の白浜海水浴場から南東200mのところに，日向七堂伽藍の1つの日之御崎観音寺《ひのみさきかんのんじ》(曹洞宗)がある。『日向地誌』によると，1567(永禄《えいろく》10)年の春，島津氏が伊東氏へ，真幸口の合戦の和議の使者として，坊津《ぼうのつ》の一乗院《いちじょういん》の僧をこの寺にさし向けたとの記録がある。中世以来伊東氏とのゆかりが深い寺であったと考えられる。仏舎利塔を目当てにして，白浜オートキャンプ場入口を右におれ坂道をのぼると城山公園である。ここが中世の山城紫波州崎城《しわすざきじょう》跡《あと》で，中世に伊東氏と島津氏が攻防を繰り返した伊東四十八城の1つである。ここからの日向灘の眺めはよく，眼下には青島が美しく浮かぶ。はるか遠くに宮崎港・一ツ葉《ひとつば》海岸の松林など白砂青松の織りなす風景を楽しむことができる。

青島から国道220号線を約4km北上した宮崎県総合運動公園のすぐ近くの島山《しまやま》に外所《とんどころ》地震供養碑がある。1662(寛文《かんぶん》2)年9月19日，日向灘沖を震源とするマグニチュード7.6の地震が発生し，日向諸藩の城下町に大きな被害をもたらした。大津波によって加江田《かえだ》地方の周囲7里35町が沈み，倒壊家屋1213戸，水没した家屋246戸という大被害であったという。その後，海底に没した地面が隆起し，享保《きょうほう》年間(1716～36)・文政《ぶんせい》年間(1818～30)には，島山を中心に堤防が設けられ，その後，現代に至るまでに広大な耕地が造成され，現在は水田や住宅地・総合運動公園となっている。

清武城跡《きよたけじょうあと》 ㉝

〈M ► P.66,114〉 宮崎市清武町加納《かのう》 P
JR日豊本線宮崎駅 黒北《くろきた》行流町《ながれまち》 10分

清武町の中心から北北西方向の丘，流町バス停より約1.5km坂道をいくと標高70mの清武城跡がある。城内は大きく5つに分けられ，面積は約5万m^2といわれている。現在はもっとも高いところに城跡の石碑と六地蔵塔・板碑があるのみで，ミカン畑と雑木林に囲まれ往時をしのぶことは難しい。

清武城跡

築城年代は不明であるが，1485(文明17)年に伊東氏の

伊東祐堯の墓

飫肥城攻略の際に，伊東氏中興の祖伊東祐堯《すけたか》がここに陣を構えたことで知られている。伊東氏と島津氏が覇を競った木崎《きざき》原《ばる》の合戦ののち，この城は島津氏の支配下におかれたが，1587(天正15)年，豊臣秀吉の九州仕置によって再び伊東氏に移り，伊東氏家臣稲津《いなづ》掃部助《かもんのすけ》重政《しげまさ》が，1597(慶長2)年から城主となっている。関ヶ原の戦いのころ，同じ徳川方の延岡城主高橋氏の家臣権藤種盛《ごんどうたねもり》が守る宮崎城を落とした同志討ちの責任者とみなされて重政は伊東氏内で孤立し，1602(慶長7)年に切腹を命じられた。これを拒み，清武城に籠城して，飫肥の軍勢と戦うが，妻雪江《ゆきえ》とともに非業の死を遂げた。

この城跡から林道を加納《かのう》小学校の方へ400mほどくだり，左手の100段余りの石段をあがったところに稲津掃部助重政と妻雪江の墓がある。重政の墓は，日向灘を背にして飫肥に向けてたてられている。当初日向灘に向いていたが重政の怨霊が飫肥藩の御用船を沈めたため向きを変えたと伝えられている。

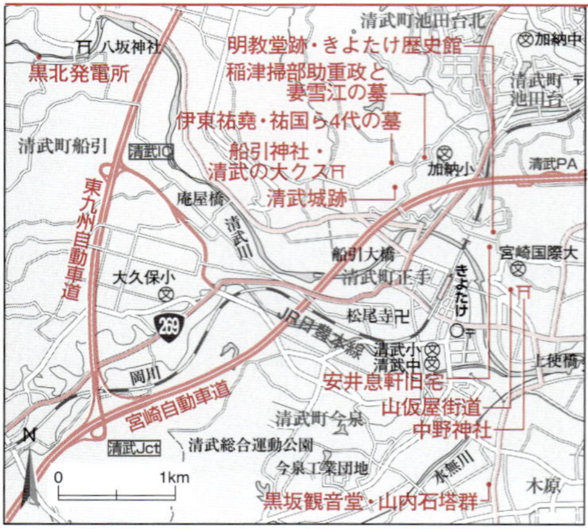

清武駅周辺の史跡

城跡下をとおる林道をさらに西へ向かうと加納小学校の通学路にでる。この通学路沿いに伊東祐堯・祐国ら4代の墓や供養碑，家臣宮田《みやた》氏の墓がある。清武城跡には，車なら国道269号線の加納小学校入口バス停からあがるか，近くの船《ふな》引《びき》神社そばの加納小学校通学路からのコースのどちらかが便がよい。

清武駅から約2kmの船引神社(祭神足仲彦命《あしなかひこのみこと》・誉田別命《ほんだわけのみこと》ほか)には，推定樹齢900年で高さ35m・根回り18mの清武の大クス(国天然)がある。また，神殿には，雲竜巻柱《うんりゅうまきばしら》と名づけられた，「嘉永《かえい》六(1853)年川崎伝蔵《かわさきでんぞう》作」の銘をもつ2本の柱がある。さらに清武川上流の黒北河畔には，家庭への送電を目的とした宮崎県初の水力発電所である黒北《くろきた》発電所がある。1907(明治40)年建設当時のままの石造りの建物であり，現在も稼働している。

清武から10kmほど南西の田野《たの》町宮ノ原甲《みやのはらこう》には，田野天建《たのてんけん》神社(祭神大国主命《おおくにぬしのみこと》・朝鮮百済王《くだらおう》ほか)がある。「田野大宮大明神縁起《おおみやだいみょうじんえんぎ》」によると，日向油津《あぶらつ》に漂着した後，北郷《きたごう》を経て田野にたどり着いたものの短い一生を終えたと伝えられる百済王《くだらおう》をまつった神社である。

安井息軒旧宅《やすいそっけんきゅうたく》 ㉞

0985-84-0234

〈M ► P. 66, 114〉 宮崎市清武町中野《なかの》 Ⓟ
JR日豊本線宮崎駅🚌宮崎学園短大行短大前🚶3分

幕末儒学者半休先生を紹介するきよたけ歴史館

宮崎駅からバスにのり約25分で宮崎学園短期大学前に着く。西に3分も歩くと江戸時代末の儒学者安井息軒旧宅(国史跡)がある。ここは半九《はんきゅう》公園として整えられ，公園の名は「十里の道も九里をもって半ばとす」という息軒の座右の銘からつけられたものである。石段をのぼり息軒手植えのウメと当時使用された井戸を左手に進むと，茅《かや》葺き・瓦《かわら》葺きの方形の家屋で，床の間8畳と書斎など4部屋と竈・土間が配されている。生誕碑には，若き日の息軒の和歌がきざまれている。道をはさんだ北側に郷校《ごうこう》明教堂《めいきょうどう》跡ときよたけ歴史館がある。歴史館には，安井息軒展示室や考古展示室などがあり，清武の歴史と文化を紹介している。

安井息軒旧宅

息軒旧宅から東へと続く一帯は，藩政期には武家屋敷がたち並び，清武郷中野地頭所がおかれたが，今は

旧勢田寺五輪塔

苔むした石垣と狭い路地に往時の名残りをわずかに残している。宮崎学園短大前の通りは山仮《やまがり》屋《や》街道《がいどう》とよばれ，飫肥城下と宮崎とをつなぐ重要な幹線路であった。短大から清武駅に向かう坂道の左手に中野神社(祭神応神《おうじん》天皇・神功《じんぐう》皇后ほか)があり，伊東祐堯の霊を付祭している。境内に隣接して飫肥藩主伊東氏累代の僑墓がある。ここから清武駅前バス停まで約10分である。

清武駅前から宮崎大学行バスで5分ほど，黒坂観音前バス停で下車すると，真前に黒坂観音堂《くろさか》がある。本尊は千手《せんじゅ》観音菩薩で，鎌倉時代に12の支院をもつ大伽藍を誇った長徳山《ちょうとくざん》勢《し》田《だ》寺《じ》にあったものである。明治時代初期の廃寺後，現在地に移されたという。観音堂の五輪塔(県文化)も勢田寺から移されたもので，幅1mほどの地輪と水輪のみが造立当時のものである。水輪の前面に，「弘安《こうあん》八(1285)年大歳乙酉四月廿六日造立者法眼蓮《ほうげんれん》覚《かく》」銘がある。同じ敷地内に山内《やまうち》石塔群の保存地がある。石塔群は，清武町木《き》原字《はらあざ》山内の北西方向につきだした丘陵地の裾野から，山陵にかけて発掘された。これらの石塔・板碑は室町から江戸時代までの文明《ぶんめい》～天明《てんめい》年間(1469～1788)にかけて300年間にわたってつくられたものであり，五輪塔約450基・板碑80基が確認された。宮崎学園都市の建設に伴い，この地に移され，風食を防ぐための化学的処理が施されて保存・展示されている。

蓮《はす》ヶ《が》池横穴《いけよこあな》墓《ぼ》群《ぐん》 35

0985-39-6911(みやざき歴史文化館)

〈M ▸ P.66〉宮崎市芳士《ほうじ》2258－3 P

JR日豊本線蓮ヶ池駅 徒歩 20分

古墳時代から奈良時代の横穴体験学習の歴史文化館

JR蓮ヶ池駅から国道10号線にそって北へ約3kmいくと，蓮ヶ池バス停がある。この国道の東側の山地に蓮ヶ池横穴墓群(国史跡)がある。東西約1km・南北約1.3kmの山地は，蓮ヶ池など3つの池で南北に二分される。北部の山地は谷や池によって3列の舌状丘地が南に伸びて，その傾斜面に67基の横穴が分布している。古墳時代後

安井息軒

半休経営三計塾で育った陸奥・品川・谷・三好ら

幕末の儒学者。字《あざな》は仲平《ちゅうへい》，諱《いみな》は衡《まもる》，息軒は号。清武郷今泉岡《いまいずみおか》に，1799(寛政《かんせい》11)年元日に安井滄《そう》洲《しゅう》の次子として出生。1819(文政2)年，21歳で大坂にいき篠崎小《しのざきこ》竹《ちく》に学んだのち，昌平黌《しょうへいこう》にはいった。体が小さく天然痘の痕が顔に残っていたので，人一番熱心に勉学に励む彼をねたむ同僚は，彼の容貌を中傷したといわれる。彼の「今は音を　忍ぶが岡の　ほととぎす　いつか雲井の　よそに名のらん」の歌は，そうした仕打ちに対して詠まれたという。

1826(文政9)年，28歳で江戸藩邸勤番となり，13代藩主伊東祐相《すけとも》の侍読となった。翌年帰国し，このころ父滄洲とともに郷校明教《ごうこうめいきょう》堂《どう》で教え，さらに1831(天保《てんぽう》2)年，藩校振徳堂《しんとくどう》が設立されると滄洲が教授，息軒は助教となり，藩命により九州を巡察し，『観風抄《かんぷうしょう》』をあらわし藩に提出した。その後，1833年再び江戸にでて1839(天保10)年江戸麴町《こうじ》町二番町に三計塾《さんけいじゅく》を開いた。塾名の三計とは，「1日の計は朝にあり，1年の計は春にあり，一生の計は少壮の時にあり」によっている。新古自由を旨とする運営で，陸奥宗光《むつむねみつ》・品川弥《しながわや》二郎《じろう》・谷干城《たにたてき》や三好退蔵《みよしたいぞう》ら多くのすぐれた人材を輩出した。1853(嘉永6)年，ペリー来航の際には『海防私議《かいぼうしぎ》』をまとめ，蝦夷経営の必要を説くなどして徳川斉昭《とくがわなりあき》らに，その識見を認められた。

1862(文久《ぶんきゅう》2)年には，昌平黌《しょうへいこう》の教授に抜擢された。1864(元治元)年に天領《てんりょう》の奥州塙《おうしゅうはなわ》代官役を任ぜられたが健康上の理由から辞退し，その後小普請役《こぶしんやく》になっている。

明治になってからは彦根《ひこね》藩主井《い》伊直憲《いなおのり》に招かれて『貞観政要』を講義した。息軒は1876(明治9)年東京で78歳で没した。墓所は東京都文京《ぶんきょう》区駒込千駄木《こまごめせんだぎ》の養源寺《ようげんじ》にある。著書には『北潜日抄《ほくせんにっしょう》』『軍《ぐん》政或問《せいわくもん》』『養蚕私録《ようさんしろく》』『管子纂詁《かんしさんこ》』などがある。民政に深く関心を寄せ，堕胎の禁・養老の典・種痘の励行を説き，養蚕製糸所を創設するなど飫肥藩主伊東祐相《すけとも》の施策に多大な影響をおよぼした。

期から奈良時代にかけての横穴墓である。丘陵に入り込む谷筋や地形の変化に応じて小集団を形成しており，古代の村落構造研究上興味深いものがある。史跡公園として整備されている。公園内のみやざき歴史文化館には民具など各種資料が展示され，折々の体験学習プログラムも用意されている。

古墳群から東へ2kmのところにある市民の憩いの場，市民の森公園のすぐそばに，江田神社《えだ》(祭神伊邪那岐命《いざなぎのみこと》・伊邪那美《いざなみ》命)があ

江田神社

る。創建は不明であるが，『和《わ》名《みょう》類《るい》聚《じゅう》抄《しょう》』によると宮崎郡江田郷に鎮座する古社で，『続《しょく》日《に》本《ほん》後《こう》紀《き》』では，837（承《じょう》和《わ》4）年「江田神社」として官社となった。さらに『延喜式《えんぎしき》』神名帳では日向国式内《しきない》四座の1つとなっている。日向国内でも古くから崇敬をうけた格式の高い神社であった。元寇《げんこう》のとき出陣する御家人《ごけにん》らは，この神社に田畑や馬を寄進し，武運長久を祈願したというほどの勢いであったが，1662（寛文《かんぶん》2）年に大地震・津波で被災し，社勢は衰え当地の産土神《うぶすながみ》としてまつられたという。社殿の奥に，伊邪那岐命が禊《みそぎ》をしたという禊池がある。

江田神社から南下した吉村《よしむら》町江田原《えだばる》には，墳長51m・高さ4.5mの前方後円墳檍《あおき》1号墳がある。標高9mの砂堆の南端につくられており，大きな木槨《もっかく》があること，葺石がないことが特徴である。発掘調査の最中であり今後の出土品や周囲の状況によって築造時期が明らかになり，歴史的評価がくだされることになるものと考えられる。

谷村計介旧宅跡《たにむらけいすけきゅうたくあと》 ㊱

〈M►P.66〉宮崎市糸原《いとばる》 P
JR日豊本線宮崎駅🚌倉岡吉野行原田🚶5分

西南戦争従軍官兵士
宮崎での西郷隆盛陣屋

1877（明治10）年の西南戦争で熊本城が西郷隆盛軍に包囲されたとき，陸軍伍長谷村計介に援軍への連絡役が命じられた。計介は城を抜けて，その重責を果たして鎮台軍を救った。

宮崎市野首《のくび》下を左におれ，宮崎北中学校前・柳瀬橋《やなぜばし》をいくと糸原に着く。糸原の倉岡神社背後の山が倉岡城跡で，計介の銅像がある。鳥居の反対側を100mほどいくと，左手に贈従《じゅ》五位陸軍伍長谷村計介旧宅（県史跡）があり，そこには，誕生の地ときざまれた石碑と墓がある。坂本氏に生まれた計介は，谷村氏の養子となり，20歳で熊本鎮台に入隊する。1874（明治7）年の佐賀の乱・台湾出兵，1876年の神風連《じんぷうれん》の乱を経て西南戦争で政府軍の密使役となる。25歳で田原《たばる》坂《ざか》で戦死した。幼年時この田園地帯で育ち，倉岡城跡や大淀川で鍛

谷村計介の墓

えたからだを若くして失ったのである。かつて島津氏領であったこの地の壮年男子の多くは，西郷軍に属して各地を転戦し，百数十名の戦死者をだした。

西南戦争の中心人物西郷《さいごう》隆盛《たかもり》は，田原坂の戦で敗れたあと，日向にはいり，現在の宮崎県庁所在地にあった宮崎支庁を軍務所と改称，軍札(西郷札)を発行するなど戦いに備えた。西郷は，現在の宮崎市南広島通《みなみひろしまどお》りの別府《べっぷ》児童公園北の郡司盛武《ぐんじもりたけ》邸に寓居したという。たまの猟以外は西郷の姿を目にするものもいなかった。「薩摩西郷さんは仏か神か，姿も見せずに戦《いくさ》する」といわれるほどだった。猟にいく西郷の姿の再現が，東京上野公園の西郷像といわれる。滞在地の記念として「西郷隆盛翁駐在之地」と刻した石碑と，西郷書「敬天愛人」の碑が，宮崎カトリック教会敷地内に残されている。

5 島津氏の最前線を歩く

県中央部に位置する，古くからの交通の要所。人，物の交流が多様な文化を育んだ。

穆佐城跡《むかさじょうあと》 ㊲

〈M ► P. 66, 122〉 宮崎市高岡町《たかおかちょう》穆佐
JR日豊本線《にっぽう》宮崎駅《みやざき》🚌穆佐経由高岡行穆佐小前🚶5分

戦国時代の興亡の舞台
国史跡の山城

宮崎市から高岡に向かう途中，花見橋《はなみばし》の手前の宮水流《みやずる》から左におれて下倉永《しもくらなが》をとおり，さらに南西に向かうと穆佐小学校に着く。小学校の運動場の裏山が中世の山城**穆佐城跡**(国史跡)である。

中世の穆佐は穆佐院とよばれ，1197(建久《けんきゅう》8)年の『**日向国《ひゅうがのくに》図田《ずでん》帳《ちょう》**』には，穆佐院300町，地頭《じとう》島津忠久《ただひさ》の名前がみえる。穆佐城が，文献史料にあらわれるのは南北朝時代である。1335(建武《けんむ》2)年，足《あし》利殿《かがどの》御領《ごりょう》となっていた穆佐院に，南朝方の新田義貞《にったよしさだ》についた伊東祐広《すけひろ》らが押し寄せ，院の政所《まんどころ》にたてこもった。その後北朝方の土《つち》持宣栄《もちのぶよし》に奪い取られるなど，足利方と新田方の対立がそのままもち込まれた。1358(正平《しょうへい》13・延文《えんぶん》3)年には肥後《ひご》の菊池武光《きくちたけみつ》が攻め落とし，さらに**都於郡《とのこおり》**を拠点とする伊東氏の手に帰したが，応永《おうえい》年間(1394～1427)に島津元久《もとひさ》が日向経営にのりだすと，その異母弟久豊《ひさとよ》が穆佐城にはいり，その子忠国《ただくに》はここで生まれた。1445(文安《ぶんあん》2)年に再び伊東氏の手に帰し，落合治部少輔《おちあいじぶしょうゆう》が城主となった。1577(天《てん》正《しょう》5)年伊東氏が敗走したのちは，再度島津氏のものとなった。

このように穆佐城は，南北朝時代から江戸時代初期までの間，伊《い》東《とう》氏・島津《しまづ》氏の興亡の舞台となった場所である。東西に延びる丘陵地で面積は10ha以上にのぼる。城の構造は，全体を3カ所の大規模な堀切により区切り，4つの曲輪《くるわ》群を形成している。本丸のほか防衛を主体とした区域，政治・居住空間として使用されていたと考

穆佐城跡

ビタミンの父高木兼寛

人 コラム

病気を診ずして
病人を診よ

イギリス留学後，1880(明治13)年に帰国した高木《たかき》兼寛《かねひろ》は海軍中医監・東京海軍病院長に任命された。このころ，軍艦乗組員のなかに脚《かっ》気《け》を患ったものが続出していたが，兼寛は軍医としてこの病気の絶滅に取り組んだ。脚気は細菌による伝染病と考えられていたが，兼寛は食事の栄養欠陥からおこると考え，軍艦筑波《つくば》の航海実験で兵食改善による予防法に取り組んだ。航海中の筑波から，「病者一人モナシ，安心アレ」の電報が届けられ，兼寛の予防法の正しさが証明されたのである。

その後，脚気病はビタミンB_1の欠乏からおこることがわかり，イギリスのビタミン学界の第一人者レスリ・ハリスは，世界の八大ビタミン学者を写真入りで紹介し，そのなかで兼寛を２番目に取り上げた。また，兼寛は成医会講習所(現，東京慈恵会医科大学)の創立や日本初の看護学校である看護婦教育所の創設にかかわり，のちに宮崎神宮の造営にもかかわった。「病気を診ずして病人を診よ」は，この兼寛の残した言葉である。

高木兼寛生誕地にたつ像

えられる区域があるなど，機能分化のみられる南九州の山城として高く評価され，穆佐城跡は2002(平成14)年国指定史跡となった。

城跡北西の方向，丘陵の少し切れたあたりにのちにビタミンの父とよばれる高木《たかき》兼寛《かねひろ》の生誕地がある。

天《あま》ヶ城《がじょう》址《し》 ㊳
0985-82-2927

〈M►P.66,122〉宮崎市高岡町内山 P
JR日豊本線宮崎駅🚌小林・雀ヶ《すずめが》野《の》行高岡小前🚶20分

高岡麓をしたがえた山城
サクラとツツジの名所

高岡町の市街地にはいると，高岡町役場や高岡小・中学校北に位置する丘陵がみえる。役場付近から，急な坂を20分ほどのぼると天ヶ城址に着く。現在は天ヶ城公園として整備され，城址の一画には近世城郭を模してつくられた天ヶ城歴史民俗資料館がある。また，東高岡地区には小規模ではあるが，高岡古墳(県史跡)がある。

伊東氏の全盛期，高岡町内には伊東氏四十八城のうち穆佐城・飯《いい》田《だ》城・内山《うちやま》城があった。近世高岡郷の主城は内山城(天ヶ城と改称)だが，それまでの戦略的価値は他城に比べて低く，穆佐城などが攻

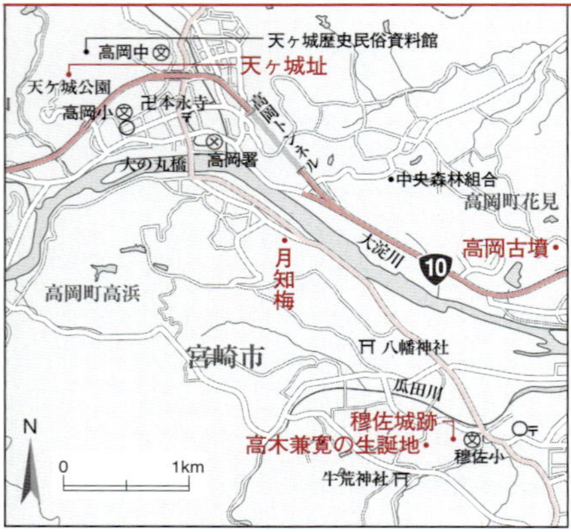

高岡町の史跡

防の中心となっていた。

高岡麓《ふもと》が広がる天ヶ城の重要性が高まるのは，関ヶ原の戦い(1600年)後のことになる。西軍島津義弘《よしひろ》は関ヶ原の合戦に敗れ，日向細島《ほそしま》をへて帰国途中，八代《やつしろ》(現，国富《くにとみ》町)に宿した。このとき，東軍に味方していた伊東氏の重臣であった稲津掃部助《いなづかもんのすけ》は兵を率いて宮崎を平定し，義弘を討つため兵の一部を八代に向けた。この危機をなんとか脱した義弘は，国境警備の必要性を痛感し，家臣の比志島国貞《ひししまくにさだ》を城主兼地頭に任じて，内山城をより堅固な城につくりかえて天ヶ城と改称したといわれている。したがって大量の武士団を所がえした1600(慶長５)年ごろから翌年にかけて，地頭仮屋を中心に武士団の居住地である麓と町場が形成されたと考えられる。天ヶ城は1615(元和《げんな》元)年の一国一城令によって廃城となるが，地頭支配は高岡麓を中心に江戸時代をとおして続いた。町の中心部には今も武家屋敷門や石垣が残り，往時をしのばせている。

高岡の町の大淀川をはさんだ対岸，高浜香積寺《たかはまこうじゃくじ》跡(曹洞宗，廃仏毀釈によって廃寺となった)には梅の名木月知梅《げっちばい》(国天然)がある。1673(延宝《えんぽう》元)年島津光久《みつひさ》が来観したときに「月知梅」と命名し，そ

天ヶ城址

月知梅

の後も数多くの藩主や名士が訪れている。

去川《さるかわ》の関跡《せきあと》 ㊴

〈M►P.66〉宮崎市高岡町内山《うちやま》
JR日豊本線宮崎駅 雀ヶ野行去川小前 1分

去川の関跡

高岡の町をすぎて，国道10号線を西へ9kmほどいくと去川の関跡(県史跡)がある。バス停の右側には大淀《おおよど》川が流れ，左側には山が迫る谷間に去川小学校があり，付近には関所御定番であった二見家屋《ふたみけや》敷跡《しきあと》・二見家墓地などがある。関所設置の時期は永禄《えいろく》年間(1558〜70)といわれるが，その関所御定番になったのが伊勢《いせ》二見《ふたみ》ヶ浦《がうら》の豪族二見久信《ひさのぶ》である。島津氏に登用された二見家は，明治の廃藩置県まで御定番をつとめた。去川の関外には高岡・穆佐・綾《あや》・倉岡《くらおか》があり，関外四ケ郷とよばれていた。関所跡は今，国道下に古い門柱の基礎が1本残るのみである。この谷間伝いが薩摩《さつま》街道で，去川は関外四ケ郷，そして薩摩支藩である佐土原藩から薩摩に出入りする際の要地であった。江戸時代の後期には，一帯の山林から産出された豊富な山産物が，大淀川の水運を利用し上方などに積み出されていったところでもある。

薩摩街道の要所
旅人の目印、大イチョウ

去川のイチョウ

なお，去川小学校前バス停から西の谷間沿いに約400m薩摩街道を進むと，去川のイチョウ(国天然)がある。

万福寺《まんぷくじ》 ㊵

0985-75-2626

〈M►P.66,125〉東諸県郡国富町本庄《くにとみちょうほんじょう》2097 P
JR日豊本線宮崎駅 綾・国富行万福寺 5分

宮崎市から国富町市街地を抜ける県道26号線を西進し，本庄の町にはいるとすぐに万福寺バス停がある。そこから50mほど南へいくと，万福寺(天台《てんだい》宗)がある。正面の門をくぐると，左手の収蔵庫の

万福寺阿弥陀如来および両脇侍像

筆塚

経済・文化の繁栄の跡
旧道沿いの町並みを歩く

なかに木造の阿弥陀如来《あみだにょらい》および両脇侍像《りょうわきじぞう》(国重文)が鎮座する。墨書銘に「寛喜《かんぎ》四(1232)年二月　澄円《ちょうえん》大徳勧進《かんじん》　聖賢《しょうけん》大徳刻」とある。庭園のウメや精進《しょうじん》料理も有名である。付近の犬熊《いぬくま》，三弓堂《みつゆみどう》には木造薬師《やくし》如来座像・聖観音菩薩《しょうかんのんぼさつ》座像(県文化)を安置する。

万福寺から旧道沿いを西に向かうこの一帯は，市がたったといわれる六日町《むいかまち》である。この旧道沿いには，本庄川の舟運で江戸時代に活躍した交易商和泉屋《いずみや》の屋敷跡の一部，また民家の敷地内には日田《ひた》(現，大分県)の咸宜園《かんぎえん》で広瀬淡窓《ひろせたんそう》に学んだのち本庄に戻り，多くの逸材を育てた儒学者高妻五雲《こうづまごうん》の筆塚《ふでづか》が残る。

本庄小学校の前までくると，そこは仲町《なかまち》で，義門寺《ぎもんじ》(浄土《じょうど》宗)がある。豊臣秀吉《とよとみひでよし》の弟秀長《ひでなが》が九州に軍を進めたとき，この義門寺に陣を構えた秀長がだした軍令書が同寺に保存されている。「当軍軍勢，盗妨，狼藉《ろうぜき》之事，陣取放火之事，伐採竹木之事」を禁止する内容を示した，3カ条からなる禁制である。境内の墓地には，鎌倉から室町時代の五輪塔や宝篋印塔《ほうきょういんとう》など多くの石塔が残る。

本庄《ほんじょう》古墳群《こふんぐん》 ㊶

〈M ► P.66,125〉 東諸県郡国富町本庄
JR日豊本線宮崎駅🚌綾・国富行国富待合所🚶5分

独自の勢力圏を形成
身近に迫る古墳

県道や旧道沿いの町並みに古墳がみえる本庄の町は，古墳群のなかに町が形成されたようである。ここ本庄台地には，須志田《すしだ》地区の飯盛《いいもり》一帯の古墳を含め，前方後円墳17基・円墳37基・地下式横穴墓《よこあなぼ》1基・横穴墓2基の合計57基が立地する本庄古墳群(国史跡)がある。

国富町役場付近の町運動公園西側に，丘陵地を利用して築造された藤岡山東陵《ふじおかやまひがしりょう》古墳は全長約90mで中央部につくりだしを有し，本

天領本庄

コラム

江戸時代、文化の花が開いた天領本庄

本庄は古くから交通の要所として栄え，とくに江戸時代は製紙業を中心として，和泉《いずみ》屋と号する日《ひ》高弥次兵衛《だかやじべえ》らの豪商が出現し，宮崎の赤江《あかえ》湊をとおして上方とも交易し，文化の花も開いた。

豊前国(現，大分県)は宇佐八幡《うさはちまん》宮《ぐう》領に属し，中世は伊東氏が治め，ついで豊臣秀吉の九州平定まで島津氏支配に移ったが，以後延岡《のべおか》藩領，天領および江戸幕府分知領，延岡藩預地など幾多の変遷を重ねた。本庄村は1688(元禄《げんろく》元)年以降日田《ひた》代官支配となるが，山陰《やまげ》逃《ちょう》散一揆《さんいっき》後の有馬《ありま》氏転封《てんぽう》により1692(元禄《げんろく》5)年には須志田《すしだ》村が富高《とみたか》・穂北《ほきた》とともに天領となるなど，所領のいりくむ宮崎中央部にあって，鹿児島藩・佐土原《さどわら》藩の間に位置し，飫肥《おび》や高鍋・延岡領にもにらみをきかしうるところでもあった。

このような本庄の位置は，交易の発達をも促し，六日市・十日市など月に3回開かれる三斎市《さんさいいち》がたつなど，近隣から多くの人を集めた。このほか，俵踊りや大鼓みこしをかつぎ練り歩くヨイマカなどの年中行事も盛んに行われた。現在，六日町・十日町《とおかまち》という地名が残っている。

庄古墳群最大の規模を誇る。さらに，古墳時代をとおして東銚子《ひがしちょうし》塚・西《にし》銚子塚古墳や上長塚《かみながつか》・下《しも》長塚古墳など，全長70～80m級の前方後円墳が断絶することなく築造されている。ある時期から大規模な古墳が築造されなくなる西都原《さいとばる》古墳群・生目《いきめ》古墳群とは異なる分布状況から，この地域の首長墓のあり方や地域政権の性格がうかがえ，注目される。

国指定された古墳のほかに，第二次世界大戦時の飛行場建設に伴う発掘調査後，古墳の原形を失うことになった八代《やつしろ》古墳(六野原《むつのばる》古墳)，古墳13基の現存が確認されている木脇《きわき》古墳，須志田地区の横穴群が分布する本庄古墳(ともに県史跡)がある。

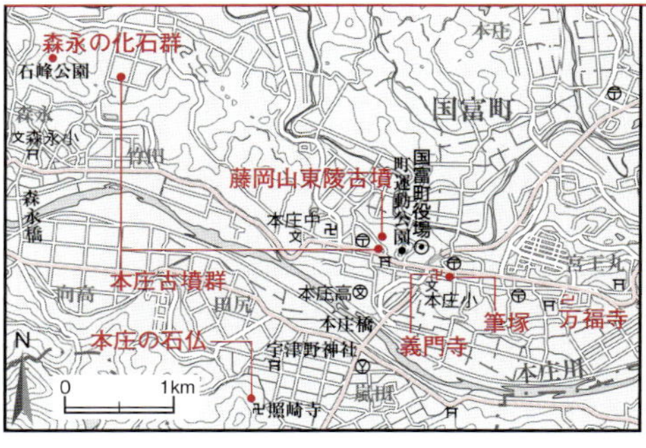

国富町周辺の史跡

本庄から県道26号線を西へ3kmほどいくと森《もり》永《なが》に着く。森永バス停から約500m，森永小学校

藤岡山東陵古墳

の北側の丘陵地に石《いし》峰《みね》公園がある。そこには，二枚貝や巻貝が石化した化石層の露出もみられる森永の化石群(県天然)がある。付近には一部が本庄古墳群に含まれる飯盛がある。

町の南部にひっそりと鎮座する磨崖仏

本庄《ほんじょう》の石仏《せきぶつ》 ㊷

〈M►P.66,125〉 東諸県郡国富町田尻 P
JR日豊本線宮崎駅🚌綾《あや》・国富行国富待合所乗換え，上向《かみむこう》高《たか》行下田尻🚶30分

本庄の石仏

下田尻バス停より南の丘陵地をめざすとその一角に本庄の石仏(県史跡)がある。松森《まつもり》山中腹の岩壁を利用して彫られた磨崖仏《まがいぶつ》は，地上から光背の上端まで5.8m，頭部から腰部までは4.4m，肩幅は1.6mあり県内屈指の大きさである。登り口には駐車場も整備され，車での移動もできるようになった。登り口から10分ほど木立の間の急な坂をのぼると，下半身が磨滅し左手が腕部より欠落しているものの，右手は掌を掲げたみごとな磨崖仏が姿をあらわす。この地には，今は廃寺となった，百済《くだら》からの渡来僧日羅上人《にちらしょうにん》の開《かい》山《さん》と伝えられる松森寺があり，石仏と同じ岩壁に仁王《におう》像・観音像・不動《ふどう》像などが彫られていたというが，現在はほとんど確認できない。

和泉式部伝説の地公園は絶景の憩いの場

法華岳薬師寺《ほけだけやくしじ》 ㊸

0985-78-1004

〈M►P.66〉 東諸県郡国富町八代法華岳 P
JR日豊本線宮崎駅🚌法華岳行終点🚶30分

国富町中心部から北に10kmほどいくと，法華岳バス停に着く。バス停そばの公園として整備された法華岳薬師寺入口から，急勾配の山道をのぼると約30分で眺望の素晴らしい高台にでて，法華岳薬師寺(曹洞《そうとう》宗)に着く。車でも薬師寺の山門近くまでいくことができる

が，バス利用の場合には公園のリフト(有料)を利用する方法もある。

薬師寺はもとは天台寺院であったが，明治初年の廃仏毀釈で廃寺となり，のちに禅寺として再興された。本尊の薬師如来像(県文化)は，木造の坐像で衣文《えもん》は翻波《ほんぱ》式，高さ50cm余で鎌倉《かまくら》時代の作とされるものである。その他両脇侍像・須弥壇《しゅみだん》(ともに県文化)，古くから伝わる木彫りの十二神将がある。越後米山《えちごよねやま》薬師寺・三河鳳来寺《みかわほうらいじ》とともに日本三薬師に数えられていて，和泉式部《いずみしきぶ》が業病《ごうびょう》に悩まされたとき，清水観世音《きよみずかんぜおん》菩薩の夢告によりこの寺に参籠し，谷川で沐浴し治癒したという伝承や奉納品の記録，病が再発したとき身を投げようとした身投げ岳の名などが伝えられている。寺の縁日は，旧暦の正月8・9日と6月8日，開山縁日の旧暦8月8日，御開帳の旧暦12月23日である。長寿開運の玩具，鶉車《うずらぐるま》は親しまれている。

八代北俣《やつしろきたまた》の若宮《わかみや》には北俣神社がある。古くは諏訪大明神《すわだいみょうじん》と称し「お諏訪《すわ》さん」とよばれ，親しまれている。旧暦7月27・28日のお諏訪祭りには，バラ太鼓踊り(県民俗)が奉納されている。

亜椰駅址周辺《あやえきあとしゅうへん》 ㊹

〈M►P.66〉東諸県郡綾《あや》町
JR日豊本線宮崎駅🚌綾線綾🚶5分

現在，綾町は全国有数の照葉樹林を核とし，環境保全型農業の推進，工芸コミュニティー事業の推進，地域おこしや観光面からも注目を集める町となっている。大淀川支流綾北《あやきた》川・綾南《あやみなみ》川流域に立地するこの町は，『延喜式《えんぎしき》』に記される日向十六駅の1つである亜椰駅があったと考えられるが，町の中心部にある綾バス停から県道26号線の南側を平行して走る旧道沿いの民家の敷地内に亜椰駅址の石碑がたつ。

亜椰駅址

江戸時代は鹿児島藩の外城《とじょう》の1つで，関外四ケ郷に位置づけられ，入野《いりの》村は高岡郷に属した。その入野の宮原《みやばる》には王ノ塚古墳など3基が分布し，錦原《にしきばる》運動公園内にある首塚古墳とあわせ綾古墳群(県史跡)とよばれる。

石碑から町役場に戻り南に進んでいくと綾南川が流れているが，町体育館や町文化ホー

酒泉の杜

コラム

体

宮崎市近郊にあり，近年，年間100万人の観光客を集めるようになった綾町。その中心施設が，酒造りや伝統工芸の匠の技をみることができる酒泉《しゅせん》の杜《もり》である。

杜の酒蔵には，工場直営の本格焼酎，清酒，リキュールなど自分の味を探せる試飲コーナーがある。綾ワイナリーでは，ワインの製造工程が見学でき，隣の施設で試飲もできる。また，杜の麦酒工房では地ビールの仕込み作業風景をみながら，搾りたての地ビールを飲み，レストランで食事もできる。

陶芸工房，木・竹工房，ガラス工房（要予約）では，体験教室があり伝統工芸の技を直接に感じ，触れることができる。ここから北へ約２kmいった綾城址にも染織工房，陶芸工房があり，実際に製作体験できるようになっている。

豊かな自然生態系に自然の恵みをもらう

ルをすぎて三本松《さんぼんまつ》橋を渡る際に，刀工田中国広《たなかくにひろ》の胸像が目にはいる。橋を渡り，そこから道なりに約１kmの古屋《ふるや》地区に刀工田中国広宅跡（県史跡）と顕彰碑がある。国広は天正年間（1573〜92）に京都にのぼり，すぐれた刀工として名をあげ，代表作である1590（天正18）年銘の山姥切《やまんばぎり》は，国の重要文化財である。

綾北川・綾南川の上流にはカシ・シイ・ブナなどの綾照葉樹林が広がる。綾南川には照葉大吊橋がかかり，吊り橋の高さと渓谷美が人気を集めている。吊り橋から上流へ1.5kmほどいくと，北岸に川《かわ》中《なか》神社がある。境内に残る旧西光寺《さいこうじ》の阿弥陀堂には本尊の阿弥陀如来（県文化）が安置され，光背には1503（文亀《ぶんき》３）年の銘がある。

綾市街地北西部の丘陵地は，伊東氏四十八城の１つ綾城址である。現在，丘陵の東端に中世の山城を模してつくられた綾城があり，町の文化財も展示している。さらにこの台地をのぼり，約15分車を走らせると尾立縄文《おだてじょうもん》遺跡の碑がある。縄文時代後期の遺物が多く出土しているが，文様により綾A式・綾B式と命名された土器のほか，早期・前期の土器も出土している。尾立からさらに北西に10分ほどいくと，竹野《たけの》の集落に着く。ここには，南九州にみられる暖地性の常緑樹，竹野のホルトノキ（国天然）がある。推定樹齢が300年余り，樹高18mである。

わが国最大面積を誇る照葉樹林 進む、照葉樹林回廊構想

Miyakonojō

島津氏発祥の地

都城盆地

山之口町の浄瑠璃人形

①神柱宮
②都城領主館跡
③祝吉御所跡
④都城歴史資料館
⑤何欽吉墓
⑥都城第23連隊跡
⑦興玉神社内神殿
⑧今町一里塚
⑨母智丘神社
⑩大島畠田遺跡
⑪山田神社
⑫高城町郷土資料館
⑬穂満坊あげ馬
⑭観音瀬
⑮人形の館
⑯円野神社
⑰梶山城跡
⑱寺柱番所跡

◎都城盆地散歩モデルコース

都城市内コース　JR日豊本線・吉都線都城駅 10 早水神社・沖水古墳・祝吉御所跡 10 神柱宮 5 都城市立美術館 15 都城歴史資料館 15 今町一里塚 15 母智丘神社 15 関之尾滝・甌穴群 30 JR都城駅

人形の館とかくれ念仏洞をめぐるコース　JR日豊本線・吉都線都城駅 20 人形の館 10 田島念仏洞 3 安楽寺 3 蓼池念仏洞 20 田辺念仏洞 20 JR都城駅

1 島津氏の原点―都城―

県内第二の人口をしめ，県南の政治・経済・文化の中心地。
豊富な国指定の遺跡がみどころ。

神柱宮《かんばしらぐう》 ❶

0986-23-1395

〈M ▸ P. 130, 133〉都城《みやこのじょう》市前田《まえだ》町1417－1 Ⓟ
JR日豊《にっぽう》本線都城駅🚶10分

島津荘総鎮守
市民の憩の神柱公園

都城駅から南へ約500mいくと，木々に囲まれた神柱宮(祭神《さいじん》天《あま》照大神《てらすおおみかみ》・豊受大神《とようけ》)がある。古くは神柱妙見宮などといい，1026(万寿《まんじゅ》3)年に創建されたという。万寿年間(1024～28)に大宰大監《だざいのだいげん》平季基《たいらのすえもと》が島津荘《しまづのしょう》を開き，関白藤原頼通《かんぱくふじわらのよりみち》に寄進してその荘官となった。長元年間(1028～37)に伊勢神宮の神託により，島津荘総鎮守として伊勢神宮《いせじんぐう》を勧請《かんじょう》し，神柱社と称した。

神柱宮ははじめ梅北《うめきた》町にあったが，1871(明治4)年，都城県参事桂久武《かつらひさたけ》が県の総鎮守として現在地に移した。近くには緑が多く，池もあり，市民の憩いの場となっている神柱公園がある。公園入口の大鳥居は高さ25mあり，日本一という。毎年11月2・3日に実施される祭礼は，都城市でもっとも賑やかな年中行事である。

神柱宮の境内には2つの碑がたっている。1つは「都城茶」の恩人といわれる池田貞記《いけだていき》の報徳碑で，もう1つは寛政《かんせい》の三奇人の1人といわれる高山彦九郎《たかやまひこくろう》の歌碑である。池田貞記は都城島津家の医師であるが，宇治(京都府)と都城の風土の酷似から都城茶の振興に関心をもち，宝暦《ほうれき》年間(1751～64)の初頭，みずから宇治《うじ》で茶の栽培法・製茶法を習得し，都城に帰って，「甘露《かんろ》」「紅梅」「白梅」の名茶をつくりだした。また，都城茶の名を高めるため，1757(宝暦7)年，桃園《ももぞの》天皇に献上して賞詞をうけた。そのとき下賜された茶碗・土器《かわらけ》は，都城歴史資料館に展示されている。その業績をたたえる

神柱宮

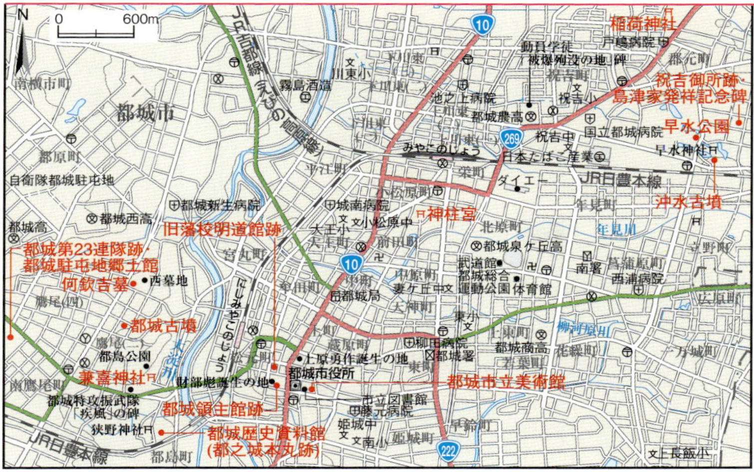

都城市中心部の史跡

ため，製茶関係者によって報徳碑が設けられた。今日，「都城茶」は銘柄として確立し，県内外の人びとに親しまれている。高山彦九郎の歌碑は，彦九郎が1792(寛政４)年に都城を訪れ，都城島津氏家臣種子《たね》田《だ》正衡《まさひら》と酒席をともにしたときの思いを詠んだものという。

都城領主館跡《みやこのじょうりょうしゅかんあと》 ❷

〈M►P. 130, 133〉都城市姫城《ひめぎ》町6－21
JR日豊本線西《にし》都城駅🚶10分

鹿児島藩最大の私領
領主館中心に城下町形成

西都城駅から東へ向かい都城合同庁舎前の交差点を右折し，国道10号線を志布志方面へいくと，都城市役所がある。市役所と国道をはさんだ明道《めいどう》小学校の一帯が，都城領主館跡である。1615(元和《げんな》元)年の一国一城令により，鹿児島藩では鶴丸《つるまる》城以外は廃城となり，3万5000石《ごく》余の領主都城島津氏は都之城を廃し，領主館に移った。現在の姫城町・早鈴《はやすず》町周辺は城下町の名残りを色濃く残している。明治時代になって廃藩置県後におかれた都城県庁は，現市役所と同じ場所にあった。明治時代以後，この一帯を中心に町づくりが行われた。なお，旧藩校明道館《めいどうかん》は宮崎地方裁判所都城支部の敷地にあった。

市役所の東隣には都城市立図書館と都城市立美術館がある。市立美術館は県内で最初の公立美術館として，1981(昭和56)年に開館した。

日本画家の山内《やまうち》多門《たもん》・益田《ますだ》玉城《たまき》・大野《おおの》重幸《じゅうこう》，洋画家の山田新《やまだしん》一《いち》・吉井《よしい》淳二《じゅんじ》ら，地元近辺出身者の作品が数多く展示されている。

山内多門は都城島津氏の家臣の家に生まれ，小学校の助教(代用教員)をしたあと上京し，川上玉堂《かわかみぎょくどう》・橋本雅邦《はしもとがほう》に師事し，「天竜四季」で帝展の推せんをうけ，43歳で帝展の審査員となった。

祝吉御所跡《いわよしごしょあと》 ❸

〈M ► P. 130, 133〉都城市早水《はやみず》町3866 Ⓟ
JR日豊本線都城駅🚌郡元《こおりもと》行早水🚶2分

忠久誕生にまつわる伝説

バスをおりると，目の前が早水公園である。公園の中心となる早水池は，扇状地の扇端の湧水をためたものである。近くには植物園や養鯉場などもある。

またこの一帯は多くの古墳が散在していたが，今日，ほとんどが畑地となり，沖水古墳《おきみず》(県史跡)1基だけが残っている。

早水公園から東へ約200mいくと祝吉御所跡(県史跡)がある。平《たいらの》季基《すえもと》が荘園を開き荘政所《まんどころ》をおき，その跡に祝吉御所がつくられた。島津氏は三州(日向《ひゅうが》・薩摩《さつま》・大隅《おおすみ》)守護職に任命された惟宗忠久《これむねただひさ》にはじまる。忠久は1196(建久《けんきゅう》7)年，島津荘地頭職を兼ねて荘政所に赴任してきて，郡元の旧名島津にちなんで姓とし，島津忠久と称した。御所跡には，島津家発祥記念碑が建立《こんりゅう》されている。

『延喜式《えんぎしき》』には島津駅がおかれたとあるが，場所ははっきりしない。祝吉御所から北へ600mいくと稲荷《いなり》神社(祭神猿田彦《さるたひこ》神のほか2神)がある。以前は，島津稲荷・島戸稲荷ともよばれた。島津忠久が1197年に創建したものである。伝説によると，源頼朝《みなもとのよりとも》と結ばれ，島津忠久を懐任した比企能員《ひきよしかず》の妹丹後局《たんごのつぼね》は，頼朝の妻政子の悋気を恐れて西国へくだり，摂津《せっつ》国(現，大阪府)の住吉《すみよし》神社境内に野宿し陣痛に苦しんでいるときに，キツネがあらわれ灯をともしてくれたので無事出産できたという。そのため島津家では，とくに稲荷大明神《だいみょうじん》を崇めたという。

祝吉御所跡にたつ島津家発祥記念碑

都城大弓

コラム

産

世界へ広まる日本弓道を
ささえる都城大弓

都城は，竹弓生産において全国の割合の90%を占めている。

都城大弓は都城盆地の恵みである真竹と黄《き》櫨《はぜ》を材料としており，その特色は強靱で射撃力にすぐれ，湿気に強い点である。

そのこともあって，1987(昭和62)年以来，都城市で国際弓道大会が3年ごとに開催されている。2003(平成15)年3月には国内外約2300人(外国人は14カ国約200人)が参加した。外国からの参加者には，事前に3日間の講習と審査を行う。

都城大弓は，戦国時代にはすでに生産が盛んであったが，弓矢は鉄砲の伝来により，火縄銃にその地位をとってかわられた。江戸時代にはいると，弓矢は武器としての威力を失った。

だが，都城島津家12代島津忠能《ただよし》が，1608(慶長《けいちょう》13)年に京都三十《さんじゅう》三間堂《さんげんどう》で日《へ》置《き》流弓術を披露し，人びとを感嘆させて以後，歴代の領主も修練に励み，家臣にも奨励したので，大弓生産が盛んになった。当時の都城大弓は，領主用の御用弓作りや兵具付の弓作りをになっていた矢《や》作《はぎ》(矢師)が生産にあたっていた。

1950年代になって中学・高校の課外活動で弓道が人気を得るとともに，都城大弓の生産が急増した。

現在8人の伝統工芸士(財団法人伝統的工芸品振興協会認定)が生産に従事している。

国際弓道大会

都城《みやこのじょう》歴《れき》史《し》資《し》料館《りょうかん》 ❹

0986-25-8011

〈M►P. 130, 133〉都城市都島《みやこじま》町803 P
JR日豊本線西都城駅 蓑原《みのばる》線竹《たけ》の下《した》 5分

都城島津氏250年の本拠地
都城島津の多数の資料を展示

バスをおりて，南にみえる城を模した建物をめざして500mほどいくと，小高い丘のうえに都城市街地を一望できる広場がある。その一隅に，1989(平成元)年10月に開館した都城歴史資料館がある。ライトアップされた美しさは都城の新名所となっている。

館内は「都城のあゆみ」「都城島津」のテーマにわかれ，多数の資料が展示されている。なかには，室町時代作の紺糸威紫白肩《こんいとおどしむらさきしろかた》裾胴丸大袖付《すそどうまるおおそでつき》(国重文)，「文明《ぶんめい》十五(1483)年」銘の朱塗丸盆4枚(県文化)，中世の所領関係について記されている「野辺《のべ》文書」(県文化)が展示されている。

都城歴史資料館

この広場一帯は，1375(天授《てんじゅ》元)年から1615(元和元)年まで，都城島津氏(北郷《ほんごう》氏，P.146の注参照)が構えた都之城本丸跡である。都城島津氏は，2代義久《よしひさ》のときここに移り，旧跡都島にちなんで都城と命名した。これが都城の名のおこりとされる。都島聖跡《せいせき》は，神武《じんむ》天皇東征前の一時の都の跡という伝説の地で，狭野《さの》神社が西の丸跡にある。都之城は本丸など5丸のほか，9城5口あり，かなりの広さであった。本丸跡にある歌碑は八田知紀《はったとものり》のもので，知紀は1871(明治4)年，宮内省に出仕し歌道御用係となった人である。

紺糸威紫白肩裾胴丸大袖付

竹の下バス停から北へ100mほどいくと，兼喜《けんき》神社(県史跡)がある。祭神は都城島津氏10代時久《ときひさ》の嫡男《ちゃくなん》相久《すけひさ》で，弟との相続争いで家臣に讒言《ざんげん》され自害。死後あらわれるようになった甲冑姿の武士が相久だとの風聞がたち，怨霊を鎮めるため父時久が建立したものである。

何欽吉墓《かきんきちはか》 ❺

〈M ► P. 130, 133〉 都城市鷹尾《たかお》1－22街区西墓地内
JR日豊本線西都城駅 蓑原線鷹尾二丁目 10分

戦乱逃れ唐人町に居住
医療の発展に功績

バスをおりて，北へ500mいくと西墓地があり，その天水《あまみず》家墓所の一隅に何欽吉墓(県史跡)がある。はじめは中町《なかまち》の唐人墓地にあった。何欽吉は明国広東《かんとん》州の出身で，自国の内乱を避けて江戸時代のはじめ，大隅国内之浦《うちのうら》(現，鹿児島県)の港にたどりつき，都城の唐《とう》人町《じんまち》(現，都城市中町)に移り住み，1658(万治《まんじ》元)年に没した。何欽吉は領主の典医をつとめ，また医学や薬草の本をまとめたり，門人

軍都都城に秘められた２つの碑

南海に散った特攻振武隊79人の鎮魂碑

1つは「都城特攻振武隊《みやこのじょうとっこうしんぶたい》はやて」の碑である。第二次世界大戦末期における特攻隊の出撃は，多くの国民の知るところである。しかし，その基地が鹿児島県の知《ち》覧《らん》・鹿屋《かのや》以外にもあったことはあまり知られていない。

当時，都城の郊外には，2つの陸軍飛行場があった。四式《ししき》戦「疾風」は，1945(昭和20)年4月から7月1日まで，沖縄近辺に17回の特攻出撃を行い，79人が沖縄海上で戦死した。

1977(昭和52)年の33回忌に，都城特別攻撃隊戦没者奉賛会が結成され，都島公園に通称，陸軍墓地とよばれる鎮魂の碑が建設された。碑には18～26歳で戦死した79人の名前と階級が，1人ひとりきざまれている。

もう1つは，動員学徒「被爆《ひばく》殉没《じゅんぼつ》の地」碑である。当時都城には川崎航空機製作所都城工場がおかれ，航空機生産が行われていた。戦争末期になると若年労働力が不足し，学徒勤労動員が行われ，都城周辺の中学生が，航空機生産に動員された。

そのなかにいた小林中学校(現，小林高校)の3年生157人が，合宿していた高千穂《たかちほ》寮をでて防空壕へ退避する途中，米軍機の爆撃をうけ11人が死亡し，負傷者も多数でた。1981(昭和56)年，同窓生が中心となり，被爆地である都城農業高校の運動場北隅に碑を建設した。碑には死亡した11人の名前がきざまれている。

都城特攻振武隊はやての碑

の育成にあたるなどした。とくに高価であった朝鮮人参と効用のかわらない和人参を日本で最初に梶山《かじやま》(現，三股《みまた》町)でみつけ，広めた。

なお，円墳1基，地下式横穴墓《おうけつぼ》3基からなる**都城古墳**(県史跡)が1934(昭和9)年に鷹尾で発見されたが，現在では円墳だけが残っている。

都城第《みやこのじょうだい》23連隊跡《れんたいあと》 ❻

〈M►P.130, 133〉都城市久保原《くぼばる》町1－12 [P]
JR日豊本線西都城駅[バス]蓑原線自衛隊前[徒歩]1分

自衛隊前バス停でおりると，眼前に自衛隊の広大な敷地が広がっている。現在，陸上自衛隊第43普通科連隊が駐屯している。都城に旧陸軍施設が最初におかれたのは，1909(明治42)年の第６師団第64連隊である。1922(大正11)年，軍縮によって第64連隊は廃止され，熊本の第23連隊に併合された。のち，1925(大正14)年，第23連隊が都城に転営し，「軍都都城」の中心となり，第二次世界大戦の終結まで続いた。

「軍都都城」の中心
上原勇作・財部彪ら輩出

現在の陸上自衛隊の都城駐屯地内に郷土館があり，元帥《げんすい》上原勇作《うえはらゆうさく》，海軍大将財《たから》部《べ》彪《たけし》の遺品や，都城連隊史などを展示している。上原勇作誕生の地は，国道10号線沿いの上町交差点のそばにある。勇作は日清戦争(1894～95年)，日露戦争(1904～05年)で活躍，1912(大正元)年，西園寺《さいおんじ》公望《きんもち》内閣で陸軍大臣，1921年，元帥となった。勇作の影響で第64連隊の都城誘致が実現したといわれ，また当初，宮崎・高岡《たかおか》・小林《こばやし》・吉松《よしまつ》の予定であった鉄道経路が，現在の吉松・小林・都城になったのもその力に負うところが大きいといわれる。財部彪誕生の地は，明道《めいどう》小学校の西側にある。彪は，1923(大正12)年，加藤友三郎内閣の海軍大臣をはじめとして，５つの内閣で海軍大臣をつとめた。とくに浜口雄幸《おさち》内閣のときに，1930年のロンドン海軍軍縮会議に全権大使の１人として参加し，条約に調印した。退役後，日本学術振興会理事長となり，学術研究の振興につくした。

興玉神社内神殿《こだまじんじゃないしんでん》 ⑦

〈M►P.130〉都城市安久町《やすひさ》2955 P
JR日豊本線都城駅🚌日南線《にちなん》安久🚶10分

藤原国家が込めた魂
今に輝やく内神殿

安久バス停でおり，東へ１kmほどいったところに興玉神社(祭神猿田彦命《さるたひこのみこと》ほか２神)がある。神社の内神殿(国重文)は，県内最古の木造建築といわれる。もともと正応寺薬師堂《しょうおうじやくしどう》の厨子《ずし》と伝えられるが，明治初年の廃仏毀釈《はいぶつきしゃく》のとき正応寺は廃寺となり，興玉神社の内神殿として転用され，それが今日まで残っている。その様式は禅《ぜん》宗様《しゅうよう》(唐《から》様)で，都城歴史資料館に展示されている棟木《むなぎ》には，「応永《おうえい》六(1399)年己卯十月七日」「大工藤原国家謹作」の銘がある。

興玉神社から南方向にさらに１kmほど進むと，正応寺集落にはいる。坂をのぼりつめたところが，正応寺跡である。正応寺は，はじめ天台《てんだい》宗の寺で，1167(仁安《にんあん》２)年，禅慶《ぜんけい》上人と中郷弁済使永井《なかごうべんざいしながい》氏によって創建された。近江《おうみ》の三井《みい》寺で修行した禅慶は，領家である藤原忠実《ただざね》以下３氏の菩提《ぼだい》を弔うため，島津荘に医王《いおう》山知足《ちそく》院(忠実

興玉神社内神殿

の別称)正応寺を創建した。

その後，廃寺・再建があり，1607(慶長《けいちょう》12)年に真《しん》言《ごん》宗の僧宥政《ゆうせい》上人により中興開山された。しかし，明治初年の廃仏毀釈により廃寺となった。現在，宥政上人の五輪塔のほか，数塔が残されているだけである。

安久からさらにバスに乗り，二俣《ふたまた》バス停でおりると，東へ100mほどのところに尾《お》平《びら》野《の》洞窟(県史跡)がある。縄文《じょうもん》時代の土器・骨針・貝殻などが出土しており，古代の住居跡と考えられる。

今町一里塚《いままちいちりづか》 ⑧

〈M►P.130, 140〉都城市今町有里《ありさと》
JR日豊本線都城駅🚌志布志行有里入口🚶3分

旅人の心のオアシス
一息いれてまた出発

有里入口バス停でおりたところに，今町一里塚(国史跡)がある。一里塚は江戸時代五街道に築かれてから全国に普及した。今町一里塚は鹿児島を起点とし，志布志《しぶし》に通ずる今町街道沿いにある。1706(宝永《ほうえい》3)年ごろ，街道に松並木が，一里塚には道路の東にサクラ，西にはエノキが植えられた。このような形で保存された一里塚は貴重であり，九州の一里塚では唯一の国指定の史跡である。

有里入口バス停から西へ1kmいくと，高木原《たかぎばる》用水路の取水口がある。高木原は沖水川の扇状地の扇央にあたり，砂利層が厚いため水に乏しく開田が困難であった。はじめ前田用水を開発した前田正《まさ》名《な》によって，用水路の計画がたてられたが実現しなかった。1912(大正元)年，宮崎県知事有吉忠一《ありよしちゅういち》によって，県営開発給水事業として用水路の設置が計画され，

今町一里塚

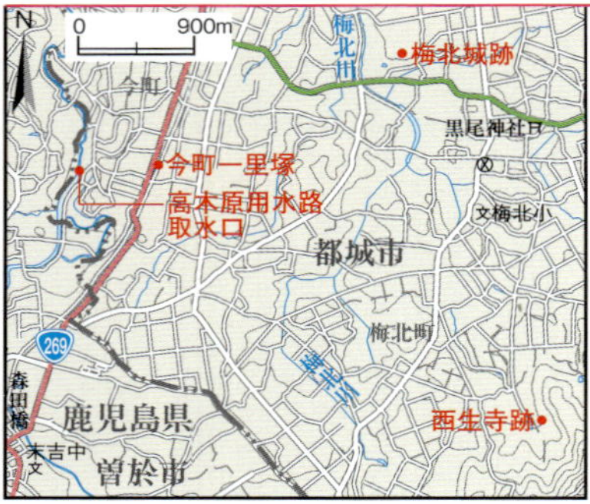

梅北町の史跡

1914年に着工，翌年に完成した。取水口は今町の有里に有里井堰《いせき》を設け，大淀《おおよど》川から水をひいた。この事業は，今町から高木原まで14.3kmという大工事であった。

これにより1919年には，高木原をはじめ高城町桜《さくら》木《ぎ》・三股町蓼池《たでいけ》の一部を含む482haが開墾され，米の生産額は飛躍的にのびた。しかし，切り開かれた水田は，第二次世界大戦中，東《ひがし》飛行場として使用され，戦後になり再入植された。

その後，市街地を流れる高木原用水路に多量の生活用水が混入し，農業用水として適さなくなった。そこで1978(昭和53)年，高木原灌排事業計画が県議会で採択され，大淀川からポンプ揚水することになり，用水路の役割はおわった。現在その一部は遊歩道として整備され，市民の散歩やジョギングの場となっている。

宮崎交通バス橋野《はしの》線に乗り，麓《ふもと》バス停でおりて西へ500mいくと，梅北城跡《うめきたじょうあと》がある。田園地帯のなかの高さ10mほどの急な崖《がけ》のうえにあり，4区からなる。築城年代は不詳。南北朝時代から畠山氏・島津氏・新納氏・伊東氏の争奪の的となり，16世紀半ば，都城島津氏の支配下にはいり，1615(元和元)年の一国一城令で廃城となった。

麓バス停からバスに乗り，梅北小学校前でおりて南へ2kmほどいくと，西生寺《さいしょうじ》跡に着く。病中の平重盛《しげもり》に夢告があり，その病気平癒《へいゆ》のため，霧島山《きりしまやま》東麓の佐野に建立されたと由来が伝わる。寺ははじめ天台宗であったが，のちに真言《しんごん》宗となった。1167(仁安《にんあん》2)年尋誉《じんよ》上人が神夢で霧島山の大噴火を告げられたので，現在の跡地に移転したといわれる。1295(永仁《えいにん》3)年，大曼荼羅院《だいまんだらいん》の勅詔を得て，霧島山大曼荼羅院西生寺を寺号とした。しかし，明治初年の廃仏毀釈で廃寺となった。

母智丘神社《もちおじんじゃ》 ⑨

〈M►P. 130, 141〉都城市横市《よこいち》町6656 P
JR日豊本線都城駅 🚌 霧島神宮《きりしまじんぐう》行母智丘 🚶 10分

バスをおりて第一鳥居をくぐり，花の名所もちお千本桜の並木道

市民の誇り雄大な自然美
関之尾の甌穴・滝

をのぼると，第二鳥居がみえる。さらに石段をのぼりつめたところに母智丘神社《もちお》(祭神豊受姫神《とようけひめ》)がある。標高245mの丘からみる都城市内の眺望はすばらしい。母智丘神社は，上荘内郷《かみしょうないごう》の地頭三島通庸《じとうみしまみちつね》(のち初代警視総監)が1870(明治３)年に建立した。今日，もちお千本桜が咲きそろう３月末から４月はじめに，桜まつりが開催され，地元市民だけでなく，南九州各地からの観光客で賑わう。なお，三島通庸碑が庄内《しょうない》小学校にたっている。

母智丘バス停から霧島神宮線に乗り庄内でおりて，北へ２kmいくと，諏訪神社《すわじんじゃ》(祭神建御名方《たけみなかた》神ほか５神)がある。1355(文和《ぶんな》４)年，北郷《ほんごう》家(都城島津氏)初代尾張守資忠《すけただ》がこの地に創建したと伝えられる。

熊襲踊

諏訪神社祭礼(11月28日)に奉納されるのが，熊襲《くまそ》踊(県民俗)である。バラ太鼓踊・バラ踊ともいわれ，景《けい》行《こう》天皇のころ，日本武尊《やまとたけるのみこと》が熊襲武《たける》を平定し，その祝宴に舞った踊りを今に伝えるという。直径140cmのバラ太鼓を腹につけたバラ組と，鉦《かね》組の18人で構成され，鉦をなかに輪となり，６曲目を演ずる。踊りのなかでころんだり，積み重なって倒れたりと豪放ななかにユーモラスな所作があり，楽しませてくれる。

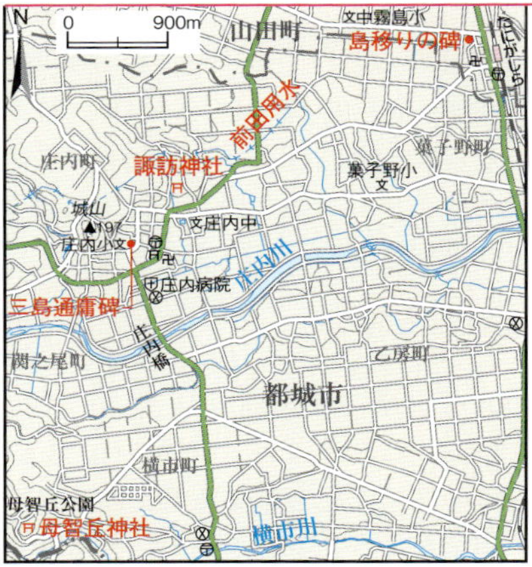

谷頭駅周辺の史跡

庄内バス停から再び霧島神宮線に乗り，関之尾《せきのお》バス停でおりて東へ100mほどくだると，「日本の滝100選」に選ばれた関之尾滝がある。関之尾滝は，高さ18ｍ・幅40mほどで，男《お》滝・女《め》

関之尾滝と甌穴群

滝・大滝からなり，滝のうえには甌穴群《おうけつぐん》(国天然)が広がっている。甌穴は，霧島火山溶結凝灰岩や軽石が，水流により浸食されてできたもので，約600 mも連なっている。

関之尾滝を取水口として，2つの農業用用水路がつくられている。その1つ南前《なんまえ》用水は，鹿児島藩家老川上久隆《かわかみひさたか》が主命により，滝の上流300mの右岸の岩山を掘り抜いたもので，現在の川崎《かわさき》・平田《ひらた》・乙房《おとぼう》地区の190haを灌漑《かんがい》した。

もう1つの前田用水は，当初1889(明治22)年，庄内の坂本源兵衛《さかもとげんべえ》が滝の上流350mの左岸から取水して，20haを開田したが，資金不足のため失敗した。その後，旧鹿児島藩士で農商務次官となった前《まえ》田正名《だまさな》が，辞官後に引きつぎ，1901年に完成させた。これによって，庄内・志和池《しわち》(都城市)や山田町にわたる264haの水田開発に成功した。用水路の幹線13.5km，トンネル13カ所の大規模なものである。

この2つをまとめて，関之尾用水路ともいう。

関之尾バス停から三たび霧島神宮線に乗り，上川内《かみかわち》でおりて北へ1kmほどいくと，千《せ》足《だらし》神社(祭神瓊瓊杵尊《ににぎのみこと》ほか4神)がある。和銅《わどう》年間(708～715)の創建ともいわれ，以前は千多羅六所権現《せんたらろくしょごんげん》などとも称したと伝えられる。1870(明治3)年に現在の社名になった。鎌倉時代の作といわれる男神像3体・女神像1体(いずれも県文化)や，30余りの神像が残っている。

大島《おおしま》畠《はたけ》田《だ》遺跡《いせき》 ⑩

〈M ▸ P. 130〉 都城市金田《かなだ》町

JR日豊本線西都城駅 下水流《しもずる》線中金田 10分

豪族の貴重な屋敷跡
待たれる歴史公園化

バスをおりて西へ500mほどいくと，草におおわれた畠地が広がっている。これが大島畠田遺跡(国史跡)である。1999(平成11)年に，同地域の農用地総合整備事業に伴う発掘調査が行われ，その存在が明らかになった。調査の結果，弥生《やよい》時代と，平安時代から鎌倉・室

芋焼酎となんこ

コラム 食

今や全国区となった本格焼酎
芋焼酎の主要産地

南九州３県(宮崎・鹿児島・大分)で，全国の大半がつくられる本格焼酎《しょうちゅう》には，芋《いも》焼酎・米焼酎・麦焼酎などがある。都城《みやこのじょう》盆地での醸造は，芋焼酎が中心である。

芋焼酎の原料であるサツマイモ(南九州ではカライモという)は，500年前，コロンブスが南米からヨーロッパにもたらし，唐(中国)，琉球《りゅうきゅう》(沖縄県)に伝わった。17世紀前半，薩摩《さつま》の前田利右衛門《まえだりえもん》が琉球から秘かに持ち帰り，やがて全国各地に広まった。

焼酎の製造法も，同じころに琉球から伝わったという。鹿児島藩領である都城盆地でも，江戸時代前期にサツマイモの栽培，焼酎の製造がはじまったと思われる。

都城盆地では，酒席の座興に，歌や踊りとともになんこがよく行われる。由来や語源はいくつかあるが，古来からわが国にあった碁石の数あて遊び「なんご」が変化したものとも考えられている。

その遊び方は簡単で，短く切った箸か木切れを３個ずつ持ち，同時にだして双方のあわせた数をいいあてるか，相手がだした数だけをあてるかして競う。勝敗が決まるたびに，負けた者は，焼酎を１杯飲まなければならない。また勝座という勝ち抜き戦では，勝者が祝杯をうける。

おもしろいのは数の言い方である。０は「無《ばら》」，１は「天皇陛下《へいか》」，２・３は「下《げ》駄《た》ん歯《ば》」「下駄ん目」，４は「都城《みやこんじょ》」，５は「後藤殿《ごっつどん》」(第二次世界大戦前の，高城《たかじょう》町の大地主後藤家のこと)，６は「全《ねっ》部《かい》」などという。

みごとな手さばきで数の変化をみせ，席をなごませる当地方独特の遊びである。

町時代にわたる，多種類の遺物が多数発見された。とくに，11世紀前半に島津荘が成立する以前の豪族の館《やかた》跡は全国的に貴重なもので，国の指定史跡となった。現在，都城市は遺跡を整備し，歴史公園化を計画中である。

中金田バス停からバスに乗り麓《ふもと》(野々美谷《ののみたに》)バス停でおりて，北へ500mほどいくと，庄内川と大淀《おおよど》川の合流地点の左岸，高さ約20mの堅固な場所に，**野々美谷城跡**《ののみたにじょうあと》がある。由来は明らかではないが，この地方は防衛の要地として古来相良《さがら》氏領・北郷《ほんごう》氏(都城島津氏)領・伊東氏領と領主がかわり，争奪が繰り返された。1543(天文12)年に北郷氏領となったが，1615(元和元)年一国一城令で廃城となった。

大島畠田遺跡

野々美谷城をへだてた山林中に，伊東塚《いとうづか》がある。伊東家13代伊東尹《ただ》祐《すけ》の墓といわれる。1523(大永《たいえい》3)年，伊東尹祐は真幸《まさき》(えびの市)の北原《きたはら》氏とともに都城島津氏8代北郷忠資《ただすけ》の野々美谷を攻めたとき，頓死したという。翌年，北郷氏との間に和議が成立し，城が伊東氏にわたった際，伊東家の者がたてたという。野々美谷をはじめ下水《しもず》流《る》・上水流《かみずる》など志和池《しわち》地区一帯には，志和池古墳(県史跡)がある。前方後円墳・地下式横穴《よこあな》各1基と，10基の円墳が分布している。

2

庄内古戦場跡をめぐる

都城島津氏発祥の地であり，南北朝から戦国時代諸侯の戦乱の地。

山田神社《やまだじんじゃ》 ⓫

〈M►P.130〉都城市山田《やまだ》町山田
JR日豊本線《にっぽう》都城《みやこのじょう》駅🚌山田線山田🚶20分

桜島噴火の難逃れ島移り33戸の記念碑

山田バス停でおりて，北西へ1.5kmほどいくと山田神社がある。創建年代は不詳だが，1332(元弘《げんこう》2)年奉納の手洗鉢《ちょうずばち》の銘文から，かなり古い創建と思われる。霧島六所権現《きりしまろくしょごんげん》(瓊瓊杵尊《ににぎのみこと》・木花開耶姫《このはなさくやひめ》・彦火火出見尊《ひこほほでみ》・豊玉姫《とよたま》・鸕鷀草葺不合尊《うがやふきあえず》・玉依姫《たまより》をそれぞれまつる)の1つで，古くから安永華舞六所権現《やすながはなまい》と称して，領主や領民の尊崇が篤い。文禄《ぶんろく》年間(1592～96)，左大臣近衛信尹《このえのぶただ》が豊臣秀吉《とよとみひでよし》の怒りにふれ，薩摩《さつま》国坊之津《ぼうのつ》に配流される途中当社に宿し，落とした袖の衣が「華」の文字をしたためたので，以降華舞神社といったという。「華」の文字は扁額として伝わっている。

さらに北西へ1.5kmほどいった民家の裏山に，山田のイチョウ(県天然)がある。高さ約40m・幹回り約8mあり，樹齢は600～800年と推定されている。

JR谷頭《たにがしら》駅でおりて西へ500mいくと，交差点の一角に島移《しまうつ》りの碑がある。1779(安永《あんえい》8)年に桜島が大噴火(140人余りが死亡)したとき，鹿児島藩は家屋や農地を失った黒神《くろかみ》村など33戸の農家に永代移りを命じ，中《なか》霧島村(現，山田町)と野々美《ののみ》谷《たに》村(現，都城市)に移住させた。しかし，

島移りの碑

山田のイチョウ

シラス台地が広がる土地は水もなく，開墾し生活するには筆舌に尽くしがたい労力を必要とした。1901(明治34)年，前田《まえだ》用水の完成により，開墾がはじまった。1902年，秋田県出身の石川理紀之助《いしかわりきのすけ》の農業改善指導で，生活が安定した。同年，理紀之助のすすめでたてられたこの碑には当時の33戸の戸主の名がきざまれている。現在も毎年7月21日には，祖先に感謝する意味から，祭りが行われている。

JR谷頭駅から西へ3kmほどいった古江《ふるえ》地区に，薩摩迫《さつまざこ》がある。都城島津《しまづ》氏の祖島津資忠《すけただ》(島津宗家4代忠宗《ただむね》の6男)が南北朝の争乱の戦功により，足利尊氏《あしかがたかうじ》から北郷《ほんごう》(山田町)300町を下賜され，入部して居を構えたところである。資忠は地名をとって北郷氏を名乗り，都城に移るまでの20年ほどをここですごした。以後，都城を拠点とし周辺に勢力をのばした。江戸時代になり，島津宗家家臣のなかで最大の領地をもち幕末まで続いた。17代忠長のとき，1663(寛文《かんぶん》2)年に都城姓に復した(注：この章では混乱をさけるため都城島津氏と記述した)。

高城町郷土資料館《たかじょうちょうきょうどしりょうかん》 ⓬

0986-58-5963

〈M►P. 130, 148〉都城市高城町大井手《おおいで》 Ⓟ
JR日豊本線都城駅🚌雀ケ野《すずめがの》線高城上町《かみまち》🚶5分

古城を思わす資料館
諸将争奪の的高城城

高城上町バス停から東へ200mほどいくと，1992(平成4)年開館した，こぢんまりした中世の城郭を彷彿させる高城町郷土資料館があり，ここが月山日和城《がっさんひわじょう》跡である。なかには高城古墳群の出土品をはじめ，多数の資料が展示されている。

高城町郷土資料館

南北朝時代，南朝方の肝付兼重《きもつきかねしげ》の築城によるものである。兼重は南北朝の争乱のとき，この城を本拠とし，北朝方の畠山《はたけやま》氏とたたかった。しかし，1339(暦応《りゃくおう》2)年落城し，日向《ひゅうが》地頭畠山直顕《ただあき》の居城となった。月山日和城は，錦の御旗にある

庄内の乱

コラム

島津氏の内紛鎮圧
近世大名へ成長

庄内《しょうない》の乱の原因には，島津宗家の家督争いがある。16代島津義久《よしひさ》には男子がなく，跡継ぎを女婿《むすめ》の子島津信久《のぶひさ》(垂水《たるみず》島津氏)にするか，義久の弟で17代島津義弘《よしひろ》の子忠恒《ただつね》にするかで迷ったが，国分八幡《こくぶはちまん》の神籤《みくじ》により忠恒に決めたという。

ところが信久を推したのが家老職にあった伊集院幸侃《いじゅういんこうかん》(忠棟《ただむね》)であった。さらに忠恒にも跡継ぎがなく，義弘の末娘を正室とする幸侃の子忠真《ただざね》に，「謀叛の動きあり」という疑いがでる要素があった。

幸侃は豊臣秀吉《とよとみひでよし》の九州征討に際して，秀吉の弟秀長《ひでなが》と戦ったが，秀長軍との和議に動き，成功させた。その後人質として上京し，秀吉の側近的立場となった。幸侃は秀吉や石田三成《いしだみつなり》の策によって，秀吉の朱印により都城8万石余を領することになった。そのため都城島津家は薩摩《さつま》国祁答院《けどういん》(現，鹿児島県)3万7000石に移された。幸侃は，さらに薩摩・大隅《おおすみ》・日向《ひゅうが》3国の守護就任をうかがうが，石田三成の同意を得られず失敗した。これを島津忠恒が知り，1599(慶長4)年，幸侃は京都伏見で忠恒に討たれた。

そこで幸侃の子忠真は，同年，都城外に12の砦を築いて，島津本家との戦いに備えた。島津氏が庄内へ攻め入り，乱がおこった。島津本家は東霧島《つまきりしま》神社(高崎《たかざき》町)を本陣とし，一進一退の戦いを繰り返したが，1600(慶長5)年徳川家康《とくがわいえやす》の仲介による和議を受け入れ，穎《え》娃《い》(現，鹿児島県)1万石に転ずることを条件に，忠真は降伏した。しかし1602年，野尻《のじり》町で忠真は，島津義久・義弘の離間を講じたとして忠恒によって謀殺され一家断絶した。なおこの乱にかかわった島津信久は，1637(寛永《かんえい》14)年島津宗家に毒殺され，その子久章《ひさあき》ものちに殺された。これにより，都城島津氏は5年ぶりに都城に戻った。

結果，南北朝時代以来続いた島津氏の内紛，家臣団の反抗をなくし，近世大名への地固めが整い，島津氏が江戸時代75万石の大大名となるもととなった。

月と日(太陽)に由来するという。

この城は，南北朝時代から庄内の乱まで約360年間，三股院千町《みまたいんせんちょう》とよばれる要所であったため，戦乱のなかにあった全国的にも古い山城《やまじろ》の1つである。畠山氏支配のあと，島津・伊東《いとう》氏による争奪の地となり，その後1534(天文《てんぶん》3)年，北郷《ほんごう》氏(都城島津氏)領となったが，1615(元和《げんな》元)年の一国一城令で廃城となった。

郷土資料館から東へ1kmほどいったところに，「古墳群入口」の

高城古墳群

石柱がある。集落のなかをとおって坂をのぼりきった台地一帯に，13基の古墳が点在している。前方後円墳が３基あり，地下式古墳もある。牧之原古墳群《まきのはら》とよばれ，22基ある高城古墳群(県史跡)のなかでも，圧倒的に規模が大きい。古墳から出土した箱式石棺には，人骨のほか鉄製の太刀や勾玉《まがたま》が納められていた。

牧之原古墳群の上り口から南へ500mほどいくと，春日《かすが》神社(祭神天児屋根命《あめのこやねのみこと》)がある。平季基《すえもと》が島津荘を開発し，関白藤原頼通《ふじわらよりみち》に寄進したとき，藤原氏の氏神である奈良の春日大社を三股《みまた》院の総鎮守として分霊したものである。境内には，石造宝塔２基・石仏像８基などがあり，社殿内には1592(文禄元)年，前関白近衛信《このえのぶ》輔《すけ》書「春日宮」扁額がある。

高城町の史跡

穂満坊《ほまんぼう》あげ馬《うま》 ⑬

〈M►P.130, 148〉都城市高城町穂満坊
JR日豊本線都城駅🚌雀ケ野線穂満坊🚶5分

高城観光の中心地
おこりは地区の灌漑用水

穂満坊バス停から東へ200mほどいくと，諏訪神社《すわじんじゃ》がある。諏訪神社に奉納される模擬大名行列が，穂満坊あげ馬(県民俗)である。都城島津家11代忠虎《ただとら》が，文禄の役(1592～93)の際に，戦勝祈願を行ったが，武運なく病死した。遺骸が戻ったとき，忠虎の遺児長千代丸《ながちよまる》が解願《かいがん》のため

献馬と神楽《かぐら》を奉納したのがはじまりといわれる。主君の名代である稚児《ちご》が乗る馬に献上品を背負った2頭の馬や従者を模した行列である。なお，山之口《やまのくち》町の花木《はなのき》あげ馬と，都城市の高木揚げ馬も県民俗文化財の指定をうけている。

穂満坊バス停から北へ1kmほどいくと，観音池《かんのんいけ》入口バス停付近の国道10号線と旧道にはさまれた三角地帯が，石山寒天《かんてん》場の跡である。鹿児島藩では財政難を解決するため，10代藩主島津斉興《なりおき》のとき，調所広郷《ずしょひろさと》を家老に起用し財政改革を行った。その1つとして，抜荷《ぬけに》のため寒天場を石山や有水《ありみず》（高城町）や永野《ながの》（山之口町）に設けた。寒天製造に用いられた道具の複製が，高城町郷土資料館に展示されている。

観音池入口バス停から東へ500mほどいくと，石山《いしやま》観音池（定満《じょうまん》池）がある。享保《きょうほう》年間（1716〜36年），鹿児島藩の直営で大井手《おおいで》村上《かみ》池・中《なか》池（現，高城町）とともに竣工し，50haを灌漑《かんがい》した。現在そのうちの21haが石山観音池を中心とした公園に整備され，そのなかで池は中央部8haを占めている。近年，町では観光に力を入れ，公園と周辺を整え，ボートや観覧車など遊戯施設を設置したり，春にはサクラ・ツツジの観賞，秋には観音池まつりを行い，町民や近郊の人びとの憩いの場となっている。

観音瀬《かんのんぜ》 ⑭

〈M►P.130〉都城市高城町有水八久保《ありみずやくぼ》
JR日豊本線都城駅🚌雀ケ野線有水🚶60分，または🚗30分

有水バス停から北へ5kmほどいくと，大淀《おおよど》川にぶつかる。木立の間から，大きな岩を開削したと思われる急流が目にはいる。これが観音瀬（県史跡）である。江戸時代，この瀬には大きな岩がいくつもそびえたち，水運のさまたげとなっていた。22代都城領主島津久倫《ひさとも》は，観音瀬を開き赤江《あかえ》湊（宮崎市）に通ずる舟路をつくる決意を

観音瀬

し，藩の許可をえて，家臣藤崎公寛《ふじさききみひろ》に着手を命じた。1791（寛政《かんせい》3）年，公寛は熊本から石工らを集め，工事をはじめた。夏季は推量が多いため工事は冬に行われたが，厳しい寒さで工事は難航し，ようやく3年後に幅1間（約1.8m）の水路が完成。これにより，都城の竹《たけ》之下《のした》橋から赤江湊まで約72kmの水路ができ，都城盆地だけでなく，鹿児島方面の特産品も運べるようになった。このとき作業にあたった石工らが住みついたのが，八久保地区である。

3 島津領の「東口」をいく

西の藩境を守る兵の麓集落と人形浄瑠璃を保存した文武の地。
寺柱番所を中心に隣の飫肥藩を結ぶ交通の要所。

人形《にんぎょう》の館《やかた》 ⑮

0986-57-5295

〈M ▸ P. 130, 151〉都城市山之口《やまのくち》町山之口2921－1 Ⓟ
JR日豊《にっぽう》本線山之口駅🚌上野上《かみのがみ》線 麓《ふもと》🚶10分

一人遣いの人形芝居
支える町民の熱意と誇り

麓バス停から北東へ300mほどいくと，地頭仮屋跡《じとうかりやあと》にたてられた人形の館がある。周辺には，武家屋敷の名残りのある旧家があり，趣がある。山之口町の文弥《ぶんや》人形(国民俗)は，江戸時代，17世紀後半に岡本文弥によってはじめられた文弥節人形浄瑠璃を，18世紀中ごろ，参勤交代に同行した麓の郷士が習い覚えて帰り，伝えたものという。別名「麓の人形まわし」ともいい，一人遣いの人形芝居である。

一時途絶えたが，1951(昭和26)年再興され，敬老の日をはじめとして，年に4回人形の館で上演される。舞台は間口6m・高さ1.5mの高幕式で，遣い手は背中から左手を入れる弓手《ゆみて》遣いである。ほかに語り大夫《たゆう》・三味線《しゃみせん》・拍子木《ひょうしぎ》がそれぞれ1人つく。演目は「門出《かどで》八島《やしま》」「出世景清《しゅっせかげきよ》」などである。地元の人びとが演じる素朴な舞台は，みる人の共感をよぶ。

山之口駅の南東へ500mほどいくと，山之口小学校がある。この辺りが王子《おうじ》城跡《じょうあと》である。南北朝の争乱期，月山《がっさん》日《ひ》

文弥節人形浄瑠璃

山之口駅周辺の史跡

和《わ》城によった肝付《きもつき》氏の出城《でじろ》であったが，1336(建武《けんむ》3)年に落城した。のち伊東《いとう》八外城《とじょう》の1つとなった。

円野神社《まるのじんじゃ》 ⑯

〈M►P. 130, 151〉 都城市山之口町富吉《とみよし》1412 Ⓟ
JR日豊本線山之口駅🚌西都城線《にしみやこのじょう》富吉🚶10分

住民に崇拝される大社
賑わう弥五郎どん祭

富吉バス停から東へ500mほどいくと，円野神社(祭神息長足姫《おきながたらしひめ》ほか)がある。この神社はかつては的野《まとの》神社といわれ，三股《みまた》院の鎮守として，住民から崇敬された大社であった。

かつて大伴旅人《おおともものたびと》が隼人《はやと》征討をしたとき，死者の霊を慰めたのが始まりという弥五郎《やごろう》どん祭(県民俗)が，例祭日の11月3日に賑やかに行われている。朱面をかぶり，大小の刀をさした3m余りの巨大な弥五郎どんの人形が，四つ車に乗せられて，町を練り歩く。弥五郎どんは，隼人の首長をかたどった人形であるとされ，巨人信仰とも融合し，大隅《おおすみ》・日向《ひゅうが》の隼人伝説に由来した祭礼である。2003(平成15)年4月，円野神社の南側に，面などの関連資料を展示する弥五郎どんの館が完成した。なお，弥五郎どん祭は日南《にちなん》市の田之上八《たのうえはち》幡《まん》や鹿児島県曽於《そお》市大隅《おおすみ》町の岩川《いわがわ》八幡にも残っている。

円野神社から北西へ500mほどいくと，地元の人に「腹切《はらき》っどん」とよばれる，趣のかわった墓がある。江田家定《えだいえさだ》の墓である。

南北朝の争乱のとき，肝付兼重《かねしげ》は高城の月山日和城に本拠を構え，山之口には松尾《まつお》城を築き，家臣にまもらせた。しかし，北朝方の畠山《はたけやま》・島津軍の猛攻にあい，兼重も援軍にでたが肝付方は敗退した。その際，江田家定は主君兼重をどうにか逃したいと思い，兼重とみせかけて切腹し，兼重の危機を救ったという。

弥五郎どん祭

のち，人びとは家定の武勇と忠節をたたえ，その墓をたてた。五輪塔の下から2番目の丸い水輪に

麓集落

コラム

半農半士の農兵が暮らす城のふもと

鹿児島藩の麓《ふもと》とは，城の下，城のふもと，城の府本《ふもと》の意味である。麓には衆中《しゅうちゅう》または郷士《ごうし》という半農半士の農兵を配置し，平時には農業を営み，いったんことがおこれば武器をとって戦場に向かった。

麓の守将には藩が任命する地頭が交替であたり，郷士からは噯《あつかい》・年寄《としより》・与頭《くみがしら》の三役が任ぜられ，ほとんど世襲であった。その麓に続いて在《ざい》とよぶ百姓の居住地があり，さらに商人が密集した繁華街を町といい，それほど発展しなかった町を野町《のまち》とよんだ。

麓は鹿児島藩全体で110以上を数え，都城盆地では都城市の上長《かみなが》飯《え》町・庄内《しょうない》町，山之口町の山之口，高城町の大井手《おおいで》，高崎《たかざき》町の前《まえ》田《だ》などが麓である。

は，斜めに大きく刀で切った形があり，人びとは「腹切っどん」とよんだ。

円野神社から西へ500mほどの富吉小学校の近くには山之口古墳(県史跡)がある。富吉・花木《はなのき》地区には古墳が分布し，山之口古墳とよばれる。

梶山城跡《かじやまじょうあと》 ⑰

〈M►P.130, 153〉北諸県郡三股《みまた》町梶山《かじやま》
JR日豊本線三股駅🚶20分

三股駅周辺の史跡

三股駅から東へ2kmほどいくと，梶山小学校がある。小学校の北側のみかん畑になっている高さ50mほどの丘のうえに，梶山城跡がある。築城年代はわからないが，中世をつうじて島津氏と伊東氏との間で，争奪が繰り返された。

1394(応永《おうえい》元)年，今川貞兼《さだかね》の梶山城攻めに際し，島津元久《もとひさ》

25の踊り競う早馬祭
人気はジャンカン馬踊

ジャンカン馬踊

は城の西側に陣をしきたたかったが，城は伊東方に落ちた。このとき，都城領主北郷義久《ほんごうよしひさ》(都城島津氏)の２人の息子久《ひさ》秀《ひで》・忠通《ただみち》の兄弟が戦死し，この合戦の戦死者とともに弔うため，大昌寺《だいしょうじ》(臨済宗)が建立《こんりゅう》された。その跡が城の南面麓《ふもと》に残る。

大昌寺跡から東へつうじる100mほどの直線道路を，仮屋馬場《かりやばば》といい，江戸時代にはそのさきが仮屋(地頭館)の所在地であった。下の馬場にも武家造の門構えなどが残り，麓の面影を残している。

梶山城跡から西へおよそ1.5kmいくと，牛馬の神として農民の信仰を集める，早馬《はやま》神社(祭神早馬大神〈馬頭観音《ばとうかんのん》〉)がある。

毎年４月25日に行われる早馬まつりは，都城盆地では都城の母智《もち》丘《お》神社の大祭と並んで二大まつりとよばれ，例祭日には，この地方に伝わる25の踊りが奉納される。

なかでも有名なのは，ジャンカン馬踊である。山の神を迎えて五《ご》穀豊穣《こくほうじょう》，牛馬の安穏を祈願するため行われる祭りである。鈴などいろいろな飾りをつけた馬に，稲穂をあらわす花飾りや山王の使いであるサルを俵に乗せ，盛装させるので装束馬といわれたが，馬の動きで鳴る鈴の音から「ジャンカン馬」とよばれるようになった。馬を中心に女たちが輪をつくり，鉦《かね》・太鼓にあわせて，賑やかに踊る。

由来は1572(元亀《げんき》３)年，木崎原《きざきばる》合戦でのちの17代藩主島津義弘《よしひろ》の一命を救った愛馬を記念したものなどの諸説がある。踊りのなかで馬が大地を踏み，地母《ちぼ》神の眠りをさます「みたま振り」の所作があることから，南九州に伝わる馬と神霊の寄坐《よりまし》信仰からきたものとも考えられている。

かくれ念仏

コラム

島津藩の厳しい弾圧に耐えた信仰を示す念仏洞

江戸時代，鹿児島藩は浄土真《じょうどしん》宗(一向《いっこう》宗)の信仰を禁止した。しかし，藩の厳しい監視からのがれ，真宗の信者は藩全域でかくれ念仏として信仰を守った。信者らは念仏洞を掘り，そのなかで念仏を唱えたり，擬装神道になって藩の目をあざむいた(当時は穴念仏といった)。

これは現在でもカヤカベ教という独特の宗教となっている。

禁制の理由にはいくつかいわれるが，最大の理由は一揆を未然に防ぐことであった。また，信仰が封建《ほうけん》体制においては不都合であり，しかも多額の布施が本願寺に納められることが，藩財政にも不利益をもたらしていたからである。

現存する遺跡には，三股町の蓼《たで》池《いけ》念仏洞，山之口町の田島《たじま》念仏洞，高城《たかじょう》町の田辺《たなべ》念仏洞などがある。なお，山之口町富吉《とみよし》の安楽寺《あんらくじ》(浄土真宗)境内には，鹿児島藩が一向宗の信者を調べるため用いた，拷問用の石が残っている。

田辺念仏洞

寺柱番所跡《てらばしらばんしょあと》 ⑱

〈M►P. 130, 153〉 北諸県郡三股町宮村《みやむら》
JR日豊本線三股駅 徒歩30分

三股駅から南へ，途中三股町役場を左手にみて3kmほどいくと，宮村小学校があり，さらに東へ200mほどゆるやかな坂をのぼると，寺柱番所跡がある。寺柱番所は，江戸時代に鹿児島藩が領内においた9カ所の関所の1つであった。寺柱番所は都城から寺柱をとおり，山越えして伊東氏飫肥《おび》領につうずる街道におかれていた。江戸幕府の巡検使は，1633(寛永《かんえい》10)年を最初に，19回寺柱をとおり飫肥に向かっている。番所には，番《ばん》

寺柱番所跡

頭《がしら》などがおかれ，通行人や荷物を監視していた。

寺柱番所から尾根伝いに中之峠茶屋跡《なかのとうげちゃやあと》をとおり，12kmほどいくと牛之峠に着く。峠には「従是《これより》東飫肥《おび》領」ときざんだ石柱と，「牛の峠論所跡」と書かれた標柱がある。飫肥藩と鹿児島藩は，２度の境界論争を行った。１度目は1627(寛永４)年，飫肥藩のものが切りだした船材を，鹿児島藩が押収したことでおこった。1634(寛永11)年，鹿児島藩が「伊東は小身だから」と譲歩して決着した。２度目は1672(寛文《かんぶん》12)年，鹿児島藩が江戸幕府にだした正保《しょうほう》の国絵図に示された藩領の境界の線引きをめぐっておこり，飫肥藩は幕府に訴えた。1675(延宝《えんぽう》３)年，江戸における数日の評定の結果，槻河内《つきかわち》・板屋《いたや》河内は飫肥領となり，牛之峠から鰐塚山《わにつかやま》を結ぶ境界稜線の主張が認められ，前記の石柱がたてられた。

飫肥藩への通行人見張り所
頻繁に通過の巡検使

Kobayashi Ebino

修験の里霧島山麓

九州山系から眺めた霧島連峰

霧島岑神社の仁王像

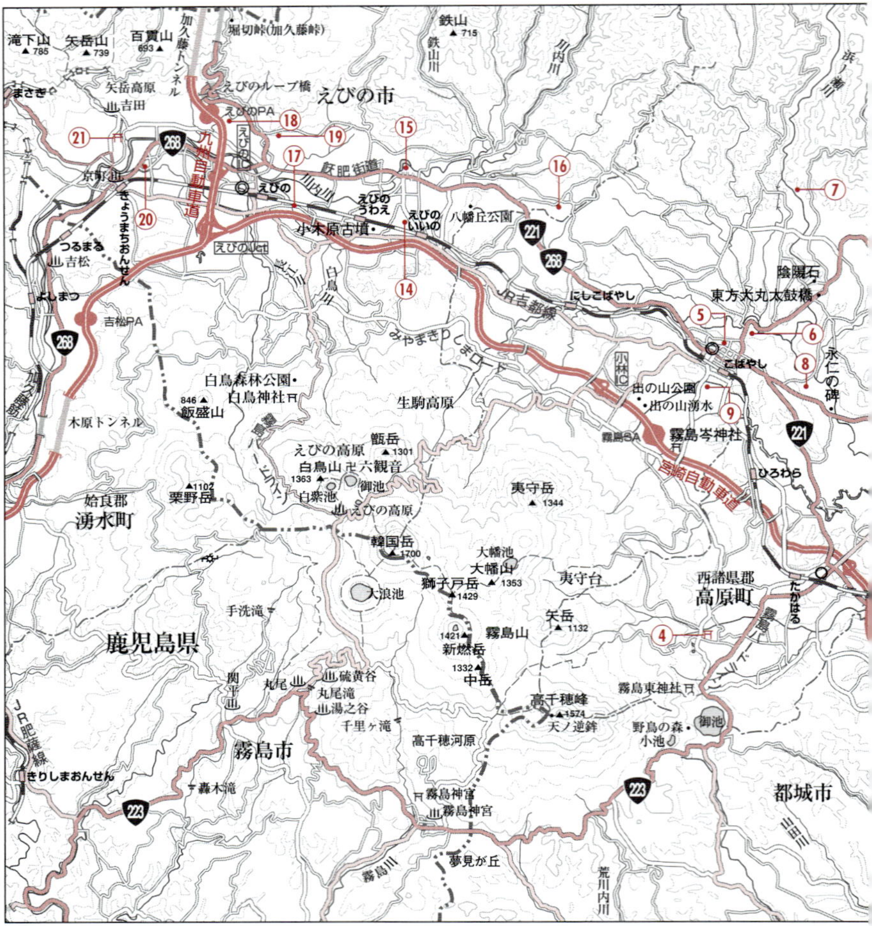

◎えびの・諸県地方散歩モデルコース

霧島連峰東山麓コース　JR吉都線高原駅…10…狭野神社…20…霞神社…20…東霧島神社梵鐘…10…高崎町古墳…10…JR吉都線高崎新田駅

小林市とその周辺コース　JR吉都線小林駅…5…宝光院跡(専寿寺)…5…伊東塚…5…小林城跡…30…本田遺跡…30…水流迫の六地蔵幢…10…JR小林駅

野尻と須木コース　JR吉都線小林駅…20…伊集院忠真の墓…5…東麓石窟仏…5…池の原一里塚…5…紙屋関所跡…5…漆野原一里塚…30…須木城跡…5…須木古墳…5…JR小林

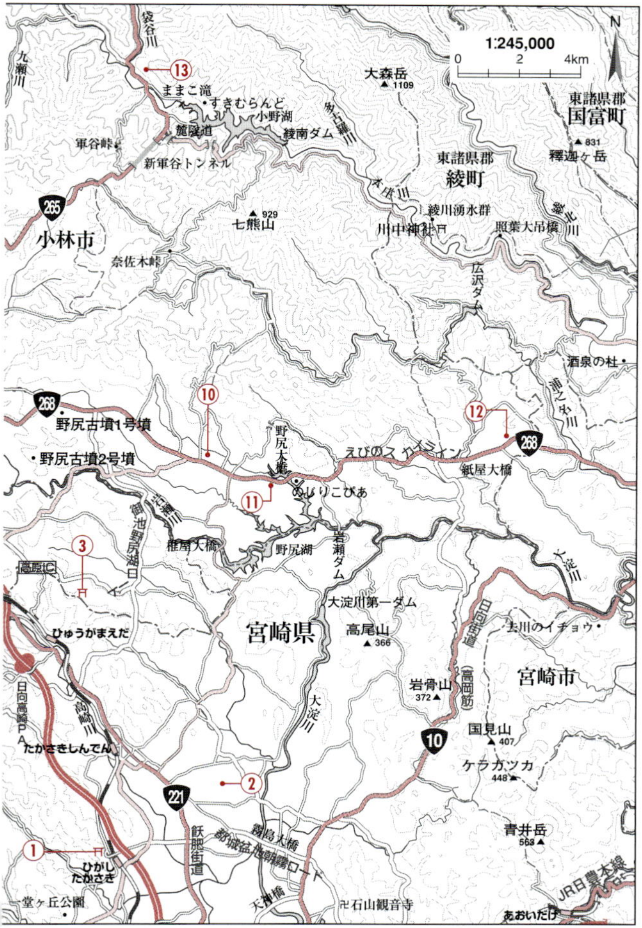

①東霧島神社の梵鐘
②高崎町古墳
③霞神社
④狭野神社
⑤伊東塚
⑥小林城跡
⑦本田遺跡
⑧水流迫の六地蔵幢
⑨宝光院跡
⑩伊集院忠真の墓
⑪東麓石窟仏
⑫漆野原一里塚
⑬須木古墳
⑭飯野古墳
⑮飯野城跡
⑯飯野のめがね橋
⑰六地蔵塔
⑱彦山寺の板碑
⑲榎田関所跡
⑳真幸古墳
㉑菅原神社

駅

えびの市内史跡めぐりコース　JR吉都線えびの飯野駅 5 飯野古墳 10 飯野のめがね橋 10 大イチョウ 10 飯野城跡 20 六地蔵塔 10 榎田関所跡 4 彦山寺跡の板碑 15 真幸古墳 10 菅原神社 5 JR吉都線京町温泉駅

1 修験者たちの霧島

霧島屋久国立公園の一角。霧島連峰の北部・東部に広がる，緩やかな山麓一帯にえびの市・諸県地方がある。

東霧島神社《つまきりしまじんじゃ》の梵鐘《ぼんしょう》 ❶

0986-62-1713

〈M►P. 159〉 都城市高崎《たかざき》町東霧島1560 P
JR吉都《きっと》線東高崎駅 5分

本殿につうじる荒々しい階段と赤鬼のたつ神社

東高崎駅から北西の方向へ5分ほど歩くと，東霧島神社がある。古くは東霧島大権現《ごんげん》といい，霧島権現六社のうちの1つで諸県地方の総鎮守として庶民が尊崇した。霧島山東方の長尾《ながお》山に位置し，そこから東霧島の名がつけられたという。何度か霧島山噴火のために，焼失している。1868(明治元)年に鎮座している地名をもって長尾神社と改称したが，1870年廃寺となる。1897年に現社名で再興した。

この境内に東霧島の梵鐘(県文化)がある。梵鐘は，高さ97cm・口径53cmで，1615(元和《げんな》元)年大坂夏の陣に出陣する際に，島津家《しまづいえ》久《ひさ》が戦勝祈願のために鋳造させたという刻銘がある。明治初年の廃《はい》仏毀釈《ぶつきしゃく》で鹿児島の細工奉行所《さいくぶぎょうしょ》に移され，西南《せいなん》戦争(1877年)後に長崎県に運ばれ，宝性《ほうしょう》寺(曹洞《そうとう》宗)の鐘楼に吊るされていたところを，1981(昭和56)年に高崎町の人びとが買い戻して，今日に至る。

東霧島神社の梵鐘

東霧島神社は伊弉冉《いざなぎの》尊《みこと》を主祭神とする。伊弉冉尊が，十握剣《とつかのつるぎ》で切り裂いたという神石裂磐《しんせきさくいわ》とよばれる巨岩神石が2個あり，巨岩・石神の信仰の対象となっている。現在3月21日に行われている例大祭は，江戸時代中期から伝わっている。

高崎町《たかざきちょう》古墳《こふん》 ❷

〈M►P. 159〉 都城市高崎町江平《えひら》・縄瀬《なわぜ》
JR吉都線高崎新田《しんでん》駅 10分

高崎新田駅から国道221号にでて右折していくと，切藤《きりふじ》バス停がある。バス停から東に折れて農道をしばらく直進すると，目の前に広がる水田台地のなかに塚原《つかばる》古墳群(20基)が点在している。塚原古

霧島山信仰と六所権現

コラム

霧島火山の爆発と山岳仏教が結びついた信仰

山岳信仰の起源については諸説あるが，霧島《きりしま》山信仰の発生は活火山だったこの山の噴火に起因するといわれる。788(延暦《えんりゃく》7)年にはじまってから，史実に残るものだけでも30回を数える噴火があった。人びとは噴煙や降灰，地震，噴きだす溶岩流とその炎に生きた心地もなかっただろう。

858(天安《てんあん》2)年「霧島岑《みね》神　従《じゅ》四位下《しいのげ》を授けらる」(『日本三代実録』)とある。神火(噴火)を鎮めるために大宰府庁は朝廷に訴えたのであろう。

963(応和《おうわ》3)年，延暦寺《えんりゃくじ》で学んだ天台《てんだい》僧性空上人《しょうくうしょうにん》もこの山に来て修行すること4年，この間この地方を巡訪しては噴火で焼けた神社の再建や別当寺《べっとうじ》の創建など，数多くの事蹟を残している。小林《こばやし》市細野《ほその》夷守《ひなもり》の霧島岑神社は，もとは高千穂峰《たかちほのみね》の中腹にあったが，里人の参詣に不便なので，上人は山麓の5カ所にそれぞれ分社を建《こん》立《りゅう》させた。これが夷守神社(別当宝光院《ほうこういん》，小林市)，狭野神社(別当神徳院《しんとくいん》，高原《たかはる》町)と霧島東神社(別当錫杖院《しゃくじょういん》高原町)，東《つま》霧島神社(別当勅詔院《ちょくしょういん》，高崎町)，霧島神宮(別当華林寺《かりんじ》，鹿児島県霧島町)である。祭神はいずれも天孫神代3代の夫婦6座をまつっているので六所権現《ごんげん》という。中央権現社である霧島岑神社(別当瀬田尾寺《せたおじ》)は噴火のため数回炎上し，そのつど遷座《せんざ》・再建され，1873(明治6)年，夷守神社と合祀《ごうし》のうえ，現在地に建立された。

墳群と隣接する横谷《よこだに》地区の古墳群(9基)をあわせて，29基が高崎町古墳(県史跡)に指定されている。

この古墳は5世紀ごろのものと推定され，江平・縄瀬一帯に分布する地上墳29基のうち，前方後円墳1基は，全長約65.5m・前方部4.5m・後円部6.0mあり，北諸県郡最大規模を誇っている。そのほか円墳2基・方墳1基が消失し，円墳1基が不明となっている。残りはやや変形しているが，小規模円墳である。

田園に点在する円墳

この台地上には，大正年間(1912～26)に開発される前後には，約50基の古墳が散在していたといわれる。今日判明しているのは，前記のとおりである。また宮崎県史跡調査の先達《せんだつ》瀬之口《せのくち》伝九郎《でんくろう》の報告によると，一辺約27m，高さ約４m余の方墳が存在していたらしい。この報告が正しければ，宮崎県内でも最大級の方墳と指摘されている。最近では，周辺で地下式横穴墓《おうけつぼ》が数基発見され，高崎塚原地下式横穴《よこあな》群とよばれている。首長級の大規模古墳を中心にした勢力圏が形成されていたことを，物語っている。

台地の畑のなかに散在する大小の古墳

霞神社《かすみじんじゃ》 ❸

0984-42-0033

〈M►P.159〉西諸県郡高原《たかはる》町後川内《うしろかわち》1533 Ⓟ
JR吉都線日向前田《ひゅうがまえだ》駅🚶10分

山腹に建立された白蛇伝説の神社

日向前田駅から一本道を北に向かうと，高崎町と高原町との境に，霞神社(祭神大己貴命《おおなむちのみこと》，少彦名《すくなびこな》命・保食神《うけもちのかみ》ほか)がある。社殿は霞ケ丘(標高372m)のうえにあるが，丘の東側斜面の岩の裂け目に白蛇がおり，この白蛇を霧島六所《ろくしょ》権現の神使《しんし》といって，参拝の折にそれをみると縁起《えんぎ》がよく，大願成就するといわれる。参拝者も多く，受験・就職合格祈願の絵馬が，多数おさめられている。

藩政時代から領主島津《しまづ》氏の信仰も篤く，代参の記録も伝えられている。現在も商売の神として年中参拝客が絶えず，参道の坂道には門前市ができて賑わっている。明治維新以後，霞六所権現との関係から霞神社と改称された。例祭日は４月15日である。

霞神社社殿

狭野神社《さのじんじゃ》 ❹

0984-42-1007

〈M►P.158, 163〉西諸県郡高原町蒲牟田《かまむた》120 Ⓟ
JR吉都線高原駅🚌狭野神社前🚶５分

文字どおり「昼なお暗き」大杉の並木参道

狭野神社前バス停でおりると，すぐ鳥居がみえる。その鳥居から狭野神社の社殿までの，ゆるやかな登り坂になっている約１kmの参道の左右に，巨大な杉並木がある。樹齢約380年といわれる狭野杉(国天然)である。当初は156本を数えたが，今は昔の面影もなくわ

狭野神社のスギ

ずかに二十数本が残っているだけである。現存する最大の杉は，高さ42m・周囲6.1m・材積142石《こく》と計測されている。

この杉並木は，豊臣秀吉《とよとみひでよし》の朝鮮侵攻の際に従軍した島津義弘《よしひろ》が，戦勝祈願に植栽したと伝えられている。この杉並木を中心とした狭野神社のブッポウソウ繁殖地は国の天然記念物に指定されており，5月から9月にかけてブッポウソウが巣をつくる。

狭野神社の祭神は神倭《かむやまと》伊波礼彦《いわれひこ》と吾平津姫《あびらつひめ》命ほか6神。宮崎神《みやざきじん》宮別宮《ぐうべつぐう》であったが，1952(昭和27)年，宮崎神宮より分立して狭野神社として発足した。六所権現の1つとして，篤い信仰を集めている。例大祭は10月23日に行われている。狭野神社社家に代々伝承されてきた神舞《かんまい》で，伊勢《いせ》講神楽《かぐら》ともよばれる狭野神楽がある。天台《てんだい》密教系高千穂《たかちほ》神楽と比して，真言《しんごん》密教系の流れをくんでいると伝えられている。奉納日は，現在では12月第1土曜日である。

また近隣で伝承されている祓川《はらいがわ》神楽(県民俗)は，霧島東《ひがし》神社社家に伝承されている神舞。五穀豊穣や鎮魂・悪霊祓いの祈願の意味が含まれるといわれ，現在は12月第2土曜日の夜から日曜日にかけて，祓川集落の公民館広場で奉納されている。

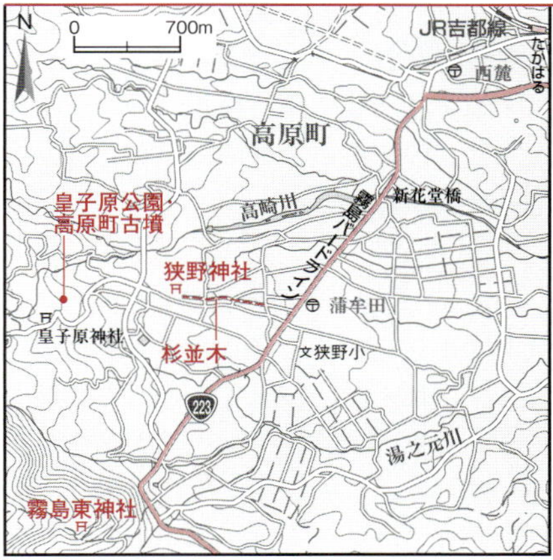

狭野神社周辺の史跡

狭野神社から西へ約1kmほどいくと，神武《じんむ》天皇生誕地と伝えられる皇子原《おうじばる》と皇子滝がある。眺望もよいこの丘は，現在，神武の里皇子原公園として整備されている。古代的景観を保っている公園の一角にある大小6基の円墳が，高原町古墳(県史跡)である。

2 小林に残る縄文遺跡

霧島連峰の北東部に広がる山麓地帯。古くは夷守とよばれ辺境守備の地。のちに日向から肥後や薩摩へつうずる要地となる。

伊東塚《いとうづか》 ❺

〈M ► P. 158, 165〉 小林《こばやし》市真方《まがた》160−2
JR吉都《きっと》線小林駅 15分

戦国時代の戦死者を葬った塚
江戸時代に造立した供養碑

伊東塚

小林駅から北の方向に約10分進むと，県立小林高校がある。高校裏側の道路沿いに伊東塚(県史跡)の標柱がたっている。1572(元亀《げんき》3)年木崎《きさき》原合戦《ばるかっせん》で戦死した，伊東軍の総大将伊東加賀守祐安《かがのかみすけやす》ら重臣を含む220余人を葬った真方《まがた》の因幡《いんば》塚が，後世伊東塚とよばれるようになった。

ここは当時，昌寿寺《しょうじゅじ》(曹洞《そうとう》宗)という寺があり，伊東伊賀守以下，伊東新次郎《しんじろう》・又《また》次郎，稲津又三郎《いなづまたさぶろう》，米良筑後守《めらちくごのかみ》ら，伊東軍の重臣の墓石が残されている。

昌寿寺も明治初年の廃仏毀釈ですでになく，現存する板碑《いたび》・五輪塔や供養《くよう》塔がわずかに残っている。1817(文化《ぶんか》14)年，小林地頭市田《じとういちだ》長門守義宣《ながとのかみよしのぶ》は「後の今を視る　今の昔を視るにひとし」の銘文をつづり，供養碑をたて，史跡の保存に意をくだいた。その遺志は今日までうけつがれている。

小林城跡《こばやしじょうあと》 ❻

〈M ► P. 158, 165〉 小林市真方下之馬場《したんばば》 P
JR吉都線小林駅 須木《すき》行下馬場 5分

攻城戦の跡地も、今では
市民の憩いの公園

伊東塚から東へ5分ほどいくと，須木村につうじる国道265号線にでる。これを左に折れて，だらだら坂をくだると下馬場バス停に約10分で着く。すぐ目の前の丘が城山《しろやま》とよばれる小林城跡で，標柱がたっている。丘の周囲は大淀《おおよど》川の支流岩瀬《いわせ》川が，西・北・東の三方をめぐって自然の大濠をなしており，南は断崖絶壁で登進を許さ

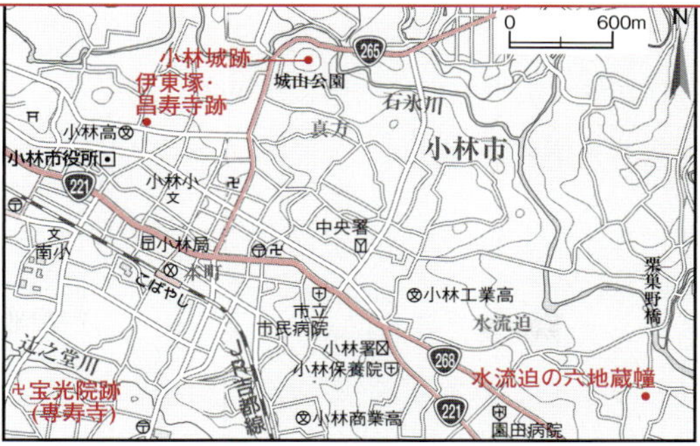

小林駅周辺の史跡

ない天然の要害《ようがい》となっている。

この城は，日向《ひゅうが》の大守《たいしゅ》伊東義祐《よしすけ》が島津氏に備えて，1566(永禄《えいろく》9)年に築城したという。同年10月，島津氏が全軍をあげて攻撃をかけた。内堀も人馬の死体で埋まるほどだったが落城せず，大将島津義弘《よしひろ》までも負傷するに至ったので，再挙をはかって退いたという。1615(元和《げんな》元)年の一国一城令により廃城となった。現在は私有地になっているが，本丸・二の丸・三の丸や内濠も確認でき，下之馬場・上之《うえん》馬場などの地名も残って昔をしのばせている。城跡は整備されていまでは城山公園になっている。

公園のある真方のほか細野《ほその》，そして水流迫《つるざこ》地域に6基の地下式横《おう》穴墓《けつぼ》が散在する。それらを総称して小林古墳(県史跡)とよぶ。最近その周辺地域では，縄文《じょうもん》時代の平木場《ひらこば》遺跡(南西方《みなみにしかた》)・水落《みずおとし》遺跡(細野)などが発見されている。

本田遺跡《ほんだいせき》 ⑦

〈M►P.158〉小林市東方《ひがしかた》字坂下《さかした》
JR吉都線小林駅🚌須木行池入口《いけいりぐち》🚗20分

丘陵の奥深いところに眠っていた古代人の遺跡

小林城跡から国道265号に戻って北上すること約5kmで，池入口バス停に着く。そこからさらに北西の方向へ山道を7kmほど進むと，本田遺跡の標柱に出合う。そこより右の方向へはいり，人家のない狭い道をしばらくいくと，突き当りに縄文時代早期の本田遺跡(県史跡)がある。熊本県宇土《うと》市の轟《とどろき》貝塚と同式の轟式土器なども出土し，南九州と西九州との間に交流があったことを示す貴重な遺跡である。竪穴《たてあな》住居跡や石槍《いしやり》・石鏃《せきぞく》・石匙《せきひ》は，簡易な建物のなかに保存・展示されて自由に見学できる。

また国道に戻って，もときた道を南下すると，陰陽石《いんようせき》バス停がある。ここから約500mはいった浜之瀬《はまのせ》公園内に，かつて野口雨情《のぐちうじょう》が「浜の瀬川には二つの奇石，人にゃ言うなよ語るなよ」とうたった陰陽石，別称夫婦岩《めおといわ》がある。この場所は三之宮《さんのみや》峡の下流にあたり，一帯は霧島《きりしま》火山帯の火山活動によって，形成された溶岩である。

水流迫《つるざこ》の六地蔵幢《ろくじぞうとう》 ❽

〈M ► P. 158, 165〉小林市水流迫
JR吉都線小林駅🚌宮崎行堤🚶20分

三差路の辻にひっそりとたっている地蔵幢

堤バス停から北の方向に進むと，やがて左右に水田が開け，眺めがよい。15分で栗須野橋《くりすのばし》に着く。橋の手前の道を右へ，川沿いにくだると三差路がある。その角の杉林のなかに，「天文《てんぶん》十(1541)年」の銘のある六地蔵幢(県文化)がたっている。この六地蔵幢は，八面体の石柱で高さ約2mあり，上部の八面に六地蔵をきざんでおり，彫りは柔和な表情である。そのほか如来《にょらい》像と不動《ふどう》像を浮き彫りにしている。本体には100字近い刻字があり，磨滅して判断しにくく，今では年号だけが確認できるくらいである。1541年は都城の北郷《ほんごう》氏(都城島津氏)と小林の北原《きたはら》氏が攻防戦を繰り返しており，両軍多数の死者をだした。合戦後，北原氏が供養のため建立《こんりゅう》したものと伝えられている。この幢は，はじめ水流迫地区入口の雑木林のなかにあったが，近年になって現在地に移された。

ここからきた道をたどって，国道268号線にでる。これを左折して15分で岩瀬橋に至る。そこから上流の方向へ進むと，旧岩瀬橋のたもとに小林市でもっとも古い碑といわれる永仁《えいにん》の碑がある。この自然石は高さ1m，中央に梵字《ぼんじ》が1字大きく彫られ，その下に「永仁元(1293)年」とはっきり年号が読みとれる。なお梵字は大日如来をしめしているといわれ，近隣の人びとに手厚く保護されている。

この川の上流にあたる浜の瀬川に，東方大丸太鼓橋《ひがしかたおおまるたいこばし》(県文化)がかかっている。1847(弘化《こうか》4)年に竣工した石造アーチ橋で，長さ31.5m・幅3m・桁間15.3mある，県内最古で最大級の水路橋として地域の水田約30〜40haを今も潤している。

水流迫の六地蔵幢

宝光院跡《ほうこういんあと》 ❾

〈M ► P. 158, 165〉小林市細野3034 Ⓟ
JR吉都線小林駅🚶20分

歴史を経て今では浄土真宗専寿寺

小林駅から左折して少し進むと，JR吉都線の南島田《みなみしまだ》の踏切がある。踏切をこえると，あとは南へ1本道でわかりやすい。そのままいくと，道路左側に専寿寺《せんじゅじ》(浄土真《じょうどしん》宗)がある。この辺り一帯が宝光院(天台《てんだい》宗)跡で，専寿寺の庭の一隅に，景行《けいこう》天皇御腰掛石と伝える石が大切に保存されている。『日本書紀《にほんしょき》』によると，景行天皇が熊襲《くまそ》征討の帰り，この地方の豪族だった諸県君泉媛《もろかたのきみいずみひめ》の歓待をうけて滞在した跡という。

847(承和《じょうわ》14)年，天台僧円仁《えんにん》が唐留学をおえて帰朝する際，当時から天下の霊場として有名だった霧島山を供養するためこの地によった。ここが景行天皇行在《あんざい》所と知って鷹導山《ようどうざん》宝光院承和寺《しょうわじ》を開基し，比叡山《ひえいざん》延暦寺の末寺となる。村上《むらかみ》天皇の時代には三峯《さんぼう》山宝光院承和寺と号し，仁明《にんみょう》天皇の時代には勅願寺《ちょくがんじ》になったという。一時は支院66坊にもおよび，法灯が1000年も続いたこの地方最大の名刹《めいさつ》だった。明治初年の廃仏毀釈《はいぶつきしゃく》で廃寺となったが，1928(昭和3)年，その跡地に専寿寺が創建され，再び法灯がともった。

周辺は昔「細野3000石《ごく》，米どころ」といわれたが，今は美田の面影はなく，住宅が一帯にたち並んでいる。宝光院跡からさらに南へ約2kmいったところに，霧島岑《きりしまみね》神社がある。道路沿い右側にたっている鳥居をはいると，すぐに参道の階段があり，その階段の左右に，仁王像がたっている。祭神は，いずれも天孫神代3代の夫婦6座をまつっている。当神社は六所権現《ろくしょごんげん》の1つで，別名霧島中央《ちゅうおう》権現所という。なお，宝光院は霧島岑神社の別当である。

宝光院跡に残る伝「景行天皇腰掛石」

3 諸県の山間地をいく

今でも島津支配の影が色濃く残る，諸県の山間地をめぐる。

伊《い》集《じゅう》院《いん》忠真《ただざね》の墓《はか》 ⑩

〈M ► P. 159, 168〉小林《こばやし》市野尻《のじり》町東《ひがし》麓《ふもと》1162–1
JR吉都《きっと》線小林駅 🚌 宮崎《みやざき》行野尻 🚶 5分

野尻で謀殺された伊集院忠真の墓

野尻バス停から西へ約200mいった野尻町の国道268号線沿いに島《しま》津《づ》氏の支族，伊集院忠真の墓がある。忠真は島津家家老伊集院忠棟《ただむね》(幸侃《こうかん》)の嫡男《ちゃくなん》である。父忠棟が島津忠恒《ただつね》暗殺の嫌疑をかけられて京都伏見《ふしみ》屋敷《やしき》で誅殺《ちゅうさつ》された。忠真がこの伏見の変を知り，島津氏に叛《そむ》いて戦いとなったのが，1599(慶長《けいちょう》4)年の庄内《しょうない》の乱である。敗戦後，忠真は帖佐《ちょうさ》2万石《ごく》を領知されたが，肥後《ひご》の加藤清正《かとうきよまさ》に内通するなど噂が絶えないので，本家の島津忠恒はついに忠真を討つことを決意した。そして1602年徳川家康の命により京にのぼる際，忠真を供に加えこの野尻に数日滞在して鹿狩りを催した。8月17日，狩奉行《かりぶぎょう》川田《かわだ》大膳亮《だいぜんのすけ》は鉄炮の名手押川治《おしかわじ》右衛門《えもん》に命じて忠真を待ち伏せさせた。忠真はその日，嫡男平田新四郎と狩りをして帰る途中で，それぞれの馬を取り替え，平田が忠真の白馬に乗っていた。押

伊集院忠真の墓

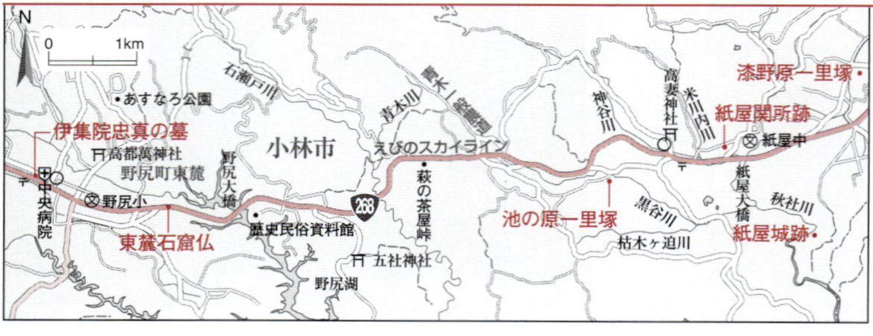

野尻町周辺の史跡

川はただ「白馬の主を撃て」と命じられていたので，誤って平田を射殺した。そこへ伏兵が繰り出し，忠真主従16人を討ちとった。押川は忠真を討てなかった非から自刃した。

忠真の墓は五輪塔の立派なもので，このとき自害した押川治右衛門と，犠牲になった平田新四郎の供養《くよう》碑がその右側にある。この供養碑は，事件の翌年同族である穆佐《むかさ》の押川則貞《のりさだ》が，後世《ごせ》の冥福《めいふく》を祈って建立《こんりゅう》したものである。

野尻町の中心部から西方約１km，国道268号線沿いの東麓字九《ここの》塚《づか》の畑のなかに，野尻古墳(県史跡)の１号円墳がある。いまは墳丘はなく標柱だけが残っている。九塚の地名から推測すると，この地域には多くの古墳があったと思われるが，現在は２号墳のみが円墳の形態をとどめているにすぎない。２号墳は三ケ野山《みかのやま》字大萩《おおはぎ》の道路沿いにある。規模は径10.2m・高さ2.6mである。周辺で発見された地下式横穴墓からは，蛇行剣《じゃこうけん》・銅鈴・轡《くつわ》などが出土している。

東麓石窟仏《ひがしふもとせっくつぶつ》 ⓫

〈M ► P.159, 168〉小林市野尻町東麓
JR吉都線小林駅🚌宮崎行光蓮寺《こうれんじ》🚶7分

国道268号線の真下にある史跡

光蓮寺バス停から国道268号線を東へ歩くと，右側に東麓石窟仏(県史跡)の大きな説明板が目にはいる。この東麓石窟仏は，薬師磨《やくしま》崖仏《がいぶつ》ともいい，地元の住民は，「岩ん堂薬師《やくし》さま」とよんでいる。磨崖仏は，もとは国道のすぐ右下にあったが，道路拡張のため現在は国道の真下になってしまった。

岩窟は高さ138.5cm・幅185cm・奥行166cm。仏像は薬師如来《にょらい》(像高63.3 cm)を中心に日光《にっこう》・月光両菩《がっこうりょうぼ》薩像《さつぞう》(42.5cm)を脇侍《わきじ》として，さらに十二神将《じゅうにしんしょう》立像(39～44cm)を左右に６体ずつ加えて高浮彫りされている。石仏で十二神将を合《ごう》祀《し》しているのは珍しい。

東麓石窟仏

制作年代は文化庁の調査

で鎌倉《かまくら》時代後期(約700年前)といい，制作当初の原形をとどめ，損傷もなく，今日まで伝えられてきたことはおおいに価値あるものといえる。この薬師三尊と十二神将はともに病気や災難から救い，あらゆる希望を満足させる仏としてまつられているもので，住民の信仰も篤く，今でも供花・香煙が絶えない。

漆《うるし》野《の》原《ばる》一《いち》里《り》塚《づか》 ⑫

〈M►P. 159, 168〉小林市野尻町紙屋《かみや》
JR吉都線小林駅 宮崎行漆野原 10分

田園のなかに位置する一里塚

漆野原バス停から北へ進むと，漆野原集落の旧道沿いの水田のなかの円形の塚のうえに「漆野原一里塚」(県史跡)の標柱がたっている。1706(宝永《ほうえい》3)年，鹿児島《かごしま》藩主島津吉貴《よしたか》が命じてつくらせたものである。

一里塚とは鹿児島下《した》町の札《ふだ》の辻《つじ》を起点として，高岡《たかおか》・大口《おおぐち》・出水《いずみ》の3街道の他領境界まで1里(約 4 km)ごとに塚を築き，サクラまたはエノキを植えて目印とし，江戸幕府巡検使の巡察や旅行者の便利をはかったものである。塚は，紙屋《かみや》—堀切《ほりきり》—瀬越《せごえ》—綾《あや》につうじる肥後街道に位置している。円形塚は高さ約2m・直径約6m・周囲約20mで，現在植樹はなく，人の頭ほどの大きさの丸い自然石がおかれている。

また，塚の西方約1.5kmにある紙屋小学校のプールの横に，紙屋関所跡の石碑がたてられている。紙屋関所は薩摩《さつま》9関所(遠目番所《とおめばんしょ》)の1つである。関所には上番《かみばん》1人・定番《じょうばん》2人・加番《かばん》3人を配置して，他藩旅客の藩内通行者を改めた。1830(天保《てんぽう》元)年の古文書「覚」には，

漆野原一里塚

紙屋関所跡

えびの・諸県地方の田の神様

コラム

鹿児島藩に分布する
独特の石像文化

えびの・諸県の鹿児島《かごしま》藩領内に田の神様とよばれる石像が多くたてられている。この南九州独特の石像は，農村地に点在して，神官型・農民型・僧侶型・地蔵型などにかたどられ，ユーモラスで素朴な土のにおいを感じさせる石像が造作されている。地元民から田の神どんとかタノカンサーとよばれて親しまれている。

石像造立の契機と目的は，天災や飢饉《ききん》および門割《かどわり》・新田開発などをきっかけに，除災招福・五穀豊《ごこくほう》穣《じょう》・生殖増産にあったといわれている。

田の神像は山岳仏教に端を発して，北薩《ほくさつ》地方にはじまり，やがて享保《きょうほう》年間(1716～36)に自然災害が多発したのに伴って，各地に田の神文化が広まっていったといわれる。

石像型の起源には諸説あるが，①田植え女のイケニエ，②田の神《かん》舞《まい》から生まれた田の神の踊る姿，③僧侶姿からはじまった仏像姿が指摘されている(野田千尋《のだちひろ》『田の神像―南九州大隅《おおすみ》地方』)。宮崎県内では，西端はえびの市，東端は東諸県郡の鹿児島藩領に分布しているが，宮崎県は鹿児島県と比べて神官型が多く，神官型は「あきらかに宮崎生まれ」(青山幹雄《あおやまみきお》『宮崎の田の神像』)であるといわれる。

現在でも地域によって，田の神講という田の神をまつる講が，2月と11月に行われているところがある。野尻《のじり》町栗須《くりす》では，「田の神は春の彼岸《ひがん》に山から稲の種をもってきて，秋にその年に収穫した種を貰って山に帰られる。田の神講は種貰い種戻しだ」と伝えられている。えびの市の菅原《すがわら》神社では33番神楽の18番目が「田の神舞」として記録され，同市では田の神で町おこしをしている。しかし，祖先が守り伝えてきた田の神像の多くが，最近の急激な近代化や開発によって移転・盗難・破壊の危機に瀕している。

えびの市の田の神

犬1匹とおすにも厳しい取調べがあったことが記録されている。

また漆野原バス停から，南西へ2.5kmほどいったところに紙屋城跡がある。伊東四十八城の1つで，一時は米良《めら》肥後守《ひごのかみ》が城主をつとめていた。また紙屋関所跡からさらに西へ1.5kmほどいった肥後街道沿いに池《いけ》の原《はる》一里塚(県史跡)がある。この塚は，上部が円形で高さ2m，土台部が方形で1辺約4mあり，上ノ原《うえのはる》から黒園原《くろぞのばる》につうじる町道脇に残っている。

須木古墳《すきこふん》 ⑬

〈M►P. 159, 172〉小林市須木中原《なかはら》1757
JR吉都線小林駅🚌須木行役場前🚶5分

村役場裏の斜面一帯に広がる古墳

須木村中心部の史跡

須木古墳群(県史跡)は，大《おお》年岳《としだけ》の南西部斜面に分布し，4基は地下式横穴墳である。この地下式横穴の特徴の1つは，傾斜地に造営されていることである。隣接する上ノ原地下式横穴墓10基は，1980(昭和55)年，旧須木役場新庁舎建設時に山林斜面を掘削しているときに発見されている。

出土品は，鉄鏃《てつぞく》・刀子《とうす》・剣・直刀《ちょくとう》などのほかに，櫛を着装した人骨が9号墳から発見されている。現在は新築した役場の敷地内の一隅に，古墳の模型がつくられている。

役場から南東に約2.5kmいった麓バス停の東側一帯が須木城跡である。地頭仮屋《じとうかりや》の側をやや北よりにのぼっていくと，肥田木城《ひだきじょう》・庚申城《こんしんじょう》および本丸の松尾城《まつおじょう》があり，総称して須木城跡という。周囲4kmの巨大な山城で，道路沿いに望見できるほどである。

そこから北に約1km，下田《しもだ》地区の本庄《ほんじょう》川が綾南《あやみなみ》ダムにそそぐところに観音滝《かんのんだき》(県天然)がある。別称ままこ滝という。その昔，継母が継子を滝に突き落としたという伝説からこの名がある。滝とダム周辺は公園化され，景観もすばらしく，行楽や釣りの客も絶えない。

須木古墳跡

4 街道の要衝えびの

飯野・加久藤・真幸の3町が1970年に合併してできた市。宮崎県で唯一，東シナ海にそそぐ川内川を有する。

飯野古墳《いいのこふん》 ⑭

〈M►P. 158, 173〉 えびの市上江《うわえ》字小木原《こきばる》
JR吉都《きっと》線えびの飯野駅 5分

JR飯野駅付近に散在する地下式古墳・円墳

えびの飯野駅から北へ少し進むと，道路左側沿いに飯野古墳(県史跡)の標柱がたっている。古墳跡は，今では家屋がたち並び面影はない。この古墳は円墳5基・地下式横穴13基からなっている。円墳のうち現在確認できるのは，通称千人塚《せんにんづか》・遠目塚《とおめづか》の2基である。この地域が地下式横穴の群集地として注目されはじめたのは，1965(昭和40)年の地元の郷土史家の発見記録と，1972(昭和47)年以降，九州縦貫自動車道建設の工事に伴うものであった。小木原台地一帯につぎつぎと古墳が発見され，今日では小木原地区遺跡群として飯野古墳の一環をなし，小木原地下式横穴群をはじめ蕨《わらび》地下式横穴群・久見迫《くみざこ》地下式横穴群・馬頭《ばとう》地下式横穴群が広範囲に分布している。この遺跡は，古墳時代後期の6世紀ごろ造営されたといわれている。副葬品も多数あり，全国的に珍しいものとして短甲《たんこう》・衝角《しょうかく》付冑《つきかぶと》・轡《くつわ》・馬鐸《ばたく》・直刀《ちょくとう》などが発見されている。そのなかのいくつかは，宮崎県総合博物館に所蔵されている。

この古墳は地下にあるため発見されにくかったが，往年の建築ブームや高速道路建設のなかで多数発見された。南九州の古墳の研究には貴重なものである。

えびの飯野駅周辺の史跡

飯野城跡《いいのじょうあと》 ⑮

〈M►P. 158, 173〉 えびの市原田《はらだ》 P
JR吉都線えびの飯野駅小林《こばやし》行飯野 10分

飯野駅から北方へ約3kmいくと，前は川内川《せんだいがわ》に面し，後ろは九州山地に連なる自然の要害《ようがい》地に飯野城跡がある。鶴亀《つるかめ》城とも称した。丘陵を造成して，本丸・二の丸・三の丸・物見曲輪《ものみくるわ》などを備えた堅固な山城《やまじろ》である。鎌倉《かまくら》時代に真幸院《まさきいん》の

飯野城跡遠望

島津義弘の居城となった城
別称鶴亀城

郡司《ぐんじ》日下部《くさかべ》重貞《しげさだ》が入城し，南北朝時代に肝付《きもつき》氏の支族北原兼幸《きたはらかねゆき》がこれにかわり，ついで島津《しまづ》氏の勢力下にはいり，1564(永禄《えいろく》7)年に島津義弘《よしひろ》が城主となった。1615(元和《げんな》元)年，一国一城令によって廃城となった。

飯野城跡から東へ約500mほどいくと，長善寺跡《ちょうぜんじあと》がある。長善寺は曹洞《そうとう》宗本山総持寺《そうじじ》の輪番寺《りんばんじ》で，高僧明窓和尚《めいそうおしょう》が1396(応永《おうえい》3)年，領主北原氏の援助で創建したものである。文禄《ぶんろく》・慶長《けいちょう》年間(1592～1614)の2回の火災で，寺の什器《じゅうき》や古文書も焼失して，明治の廃仏《はいぶつ》毀釈《きしゃく》で廃寺となった。この寺で忘れてはならないのは，1530(享《きょう》禄《ろく》3)年に禅問答集『碧巌録《へきがんろく》』と漢詩をつくる際などに音韻を調べるための辞典『聚分韻略《しゅうぶんいんりゃく》』の写本を出版していることである。今ではただ歴代住職の墓が数基，わずかに昔の面影をとどめているにすぎない。

また，飯野城跡の対岸(南岸)にあるえびの市役所飯野支所は藩政時代の地頭館跡《じとうやかたあと》で，周辺は郷士屋敷《ごうしやしき》の石垣が残り，当時の麓《ふもと》集落の町並みがしのばれる。その支所地内にそびえたつ大イチョウ(県天然)は，樹齢約600年，根回り約9.6m・高さ約21mほどである。

長善寺跡

飯野の大イチョウ

西南《せいなん》戦争(1877年)で兵火にあい，幹の中央部に焼けた空洞が残っており，郷土の栄枯盛衰をしのばせている。また樹下の石碑は，わずか８歳で死んだといわれる義弘の長男鶴寿丸(幻生童子)の供養《くよう》碑である。

飯野《いいの》のめがね橋《ばし》 ⑯

〈M►P.158〉えびの市原田 P
JR吉都線えびの飯野駅🚌小林行五日市《いつかいち》🚶25分

映画『美しい夏キリシマ』の舞台になった橋

国道221号線の五日市バス停から狗留孫峡《くるそんきょう》へ向かって北東の方向へ進み，右折してしばらくいくと，右手にめがね橋がみえてくる。橋は３つのアーチからなり，めがね橋(国登録)または月《つき》の木川橋《きかわばし》といい，1927(昭和２)年に着工し，翌年に竣工している。橋は50cm角の切石が組み合わされ，高さ約20m・長さ約60m・全幅約４m・利用幅約2.5mある。

熊本営林局が，川内川上流の大平官行《おおひらかんこう》から吉都線えびの飯野駅まで，大河平山林《おこびらさんりん》の木材搬出用に建設したものである。当時は軌道が三十数km敷かれ，直径２mにもおよぶ大木がトロッコで運ばれたという。しかし自動車の普及により1962(昭和37)年に廃止され，いまでは市道となった。この建設には，鹿児島県日置《へき》郡串木野《くしきの》の肥田《ひだ》佐兵衛《さひょうえ》が請負者となった。橋に使用された切石は，有島《ありしま》川(川内川支流)の上流から木馬《きんま》で運びだされ，のべ数千人の人たちによってつくりあげられたと伝える。

この軌道にほぼ沿いながら，水路が掘削されている。この水路は享保《きょうほう》水路と称されて，水路の取水口には「享保十七(1732)年四月」銘のある石碑が，八幡丘《はちまんがおか》下《した》の国道221号線沿いに建《こん》立《りゅう》されている。この水路は，飯野の原田にあった瑞《ずい》山寺《ざんじ》の僧が，開削を計画し，鹿児島藩の許可をうけて，３年３カ月を費やし完成したと伝えられている。延長3740間(約6.8km)，幅７尺(約2.1m)前後で灌漑面積

飯野のめがね橋

は350町歩におよんだ。

六地蔵塔《ろくじぞうとう》 ⑰

〈M ► P. 158, 178〉えびの市池島《いけじま》 P
JR吉都線えびの駅 20分

島津氏・伊東氏の両戦死者を供養した塔

えびの駅から約500m南に進み，左折してさらに約1.5kmさきに1572(元亀《げんき》3)年5月4日，島津軍と伊東軍が激突した木崎原古戦場跡がある。この合戦で両軍あわせて800余人が戦死した。犠牲者を供養するために，島津忠平《ただひら》(義弘)が建立したのが石灯籠式の六地蔵塔(県史跡)である。文字はきざまれていないが高さ約3mあり，蓮《れん》華《げ》台のうえにたてられ，大きなスギの古木に囲まれている。

六地蔵塔には小木原古墳からもいける。この古墳から西に約800m進むと，合戦後に島津軍の兵士が血刀を洗ったという太刀洗《たちあらい》川(現在は渇水)，またすぐ斜め向かいに伊東軍の首級を葬った「元亀三年五月四日」銘入りの首塚(高さ約7尺)がある。ここを通過してそのまま直進すると，古戦場跡に至る。

そのほか六地蔵塔近辺には，島津義弘が伊東軍の一大将伊東新次郎とたたかって倒した三角田があり，この戦いの後に義弘が腰掛けたという1尺余りの腰掛石もある。また，六地蔵塔のすぐ南を走るJR吉都線の踏切を渡ったところに元巣《がんそう》塚(今西地区)がある。元巣とは鹿児島藩の地頭伊集院《いじゅういん》肥前入道元巣である。当時，村人や通行人，牛馬が急死することがあった。それが合戦で多数の戦死者をだした伊東方の祟りではないかということになり，村人の不安を取りのぞくために，1613(慶長18)年5月に元巣が供養塚としてたてた。このため，のちにこの塚を元巣塚と称するようになった。塚は二段式石積みで高さ約1m余・幅二十数cm余の自然石である。また古戦場跡の西端に池島の一里塚があったが，明治時代になって取り壊された。

彦山寺《ひこやまでら》の板碑《いたび》 ⑱

〈M ► P. 158, 178〉えびの市東川北《ひがしかわきた》
JR吉都線えびの駅 15分

彦山寺跡にある大小2基の石卒塔婆

えびの駅から北へ進んで加久藤団地付近の信号を右へ折れ，川内川にかかる加久藤橋をこえて少しいくと，国道221号線と国道268号線が交わる松原《まつばら》地区にでる。前方右手の小高い丘に，木崎原合戦の前哨戦のあった加久藤城跡がみえる。その周辺は麓と称して郷士屋

木崎原古戦場跡

コラム

!!

島津氏・伊東氏の勝敗を分けた古戦場

日向《ひゅうが》国のほぼ全域を制圧していた伊東義祐《いとうよしすけ》は，小林《こばやし》に続いて真《ま》幸院《さきいん》への進出をはかった。その領域は島津《しまづ》氏が治め，当時，飯野《いいの》城主は島津義弘《よしひろ》であった。

伊東勢は，真幸院の入口にある飯野城攻略の前哨戦として，飯野城南側の本地原《もとじばる》に進出し島津勢と衝突した(本地原の戦い)。両軍勇戦したが勝敗がつかなかった。そこで1572(元亀《げんき》3)年5月，飯野城を迂回《うかい》して加久藤《かくとう》城を攻略するために夜襲をかけたが，決着がつかず，伊東勢は近くの木崎原《きさきばる》で布陣しているところを島津勢に逆襲をかけられた。両軍，激突奮戦したが，伊東勢は重臣がつぎつぎと戦死し，530余人の戦死者をだして敗走。一方島津勢も250余人の戦死者をだした。

合戦後島津氏は，当地に六地蔵《ろくじぞう》塔を建立《こんりゅう》して，両軍の戦死者を供養《くよう》した。毎年5月4日の合戦日には，供養祭が行われている。また，伊東氏はその後衰退の一途をたどり，ついには親戚にあたる隣国の大友宗麟《おおともそうりん》を頼っていわゆる豊《ぶん》後《ご》落《お》ちとなった。一方島津氏が，この合戦後日向国全域を制圧することになる。木崎原の合戦は，宮崎では「日向国の関ケ原」といわれている。

周辺には，六地蔵塔をはじめ，首塚・太刀洗川《たちあらいがわ》・三角田《みすみだ》・元巣《がんそう》塚《づか》などがあり，木崎原古戦場跡として，県史跡に指定されている。

木崎原古戦場跡碑

敷が今も残り，当時の門構えや石垣などが昔をしのばせる。この地区から人吉《ひとよし》方面へつうずる国道221号線を北へのぼっていくと，牧《まき》ノ原《のはら》入口の標示がみえる。そこから左折して脇道に沿って進むと，右手に山祇《やまつみ》神社の鳥居がある。その鳥居のさきの山林のなかに，阿《あ》闍利《じゃり》山悉皆院《やましっかいいん》彦山寺跡がある。真言《しんごん》宗で白鳥山満足寺《しらとりやままんぞくじ》の末寺。いまでは廃仏毀釈で墓地だけが残るが，木崎原合戦で島津軍勝利の一因をつくった光厳上人《こうげんしょうにん》ら，白鳥山満足寺の歴代住職11人の墓がある。墓地の西隅に北原どんの墓といわれてきた板碑(県文化)2基がある。1基は蒙古《もうこ》襲来時の祈禱僧として活躍した密教僧覚然律師《かくねんりつし》の三十三回忌供養のため建立したもので，高さ2.25m。「正中《しょうちゅう》二(1325)年」

彦山寺の板碑

の銘があり，碑文の長いことで定評がある（201文字）。ほかの1基は，覚然忌《き》碑《び》と称される高さ約1mの碑である。

ひっそりとした山腹にある加久藤越えの関所

榎《えのき》田《だ》関所跡《せきしょあと》 ⑲

〈M►P. 158, 178〉 えびの市榎田
JR吉都線えびの駅🚗10分

彦山寺跡から国道221号線に戻り，そこから南の方向へくだりながら，約800m 進んで左折し脇道にはいると，約100mさきに関所跡の案内板がたっている。そこから20mくらい小高い細道をあがると，そこが榎田関所跡（県史跡）である。求麻口番所《くまぐちばんしょ》ともいう。石垣や礎石もそのまま残っているので，関所の規模が

榎田関所跡

京町温泉郷

憩　コラム

田園的雰囲気のただよう落ち着いた温泉郷

えびの高原の山麓から中腹にかけては，素朴な温泉が多いが，川《せん》内《だい》川沿いの京町温泉は，旅館がたち並ぶ湯の町である。摂氏40度の温泉源は，深さ約130mのシラスの最下層から湧出し，泉質は弱アルカリ性炭酸泉で，湯量は豊富である。心臓病・皮膚病・婦人病・リウマチなどに効能がある。温泉の開発は，1917(大正６)年で比較的新しく，当時吉都《きっと》線の開通もあっておおいに発展した。今日，泉源は30カ所近く掘削されている。

京町温泉郷には，野口雨情《のぐちうじょう》や種田山頭火《たねださんとうか》の文学碑があり，人情あふれる湯の町でもある。またジャングル風呂・千人風呂・スッポン風呂・田《た》の神《かん》さぁ風呂といった特異な名のついた温泉をもつ宿もあるので，温泉通には楽しみである。清涼な川内川に屋形船をうかべて，夜の川面に映しだされた提灯の灯に，風情を感じながら郷土料理に舌鼓を打つことができる。

毎年２月第１土・日曜日に開催されている京町二日市には400軒の露店が並び，多いときには20万人の人出で賑わう。周辺には歴史の古い吉田温泉，由緒ある白鳥神《しらとりじん》社《じゃ》の近くに白鳥温泉，えびの市営露天風呂などがある。

理解できる。他領境目番所の１つで，人吉相良《ひとよしさがら》氏領につうじる肥後街道加久藤越え筋にあり，鹿児島藩の出水《いずみ》・大口《おおぐち》・去川《さるかわ》などとともに鹿児島藩八大番所として，重要であった。

当時は，関守として牧之原郷士17戸の番士を定住させ，郷士が交代で任務についた。鹿児島藩は外様大名《とざまだいみょう》で，江戸幕府隠密の潜入を極度に警戒したため，通行手形改めは厳重であり，他国者とみれば独特の薩摩弁で問いかけて見破ったという。

真幸古墳《まさきこふん》 ⑳

〈M ► P. 158, 178〉 えびの市島内《しまうち》

JR吉都線 京町温泉《きょうまちおんせん》駅🚶15分

真幸古墳

京町温泉駅から東へ約1.5kmいくと，杉林に囲まれた真幸古墳として県の史跡に指定されている12基のうちの１つ，島内地下式横穴

墓がある。入口には2つ鳥居がたてられている。この地下式横穴墓は，径23m・高さ1.2mの封土を有し，羨道《せんどう》と玄室《げんしつ》の構造をもつ珍しい例である。真幸古墳の築造時期は古墳時代後期といわれ，現在は耕地整理がされているため1基ごとの確認は難しいが近年発見が相つぎ，49基の大群集墓となっている。一部をのぞきほとんどが，南九州独特の地下式横穴墓である。1号地下式横穴墓から発掘された短甲および衝角付冑は，現在東京国立博物館に所蔵されている。

出土した短甲・衝角付冑は東京国立博物館所蔵

菅原神社《すがわらじんじゃ》 ㉑

0984-37-1199

〈M►P. 158, 178〉えびの市水流《つる》 P

JR吉都線京町温泉駅🚶5分

田園のなかにたつ朱塗りの鳥居と神社

京町温泉駅から真幸橋を渡って右に道をとり約1kmいくと，水田のなかに大鳥居がたっており，その前方にこんもりとした森がみえる。これが天満宮の飛び神像で有名な菅原神社(祭神菅原道真《みちざね》)である。1281(弘安《こうあん》4)年，蒙古来襲のときに勇名をあげた伊予《いよ》の住人河野通有《こうのみちあり》が，その功によって対馬守《つしまのかみ》となり，その子孫河野通正《みちまさ》が，真幸院吉田《よしだ》に移り住んで境田《さかいだ》氏と改姓したうえ，領主北原氏の臣となった。通正が天満神社を勧請《かんじょう》して，孫の境田藤右衛門長友が再興し，長友の孫満元が1531(享禄《きょうろく》4)年にこの地に移したという。1700(元禄《げんろく》13)年，火災が発生し，社殿は焼失した。そのとき，火のなかから声があり，「ご神体が飛びさった。この川上の柳原《やなぎはら》にある」と人びとに聞こえた。社司《しゃし》が驚いて柳原土手まで走っていったところ，そこにご神体があり，少しも損傷していなかったと伝える。

1955(昭和30)年，再び火災にあい，現在も仮社殿のままになっているが，霊験《れいげん》があり参拝客が多い。付近には境田姓が30軒以上もあり，通正の子孫という。鳥居の左右2体の仁王像は，江戸幕府8代将軍徳川吉宗《とくがわよしむね》の時代に毛利七右衛《もうりしちえ》門《もん》によって制作されたものである。

菅原神社

Nichinan
Kushima

黒潮洗う南の里

四半的（日南市飫肥）

串間のトビウオすくい

都城市
鰐塚山
1118
大戸野越
椿山峠
花切山
669
堀切峠
雪が峰
853
新矢立トンネル
三文字山
519
宮崎市
内海川
フェニックス
うちうみ
岩壺山
738
内海港
桝安森林公園
御崎神社
しゃくなげの森
矢立峠
大野山
721
猪八重渓谷
こうちうみ
巾着島
北諸県郡
三股町
長田峡
梅之木山
789
鶯巣トンネル
鬼の洗濯板
柳岳
952
広渡ダム
宮崎県
花立山
489
猪八重渓谷
いるか岬
いびい
王塚古墳
5
谷之城山
574
谷之城トンネル
日南富士トンネル
サボテンハーブ園
瀬平崎
生の峠
酒谷川
小松山
989
舞之山
612
舞之山トンネル
きたごう
220
長棚辺
日南線
北郷
ヘゴ自生北限地帯
222
水垂観音
首切地蔵
新鵜戸トンネル
1
犬ケ城山
253
うちのだ
鵜戸磨崖仏
鵜戸崎
都城市
小布瀬滝
酒谷
飫肥街道
11
10
鳥居峠
日崎
7
東郷のクス
酒谷川
おび
立石の牧跡
日南フェニックスロード
6
9
男鈴山
783
東郷古墳
池河原谷
8
にちなん
広渡川
3
4
志布志街道
広渡橋
日南市
あぶらつ
鹿児島県
志布志市
2
鹿久山
485
聖神社
猪崎鼻公園
おおどうつ
七ツ岩
牧場跡の堀
南郷川
ビロ岩
15
なんごう
12
外浦崎
220
よわら
日南海中公園
地頭野辺氏の墓
たにのくち
大島
14
13
鞍崎灯台
ひゅうがおおつか
観音崎
笠祇神社
444
鳥帽子島
笠祇岳
鹿鳴山
362
黒島
なんごう
17
ひゅうがきたかた
鹿谷石造阿弥陀三尊坐像
築島
串間市
たかしまつ
いくしま
市木川
16
くしま
石波浜
志布志街道
20
石波の海岸樹林
今町橋
岩折神社
幸島サル生息地
ヨゴセ島
赤鼻
福島川
高畑山
518
幸島
日向灘
ちじゅ様
18
けんこう様
448
餐垂島
19
都井トンネル
名谷トンネル
七ツ岩
一里崎
永田崎
恋ヶ浦トンネル
小崎
立岩
宮ノ浦漁港
荒崎
合六鼻
都井岬灯台
都井岬
21
うまの館
1:300,000
0
2
4km
N

◎日南地方散歩モデルコース

飫肥城下周辺コース　JR日南線飫肥駅 5 竹香園(小村寿太郎銅像) 10 願成就寺・安国寺跡 10 旧伊東伝左衛門家・藩校振徳堂 5 飫肥城跡・豫章館・小村記念館 10 五百禩神社・伊東家墓所・小村寿太郎の墓 5 商家資料館 2 「小村寿太郎侯誕生之地」の碑 10 JR飫肥駅

鵜戸神宮〜油津コース　JR日南線油津駅 20 鵜戸神宮 15 駒宮神社 10 堀川運河 2 赤レンガ館 10 鯨魂碑 15 JR油津駅

①鵜戸神宮
②油津港
③飫肥杉
④堀川運河
⑤潮嶽神社
⑥飫肥城跡
⑦藩校振徳堂
⑧伊東家墓所
⑨小村寿太郎生誕地
⑩中ノ尾供養碑
⑪大迫寺跡石塔群
⑫目井津港
⑬外浦港
⑭湖雲が城跡
⑮榎原神社
⑯永徳寺
⑰櫛間城跡
⑱金谷砲台跡
⑲櫛間湊
⑳龍源寺跡
㉑都井岬

1 豊富な海の神話日南

陽光輝く日南海岸国定公園沿いに，海・山・川の自然に恵まれた地域が広がり，多くの史跡が散在している。

朱色の鳥居と青い海、日向灘に面した神秘的な神社

鵜戸神宮《うどじんぐう》 ❶

0987-29-1001

〈M►P.182〉日南市宮浦《にちなんしみやうら》3232 Ⓟ

JR日豊本線《にっぽうほんせん》宮崎駅《みやざきえき》🚌日南行鵜戸神宮入口🚶20分，またはJR油津駅🚌宮崎駅行鵜戸神宮入口🚶20分

宮崎駅からバスで50分，油津《あぶらつ》駅からは15分ほどで，古くから鵜戸神宮の門前町として栄えた鵜戸の集落に着く。鵜戸神宮は神武《じんむ》天皇の父日子波瀲武鸕鷀草葺不合尊《ひこなぎさたけうがやふきあえずのみこと》を主神としてほか5神をまつることから鵜戸六社大権現《ろくしゃだいごんげん》と称しており，鵜戸神宮本殿(県文化)の創建の時期は崇神《すじん》天皇の時代と伝えられている。782(延暦《えんりゃく》元)年に天《てん》台《だい》僧(伝)光喜坊快久《こうきぼうかいきゅう》が，勅命《ちょくめい》により初代別当として神殿を再興し，同時に寺院を建立《こんりゅう》して，寺号を「鵜戸山大権現吾平山仁王護国《あびらさんにおうごこく》寺《じ》」と勅されたと伝えられる。また真言《しんごん》宗に改宗されたこともあり，一時は「西の高野《こうや》」といわれ，両部神道《りょうぶしんとう》の一大道場として，隆盛をきわめていた。

バスをおりて鵜戸神宮入口の観光バス駐車場から八丁坂《はっちょうざか》参道をいくと，水成岩《すいせいがん》の石段がある。上りが438段，下りが277段である。途中，ヘゴ(木生シダ)自生北限地帯(国天然)，堂・宿坊跡をとおると，やがて朱色の鳥居と海とが眼前にあらわれる。右側にいくと鵜戸磨崖仏《まがいぶつ》があり，岩壁に閻魔《えんま》大王と四天王《してんのう》像が彫られている。閻魔大王像の銘に「明和《めいわ》二(1765)年」とあり，鵜戸神宮の守護仏として彫られたものと思われる。

鵜戸神宮

参道に戻ると「紙開発《かいほつ》願主大坂住油《あぶら》屋《や》善兵衛《ぜんべえ》　天保《てんぽう》三(1832)年」の石灯籠《いしどうろう》が目にはいる。この地を領した飫肥《おび》藩は和紙・飫肥杉・シイタケ・木炭・カツオ

おちち飴とシャンシャン馬

コラム

!!

安産を願う人びとの信仰と新婚夫婦の風習

鵜戸《うど》の名物におちち飴《あめ》がある。これは鵜戸神宮の主神である鵜茅《うが》草葺不合尊《やふきあえずのみこと》を，玉依姫《たまよりひめ》が鵜戸窟《いわや》からしたたりおちる清水で練りあげた飴で養育したという伝説にちなんでいる。昔は参詣《さんけい》の道に飴売女がいて客の袖《そで》を引き，押売りしていたといわれ，明治初年には宮浦の集落に売飴婦女100余人がいたといわれていることからも，生産量とともに参拝者の多かったことがしのばれる。

鵜戸さん信仰はシャンシャン馬による新郎新婦の参詣に代表される。参詣をおえると新婦は単衣《ひとえ》の着物に扱《しご》き帯，白の脚絆《きゃはん》，銀杏《いちょう》返しか桃割《ももわれ》の髪という姿でウマに乗り，新郎が草履《ぞうり》ばきの軽装でウマの手綱《たづな》を引いて歩く。シャンシャン馬の名の由来は，このウマの首につけた鈴が，シャンシャンと鳴ることに由来している。この風習はその姿から元禄《げんろく》(1688～1704)のころからはじまったと思われるが，大正時代初期まで続いたようである。

古くは，日向《ひゅうが》・薩摩《さつま》・大隅《おおすみ》3国の人びとがご利益《りやく》を求め，6～7歳までには親につきそわれて鵜戸街道を旅したという。10歳をこえてもなお参詣しないと恥とされたという言い伝えもある。また，村の代表者による代参の慣習もみられる。

このような篤い信仰から，結婚したら新郎新婦が産土神《うぶすながみ》である鵜戸神宮に参詣をするという習慣もうまれてきたものであろう。

「鵜戸さん参りは　春三月よ　参るハラセ参るその日が　御縁日ハアコンキ　コンキ」と三味線《しゃみせん》・太鼓に囃子《はやし》がついてうたわれるシャンシャン馬道中唄《どうちゅううた》は，県民の愛唱歌でもある。シャンシャン馬は1949(昭和24)年から宮崎神宮の大祭「神武さま」に登場するようになった。宮崎市およびその周辺の町からシャンシャン馬が選ばれ，秋の宮崎を彩っている。

ブシなどを専売化するが，油屋善兵衛の資金援助による和紙製造の振興がうかがえる。本殿は日南海岸の洞窟《どうくつ》内にある。現在の本殿は，1968(昭和43)年に修改築を行い，1997(平成9)年に屋根の葺《ふ》き替え，漆・彩色の塗り替えをおえ，あざやかに復元されている。例祭は2月1日で，四半的《しはんまと》大会・剣道大会で賑わう。

油津港《あぶらつこう》 ❷

〈M►P.182,186〉 日南市油津
JR日南線油津駅🚶10分

日南海岸を鵜戸から南下し，海沿いの道が松林のなかを走るよう

漁港以外でもさまざまな顔をもつ県南の代表港

平山(駒宮)神社

になると，そこが風《かぜ》田《た》地区である。この地はサトウキビ自生地の北限であり，古くからサトウキビの栽培，黒砂糖の生産が行われている。日南地区の名物料理「飫肥天」や「厚焼きたまご」はいずれも砂糖を使用して甘く仕上げてあるが，これもこの地域で古くから黒砂糖が生産されていることと無縁ではないだろう。

松林の右側の平山《ひらやま》には，平山神社(通称駒宮神社《こまみや》)がある。船つなぎの松や草履石《ぞうりいし》・駒形石と称する石がある。祭神は神武天皇で，『記紀』の伝承に由縁をもっている。近くの広渡《ひろと》川北岸に安政《あんせい》(1854～60)初期まで神宮寺があり，大馬場をもつ神社でもあった。例祭は11月5日である。また，煮花《はぜばな》祭が2月最後の日曜日に行われている。

油津駅周辺の史跡

油津港はかつては小漁港にすぎなかったが，飫肥杉の積出港として栄えるようになり，近年ではマグロ・カツオなどの遠洋漁業における水揚港，パルプの原料チップの陸揚港として，また木材・紙製品の積出港として県南地区経済の中心地になっている。油津港近くの堀川橋の西側の油津神社は，古くは乙姫《おとひめ》神社・吾平津《あびらつ》神社・乙姫大明神《だいみょうじん》ともよばれ，港町油津にふさわしく海の守り神として崇拝されている。

また，堀川河口近くの公園の

一角には，建碑以慰鯨霊魄ときざまれた，通称鯨魂碑《げいこんひ》がある。この碑には，江戸時代に嵐が続き，飢えで苦しんでいた油津の人びとが，浜に打ちあげられた１頭の大クジラのおかげで助かり，人びとはクジラの恵みに感謝し，クジラが子どもをはらんでいたため，手厚くとむらい供養《くよう》したといういわれがある。また，港から少しはいると，1930年代に賑わったマグロ通りがあり，現在も県南部の海の物流基地・レジャー・観光の拠点としての役割をになっている。この通り近くにある，通称赤レンガ館(国登録)は，1922(大正11)年に木材の倉庫としてたてられた風格のある３階建てで，約22万個のレンガが使われており，とくに通路のアーチ形のデザインは大正時代の面影をそのまま伝えている。

飫肥杉《おびすぎ》と堀川運河《ほりかわうんが》 ❸❹

〈M►P. 182, 186〉 日南市油津
JR日南線油津駅🚶10分

江戸時代から，林業の盛衰を見続ける運河

日南線を南下する車窓に，緑の濃淡に彩られる山々が連なる。温暖多雨の自然環境で成長する飫肥杉である。

飫肥杉の祖と称される野中金右衛門《のなかきんえもん》は，1761(宝暦《ほうれき》11)年に飫肥板《いた》敷《じき》に生まれ，30歳で山方奉行《やまかたぶぎょう》配下の植木方となり，120カ所におよぶ大木場という植林事業を推進し，飫肥藩財政をささえる飫肥杉をうみだした。飫肥杉は弾力性・耐久性・浮力に富み，造船材として適している。昨今は鋼鉄やプラスチックに押され気味だが，中国を中心にアジア諸国への輸出に活路をみいだしている。また，建築材としての見直しも進み，新技術の下で販路を拡大している。

堀川運河

広渡《ひろと》川河口と油津港を結ぶ堀川運河は，飫肥杉の輸送に欠かせないものであった。飫肥杉は，以前は広渡川・梅ヶ浜《うめがはま》・大節鼻《おおぶしばな》を経由して，筏《いかだ》流しで油津港に集められたが，外海にでるため危険なうえに時間も経費もかかる経路であった。そこで1683(天和《てんな》３)年，５

代藩主伊東祐実《いとうすけざね》は「一念岩をも通す，秦《しん》の始皇帝《しこうてい》は万里《ばんり》の長城《ちょうじょう》を築いた。何年を経てでも完成させよ」と命じ，中村與右衛門《よえもん》・田原《たはら》権右衛門《ごんえもん》を堀川奉行に任じ，かたい岩盤をのみで削るなどの難工事の末，1686(貞享《じょうきょう》3)年に堀川運河を完成させたのである。

1935(昭和10)年，大改修工事とともに大貯木場も設けられ，飫肥杉は全盛時代を迎えたが，最近ではトラック輸送に押されて筏をみることはまれになり，陸上輸送の進展のなかで堀川運河のはたす役割もかわってきた。台風時の船舶の避難場所としては今も重要視され，遊覧船の船だまりとして活用されている。油津駅から徒歩10分の観光案内所の2階からの見晴らしは往時をしのばせる風情がある。

潮嶽神社《うしおだけじんじゃ》 ⑤

海幸彦・山幸彦伝説ゆかりの神社

0987-55-3252

〈M►P.182〉日南市北郷町《きたごうちょう》宿野《しゅくの》 P

JR日南線北郷駅🚌大戸野《おおとの》行宿野🚶1分

北郷町は，鵜戸山系・鰐塚山《わにづかやま》・小松山《こまつやま》の連山に囲まれ，広渡川・黒荷田川《くろにた》・猪八重川《いのはえ》が合流する郷之原《ごうのはら》の平野部を中心に発展しているスギと渓谷と温泉の町である。

宿野前バス停に飫肥藩主に崇敬されてきた潮嶽神社がある。火闌《ほす》降命《せりのみこと》を主神とし，創建は古く，口碑によれば神武朝のころと伝えられ，領主はもとより広く一般庶民に崇敬された社《やしろ》である。現在の本殿は，1832(天保3)年に，13代藩主伊東祐相《すけとも》の寄進により造営された。流《ながれ》造・三方高欄で彩色がほどこしてあり，組物ならびに唐《から》獅子《じし》などの彫刻は華麗である。

潮嶽神社

また，この地方には海幸彦《うみさちひこ》・山《やま》幸彦の伝説に由来する縫い針の貸し借りをしない風習や，子どもの初詣《はつまい》りに健やかな成長を願って，額に紅で犬という字を書く慣習がある。

神社の前をとおる山仮屋《やまがりや》(飫肥)街道は，飫肥と北方の領内であっ

東郷の大クス

た清武町《きよたけ》を結ぶ道で，天正《てんしょう》〜慶長《けいちょう》年間(1573〜1615)に開かれた。

北郷駅からバスで油津に向かうと，5分ほどでビニールハウス群が右手に広がる。この大藤《おおふじ》地区は，摂氏50度でわきでる北郷温泉を利用した野菜の栽培で注目されている。温泉地には福祉医療施設も整い，宮崎の奥座敷として多くの湯治客が訪れている。

広渡川対岸の内之田《うちのだ》には，藩政時代の処刑場跡とされる首切地蔵《じぞう》や処刑場の石組みがある。1832(天保３)年，13代藩主祐相は堕胎を禁止し，違反者は子どもの父母とも斬刑《ざんけい》にし，耕地を没するとした。これを物語る史跡である。

北郷から日南方面へのバスに乗り，1689(元禄《げんろく》２)年以降天領となった松永をとおり，東郷《とうごう》支所でおりると，すぐ前の大宮《おおみや》神社の境内には，幹回り９m，樹齢700年以上と推定される東郷のクス(国天然)がある。

2 小京都飫肥

戦国時代有数の長期戦であった，島津氏と伊東氏係争の地。
現在はおちついたたたずまいの城下町。

飫肥城跡《おびじょうあと》 ❻

0987-25-4533（飫肥城歴史資料館）

〈M►P.182,191〉日南市《にちなん》飫肥十文字《じゅうもんじ》 P

JR日南線飫肥駅🚶15分

校庭に響く歓声を聞き、昔日の想いにふける

飫肥駅から西へ向かい，酒谷川《さかたに》にかかる稲荷橋《いなり》を渡ると，飫肥の商店街にはいる。国の「重要伝統的建造物群保存地区」に選定され，いたるところに江戸時代以来の名残りをとどめるこの通りのなかほどから北へ向かうと，正面に飫肥城跡の大手門がある。

飫肥城は飫肥院の跡といわれるが，その創建についてはあきらかでない。戦国時代に島津《しまづ》氏がはいり，伊東《いとう》氏と攻防が続いたが，ついに1568（永禄《えいろく》11）年に伊東義祐《よしすけ》によって攻略された。高原《たかはら》合戦（1576年）後，再び島津領となったが，1588（天正《てんしょう》16）年，豊臣秀吉《とよとみひでよし》が伊東祐兵《すけたけ》を飫肥に封《ほう》じ，以後，280年余り伊東氏の居城であった。

飫肥城大手門

飫肥城石垣

廃藩置県後，飫肥県から都城《みやこのじょう》県への移管と推移する過程で，館《やかた》・楼・櫓《やぐら》のすべてが壊された。平山城で，本丸跡は城内にある飫肥小学校グランドの西側，酒谷川にのぞんだ断崖《だんがい》のうえである。

1975（昭和50）年に飫肥城復元事業が計画され，藩校振徳堂《しんとくどう》

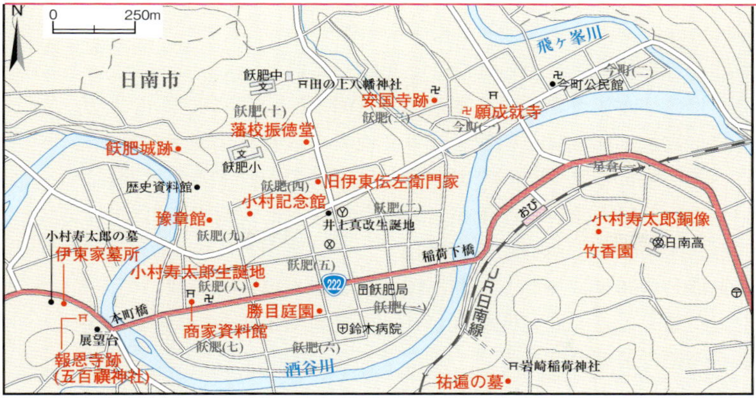

飫肥駅周辺の史跡

の改修，大手門と松尾《まつお》の丸の復元が進み，1979年に完成した。飫肥城歴史資料館には，刀工井上真改《いのうえしんかい》の刀・伊東氏の用度品・伊東マンショや小村寿太郎《こむらじゅたろう》の関係資料などを展示している。大きく曲流する酒谷川を自然の堀として，飫肥城を扇の要《かなめ》として広がる飫肥城下町は，まさに自然の要害《ようがい》のなかにあり，防御にすぐれた立地である。

藩校振徳堂《はんこうしんとくどう》 ⑦

〈M►P.182,191〉日南市飫肥十文字
JR日南線飫肥駅 🚶 15分

小倉処平・小村寿太郎らを輩出した学問所

飫肥城大手門から，空堀《からぼり》・武家屋敷に沿って東に200mほどいくと，飫肥藩の藩校であった振徳堂がある。飫肥藩には1801(享和《きょうわ》元)年に学問所ができているが，ささやかなものだったので，1830(天《てん》保《ぽう》元)年，13代藩主伊東祐相《すけとも》のときに新しく着工し翌年に完成，藩校として開校している。

振徳堂の名称は『孟子《もうし》』の「又従而振徳之」の章に由来する。開校と同時に安《やす》井《い》滄州《そうしゅう》・息軒《そっけん》父子を教授・助教に迎え，ほかに高山《たかやま》信濃《しなの》・落合雙石《おちあいそうせき》らを助教としている。振徳学規や達しは，幕末の難局を乗り切るため，文武両道・忠孝・和を尊ぶというように，儒教

振徳堂

を中心とした教育が進められたことを示している。

門下生に小倉処平《おぐらしょへい》がいる。小倉は1870(明治３)年に文部権大丞《もんぶごんのだいじょう》となり，貢進生《こうしんせい》(奨学生)制度を設けて優秀な人材を全国から集めている。また佐賀《さが》の乱(1874年)で敗走し飫肥にのがれてきた江藤新平《えとうしんぺい》をかくまい，禁固70日となるが，刑期をおえると大蔵省に出仕した。1877年，西南《せいなん》戦争で西郷《さいごう》隆盛が蜂起すると官職を辞して帰郷，飫肥隊を組織し西郷軍に加わったが，戦いに利なく可愛岳《えのたけ》の戦いで自刃《じじん》した。小倉のことを飫肥西郷という。生誕地は振徳堂に接し，墓所は楠原《くすばる》の歴史展望台にある。

振徳堂の100mほどさきには，旧伊東伝左衛門《でんざえもん》家がある。19世紀初めの建築と推定され，材料・工法ともに飫肥城下の近世武家屋敷の様相を知ることができる。坂をくだったところには，刀匠として名高い井上真改の生誕地がある。

伊東家墓所《いとうけぼしょ》 ❽

〈M ▸ P. 182, 191〉 日南市飫肥大字楠原 Ⓟ
JR日南線飫肥駅 🚶20分

歴代藩主の墓がたち並ぶ菩提寺

旧伊東伝左衛門家から南へいき，東西に走る本町通《ほんまちどおり》にでると，西端にかかる本町橋の正面に，展望台と報恩寺《ほうおんじ》跡がある。報恩寺は，飫肥藩主伊東氏の初代祐兵(報恩)のために建立《こんりゅう》された臨済《りんざい》宗妙心《みょうしん》寺《じ》派の寺で，伊東氏の菩提寺《ぼだいじ》であったが，1872(明治５)年に廃寺となった。

この跡に伊東氏の霊をまつるためにたてられたのが五百禩《いおし》神社である。伊東氏の日向《ひゅうが》入国以来，25代535年を経たことに由来する名だという。境内には山の崖《がけ》をいかした庭園，『日向地誌』をあらわした平部嶠《ひらべきょう》南《なん》の碑，十字架を彷《ほう》彿《ふつ》させる石灯籠《いしどうろう》がある。仁王《におう》像の奥に伊東家墓所がある。夫人たちの実家の家紋もさまざまで興味を

五百禩神社

泰平踊と飫肥城下まつり

コラム

祭

秋の日向路を彩る伝統的な踊りと祭り

盆踊りは，年に1度，庶民が武士のいでたちをして，城下で楽しむことのできるものであった。泰平《たいへい》踊(県民俗)もそのなかの1つで，腰に朱鞘《しゅざや》をおとしざし，朱房《しゅぶさ》結びの折編笠《おりあみがさ》を深くかぶり，伊東家の家紋羽二重熨斗《はぶたえのし》を背紋にした着流し，白足袋《しろたび》に白緒の草履《ぞうり》という姿で踊るのである。

元禄《げんろく》年間(1688〜1704)から盛んになった盆踊りには，三京《さんきょう》踊り(武士)，飫肥歌舞伎《かぶき》・奴《やっこ》踊り(町人)があって，元禄の太平を謳歌する踊りともいえる。5代藩主伊東祐実《すけざね》が，1707(宝永《ほうえい》4)年に武士の盆踊り参加を許し，報恩寺で盂《う》蘭盆供養《らぼんくよう》として藩祖祐兵《すけたけ》のために行ってから盛んになったという。幕末の1864(元治《げんじ》元)年には，世情を鑑みて年少者の参加を禁止したが，今町《いままち》・本町の歌舞伎踊りは参加を許可する旨の家老達しがだされている。

その後は衰退していたが，日露《にちろ》戦争を機に復活し，現在では，今町の鶴組，本町の亀組の2流がある。踊り手23人に太鼓方・三味線《しゃみせん》方・囃子《はやし》方を加えて約35人で編成し，武芸十八般《ばん》をかたどった踊りであるという。曲は江戸時代からのものだが，詞は門川加代子《かどがわかよこ》によるものといわれる。泰平踊りの見物にいちばんよいのは，10月第3土・日曜日に開催される飫肥城下まつりである。数々の出し物が行われはなやかな雰囲気のなか，町筋は見物客と名産品のおきよせんべいや飫肥天・厚焼きたまごなどを買い求める人びとで賑わう。

ひくが，「追腹《おいばら》」(殉死)ときざまれた墓石も一見の価値がある。また，墓所の一隅にある墓石は，天正遣欧使節の正使の1人伊東マンショの母町《まち》の上《うえ》のものといわれている。これに寄りそうような小さな墓は誰のものなのか判然とせず，大名の墓に並びたつ姿に興味がそそられる。隣接する墓地には，明治時代に外務大臣として活躍した小村寿太郎《こむらじゅたろう》の墓や，平部嶠南，西南戦争(1887年)にも活躍した伊東直記《なおき》らの墓もある。

伊東家墓所

小村寿太郎生誕地《こむらじゅたろうせいたんち》 ❾

〈M ▸ P. 182, 191〉 日南市飫肥 4 (通称本町)
JR日南線飫肥駅 🚶 10分

「無私」と「誠」をつらぬいた硬骨の外交官

飫肥城大手門から南へ恵美須《えびす》神社までが大手門通りである。大手門をでてすぐ左手に，国際交流センター小村記念館がある。日露戦争後のポーツマス条約の締結や，日英通商航海条約締結(不平等条約の改正)などに尽力した明治時代の外交官小村寿太郎の遺徳を顕彰し，国際交流・教育文化活動および世界に飛躍する人材育成に寄与することを目的に設置されたものである。小村に関する資料はもとより，当時の日本の政治・外交上の貴重な資料も多数展示されている。通りをはさんで斜め向かいにあるのが豫章館《よしょうかん》である。1869(明治2)年，飫肥藩主伊東祐帰《すけより》が藩知事になり移り住んだもので，名の由来は庭の北側にあった大クス(予章木)によるといわれる。借景を配した回遊式の庭園は飫肥三庭園の1つに数えられており，薬医門と広い庭園をもつ飫肥武家屋敷としては最高の格式のものである。

大手門通りの石垣や門構えを楽しみながら散策すると，左手に小村寿太郎生誕地の碑がある。碑文は東郷平八郎《とうごうへいはちろう》の揮毫《きごう》である。小村寿太郎は，1855(安政《あんせい》2)年に下級藩士の子として生まれ，7歳から14歳まで藩校振徳堂で学んでいる。長崎留学後，小倉処平による貢進生制度で大学南校《なんこう》(現，東京大学)に学び，アメリカのハーバード大学に留学して法律を専攻した。帰国後，司法

小村寿太郎の銅像(竹香園)と生誕地の碑(右)

祐遍和尚

コラム

人

赤面法印となった修行一筋の美男の僧

毎年8月3日の夜，酒谷川にかかる飫肥稲荷《いなり》橋の上流は，灯籠《とうろう》流しに訪れた人たちであふれる。この日は，赤面法印《あかづらほういん》とよばれ，今でも地元の人びとに親しまれている願成就寺《がんじょうじゅじ》5世祐遍和尚《ゆうへんおしょう》の命日である。

祐遍は，飫肥横馬場に生まれ仏門にはいった美男の僧で，托鉢《たくはつ》にでると，いくさきざきで娘たちや人妻までが待ち構え，墨衣の袖にしたためた手紙をしのばせるものまであったという。

修行に専心することを本分とする祐遍は，顔に熱湯をかけ，人も羨むその顔を焼けただれさせてしまった。以後，托鉢をしても祐遍であることに気づく人もなく，ようやく修行の本意をとげた。そして，誰ともなく祐遍を赤面法印とよぶようになっていた。

修行がなって5世となり，学徳並ぶもののない高僧として6世法印に伝法し，諸国行脚《あんぎゃ》にでることになった。祐遍は弟子たちに，自分の没後は新山寺《にいやまでら》の近くに白煙をたてるので，その地を墓地とするようにといい残して旅立った。

1627(寛永《かんえい》4)年，祐遍の言葉どおり新山寺の南200m，現在，赤面法印祐遍の墓所があるところに白煙がたちのぼったという。

祐遍の邪念をふり払い修行一筋に生きた姿に思いを馳《は》せ，近年は受験生が足を運ぶことも多くなっている。

省に仕官したが，のち外務省に転じた。駐清公使などを経て1901(明治34)年，第1次桂《かつら》太郎内閣の外相となり，ポーツマス条約を締結した。また，1911年には第2次桂内閣において条約改正により関税自主権の回復に成功し，同年11月に没した。

寿太郎の生誕地碑から南方へ10mほどで本町通りである。この地域の町並みは，1977(昭和52)年に日南市飫肥重要伝統的建造物群保存地区として国から選定された。本町通りには山林王山本五兵衛《ごへえ》家を移築した商家資料館があり，本町の古い町並みは商家資料館に展示されている版画によってしのぶことができる。また，勝目《かつめ》庭園

飫肥の旧武家屋敷通り

(県名勝)もわずか70m²の広さだが，枯山水の石庭として知られ，みておきたい場所である。今町の願成就寺《がんじょうじゅじ》5世住職祐遍《ゆうへん》による作庭と伝えられている。

伊東氏・島津氏の抗争の要衝にある供養碑

中ノ尾供養碑《なかのおくようひ》 ⑩

〈M►P.182〉日南市大字殿所1405－ロ
JR日南線飫肥駅🚶30分

飫肥駅から本町に向かうと5分ほどで稲荷橋があり，そのたもとから15分ほど石段をのぼりつめていくと，願成就寺5世赤面法印《あかづらほういん》祐遍の墓がある。その左手はサクラの名所竹香園《ちっこうえん》で，飫肥杉の祖野中《のなか》金右衛門《きんえもん》の顕彰碑や小村寿太郎の銅像(朝倉文夫《あさくらふみお》作)がたてられている。近年整備の進むこの一帯は，地元の人や隣接する高校の生徒たちの活動・憩いの場となっている。

飫肥駅から国道222号線にでて右に50m，左折して酒谷川にかかる橋を渡ると，飫肥城下の今町地区に着く。明治時代初期に，561戸中の86戸が商家だったところである。今町公民館の横を北東に山道をのぼると，20分ほどで中ノ尾供養碑(国史跡)がある。碑面に「山東軍三百余人打死為之尊容地」ときざまれている。この中ノ尾の地は飫肥攻略の要衝の地で，1484(文明《ぶんめい》16)年，櫛間《くしま》領主伊作久逸の依頼により伊東祐国《すけくに》が1万5000の兵を率いて攻めのぼり，1545(天文《てんぶん》14)年には祐国の孫義祐《よしすけ》と飫肥城主島津忠広《ただひろ》とが争い，さらに1547年，義祐が中ノ尾を攻めおとし陣地を構えている。1549年には島津軍が大挙して攻め入り，伊東治部少輔《じぶしょうゆう》以下200余人が討死したが，その戦死した将兵の首をおさめ供養したのがこの碑である。いわば敵方供養碑で首塚ともいわれている。

願成就寺

願成就寺(真言《しんごん》宗)は，今町の西100m，飫肥駅から北へ約5分のところにある。当初，伊東祐兵《すけたけ》によって飫肥城の鬼門《きもん》(東北の方角)にあたる板敷《いたじき》の山腹に創建されたが，元禄《げんろく》年間(1688〜1704)の城構築のときに，この地に移されている。明治初年の廃仏毀釈《きしゃく》で廃寺となるまでは，真言宗智山《ちざん》派智積《ちしゃく》院の末寺で，日向国における僧侶《そうりょ》や藩士の学問所としても用いられ，談義所《だんぎしょ》と称していた。1924(大正13)年に再興された。

本堂は1832(天保《てんぽう》３)年に13代藩主伊東祐相《すけとも》が寄進したものだが，参道の石段・境内の石垣は元禄初期のものである。本堂内には，飫肥三大寺の１つで1872(明治５)年に廃寺となった長持寺《ちょうじじ》の勅額《ちょくがく》がある。「勅賜長持禅寺」ときざまれ，裏面に「天文十一(1542)年十月五日」とある。

この寺の奥に安国寺跡《あんこくじ》がある。飫肥五カ寺の１つで，郷之原《ごうのはら》(現，北郷《きたごう》町)にあった安国寺が焼失したあと，1487(長享《ちょうきょう》元)年に島津氏が現在地に再建した。再建された年から1492(明応《めいおう》元)年までと1494年から1496年までの２度にわたり，寺の中興の祖で薩南《さつなん》学派の祖桂庵玄樹《けいあんげんじゅ》が訪れて雅会《がかい》をもよおし，教学に専心している。桂庵玄樹の書『島隠漁唱《とういんぎょしょう》』がそれを物語っている。

大迫寺跡石塔群《おおさこじあとせきとうぐん》 ⓫

〈M ▸ P.182〉 日南市吉野方《よしのかた》
JR日南線飫肥駅🚶40分

島津氏支配期の大伽藍跡

報恩寺跡から北西へ吉野方公民館を経て20分ほど歩くと，石造仁《に》王《おう》像が２体ある。腕の裏に島津氏の家紋がかすかに読みとれる。島津氏が飫肥からのがれるときに削りとったものであろうか。

仁王像脇の山道をのぼると，中腹に大迫寺跡石塔群(県文化)がある。大迫寺は，島津氏の支配時代に中山寺《なかやまでら》・阪本坊《さかもとぼう》など12の支院をもつ大伽藍《がらん》であった。伊東氏領となってからは，願成就寺の末寺となり，寺勢は衰え，明治初年には廃寺となっている。寺院周辺に散在していた石塔群は荒廃が著しいため現在の地に集められ，「文保《ぶんぽう》元(1317)」「永正《えいしょう》二(1505)年」の銘のある五輪塔や，「永仁《えいにん》三(1295)年」銘の板碑《いたび》や宝塔が残っている。損傷の劣化の激しかった仁王像の覆屋は平成14年度に改修が行われたが，今は訪れる人も少ない。

3 古い歴史をもつ漁港

目井津・外浦など，港が栄えた漁業の町。海岸部は日南海岸国定公園・日南海中公園となっている。

目井津港《めいつこう》周辺《しゅうへん》 ⑫

〈M ► P. 182, 198〉 日南市南郷《なんごう》町 P
JR日南《にちなん》線南郷駅 🚶10分

古くからの良港、今も遠洋漁業の拠点

南郷町は，東部の目井津港を中心とする遠洋漁業が盛んな町で，1973(昭和48)年から第5次港湾整備計画をスタートさせ，漁場も拡大し，県南随一の漁港として賑わった。水揚高は130数億円にのぼることもあったが，現在は漁業水域の設定や，魚の価格安と経費高で厳しい状況にある。

この目井津港をみおろす南郷城跡へいくには，JR大堂津《おおどうつ》駅で下車する。駅から西へ国道222号線を進み，大堂津大橋を渡り，細田《ほそだ》川西側の塩鶴《しおづる》集落の「城山」との案内板から坂を右にのぼると，標高約122mの山頂にでる。山の上部は数段に分かれ，本丸などのあった最上部には，東西100m・南北80m余りの平地があり，南側に石段の跡がある。

南郷駅周辺の史跡

伊東《いとう》氏が1601(慶長《けいちょう》6)年，島津《しまづ》氏に対する南部の拠点として構築したが，1615(元和《げんな》元)年の一国一城令で廃城となった。この城跡の北西部に飫肥《おび》藩初代藩主伊東祐兵《すけたけ》から12代藩主祐丕《すけひろ》までの僑墓《きょうぼ》12基がある。なお墓そのものは日南市楠原《くすはら》の飫肥報恩寺跡《ほうおんじあと》にある。

大堂津から南へ細田橋を渡り目井津港に至ると，その南部の海上につきでた山頂の一角が目井津城跡で，1530～1570年代に

コラム 人

南浦文之

江戸時代朱子学隆盛の基礎を築いた僧

南那珂郡南郷町目井津に西明寺《さいめいじ》がある。西明寺には，文之和尚《ぶんしおしょう》が6歳から修行した延命寺《えんめいじ》の跡がある。延命寺には，足利《あしかが》学校で学んだ天沢《てんたく》がおり，その下にあずけられた。

文之は，1555(弘治《こうじ》元)年に現在の南郷町外《と》ノ浦に生まれるが，このことが「南浦文之」の名の由来である。明《ミン》から帰朝した桂庵玄樹《けいあんげんじゅ》は，薩摩《さつま》島津氏の下で薩南《さつなん》学派を開き，薩摩・大隅《おおすみ》・日向《ひゅうが》の各禅院をめぐり朱子学を広めた。市木《いちき》の龍源寺《りゅうげんじ》でしばらく子弟の教育にあたり，弟子に一翁《いちおう》と月渚《げっしょ》をだした。文之は13歳からこの一翁に教えをうけ，ここで16歳まで学び，その後上洛《じょうらく》し，臨済宗大本山相国寺《しょうこくじ》などで学問に精進した。学問ができ，神童とも称すべき人であったようである。

帰郷し，薩摩の加治木《かじき》・財部《たからべ》などで活動し，藩の枢機に参加した。著書『鉄炮記《てっぽうき》』には，1543(天文《てんぶん》12)年にポルトガルの商船が種子島《たねがしま》に漂着し，鉄砲を伝えたときのことが書かれている。文之の学問は，江戸時代初期の儒者藤原《ふじわら》惺窩《せいか》らに影響をあたえるなど，日本朱子学史上に一画期を築いた。

かけて島津氏と伊東氏が争奪戦を演じたところである。現在は跡らしいものはないが，城のあった丘陵手前に霧島神社があり，ここから日南海岸を眺めることができる。

目井津港の前方2.5kmの沖合いに周囲約9.4kmの大島がある。13代藩主祐相《すけとも》のころには牧場があり，良馬への改良が試みられた。島の南部には，7等大型水銀槽で光度80万カンデラの鞍崎《くらさき》灯台がある。この灯台は1884(明治17)年に完成，日本最初の無筋コンクリート造りであることと，管理舎がフランス風木造建築であるため注目されている。

目井津港と虚空蔵山

目井津港から国道220号線を5分ほど西に歩くと，右側に法雲《ほううん》山延命寺《えんめいじ》跡がある。現在西明寺《さいみょうじ》(真言《しんごん》宗)になっている。1323(元亨《げんこう》3)年開山という禅寺で，1560(永禄《えいろく》3)年ごろには，桂庵玄樹《けいあんげんじゅ》の弟子で足利《あしかが》学校にも学んだ天沢《てんたく》という禅僧を中心に，串《くし》間《ま》市木《いちき》の龍源寺《りゅうげんじ》の一翁《いちおう》，飫肥安国寺《あんこくじ》の雲蔓《うんまん》・月渚《げっしょ》とともに日向《ひゅうが》における薩南《さつなん》学派の拠点となっていた。なお『鉄炮記《てっぽうき》』で有名な臨《りん》済《ざい》僧文之《ぶんし》は，6歳から13歳まで，この延命寺で天沢に師事している。

目井津港の北側に虚空蔵山《こくぞうざん》がある。この山は周囲650mほどの小島だったが，今は目井津港の堤防で結ばれて陸続きになっている。２代藩主伊東祐慶《すけのり》が，母松寿院《しょうじゅいん》の菩提《ぼだい》と海上安全の祈願とをかねて建立した虚空蔵堂があり，周辺の石碑には大漁を祈念したものが多い。また島内にはアコウ・ビロウなど亜熱帯植物群(国天然)が繁茂している。

外浦港周辺《とのうらこうしゅうへん》 ⓭

〈M ▸ P. 182, 198〉 日南市南郷町外浦 Ⓟ
JR日南線南郷駅🚌市木都井《いちきとい》線外浦🚶5分

遣唐使、日明貿易などで栄えた港

外浦でバスをおりると，外浦港がすぐにみえる。観音崎《かんのんざき》にあり，湾口を南東に開く湾に発達したこの港は，古くは飫肥湊《みなと》ともいった。7〜8世紀ごろは遣唐使《けんとうし》の風待地として，10世紀ごろは日宋《にっそう》貿易の基地となっていた。16世紀には，対明《ミン》貿易が盛んになり遣明船の寄港地になっていたと推定されている。飫肥地方は大内《おおうち》氏とのつながりがあったと思われ，飫肥安国寺住持《あんこくじじゅうじ》で，桂庵玄樹の流れをくむ月渚が，寧波《ニンポー》の乱(1523年)の講和副使として派遣されている。当時，勘合船《かんごうせん》は，堺《さかい》—土佐《とさ》沖—外ノ浦—琉球《りゅうきゅう》—明という経路が多かったようである。

埋立て以前には，1000石《ごく》積以上の船が10余隻，さらに200〜300石積の船が，40〜50隻程度入港が可能で，造船能力もあり，坊《ぼう》ノ津《のつ》と肩を並べる良港として利用された。また，伊東氏と島津氏の28年間９回におよぶ飫肥城をめぐる攻防戦も，良港であるこの外ノ浦港の争

外浦港

夫婦浦の海岸

奪戦に関係したとみられる。

港の入口には1863(文久《ぶんきゅう》３)年，外浦砲台３基が建造された。攘夷《じょうい》決行に伴って造営された砲台で，石塁が残っていたが，1968(昭和43)年，防潮堤構築の際に壊されている。

江戸時代中ごろ，外浦から目井津・塩鶴《しおづる》・下中村《しもなかむら》に至るまでの現在の集落は，ほとんど海中に没していたようである。旧日南農林高校付近の上《かみ》中村集落には，出船坊《でふねぼう》や，船岡権現《ふなおかごんげん》といった海にちなむ地名が残っている。

干拓の歴史のなかで松田堤《まつたつつみ》と名づけられた堤は，現在もその形を残している。脇本《わきもと》下中村の堺・尾崎から塩屋権現の森までの約430mと天越《てんごえ》から塩屋権現までの約210m・幅９mがそれで，この間２カ所に水門を設け，決壊防止のためタケを植えている。工事の開始がいつかは不明であるが，在地の豪農松田理右衛門《りえもん》が発案し，３代藩主伊東祐久《すけひさ》の許可を得て，1650(慶安《けいあん》３)年完成した。

干拓事業は波による浸食・決壊，財政難などに悩まされながらも継続され，縦じまの模様に横じまの布で繕った横ふせの袴《はかま》をはいた武士を人柱にたてたとか，それはお塚という娘だったとか，またその場所は堤の中央にある塩屋権現であるなどの伝説をうみだした。1834(天保《てんぽう》５)年ごろから大正年間にかけて，外浦を北東から潟上川《かたがみ》の南西へ一直線に横切る新堤や，潟上川に沿った外堤など，徐々に拡大され，今日に至っている。

港からでる水中観光船では，ガラス張りの船底から，サンゴや熱帯魚などの海中の景色をみることができる。また，港から国道448号線を南に２kmほどいった贄波《にえなみ》から夫婦浦《みょうとうら》の海岸風景もすばらしい。

湖雲《こうん》が城跡《じょうあと》 ⑭

〈M►P.182,198〉 日南市南郷町脇本《わきもと》
JR日南線南郷駅🚶20分

脇本の庄《しょう》の峯《みね》地区，俗に茶碗山《ちゃわんやま》とよばれる丘陵に，大小３基のド

戦国時代、伊東・島津の攻防の地

ーム型の脇本焼の窯が保存されている。1873(明治6)年ごろ，一説では1893年ごろから，平戸《ひらど》出身で外浦の塩田開発に参加していた谷口巽《たにぐちたつみ》以下8人が，この地で陶器製造をはじめた。陶土は天草《あまくさ》(現，熊本県)や川内《せんだい》(現，鹿児島県)から搬入していたといわれるが，販路や原料難から1904年ごろ中止され，陶工は離散したようである。若干の製品が地元の好事家《こうずか》に保存されているが，評価も不詳のまま，窯だけが名残りをとどめている。

脇本窯から南東へ10分ほどいくと，中尾《なかお》地区に湖雲が城跡がある。この城は南部の串間《くしま》に対する要地として，天正《てんしょう》年間(1573～92)には伊東・島津両氏の抗争・争奪の地となった。城主は肝付《きもつき》氏である。肝付氏は代々伊東氏と同盟関係にあったが，伊東氏は1572(元亀《げんき》3)年の木崎原《きさきばる》合戦以降衰退し，天正年間になると島津氏の攻勢が激しくなった。このため肝付氏は島津氏にくだり，島津氏に対して二心ないことのあかしとして，伊東氏と内約のうえで，鏃《やじり》をつけない矢や空砲での合戦を仕組んだ。しかし手違いか，計略か，伊東氏は実弾で対戦し，島津側大将安楽下総介《あんらくしもうさのすけ》以下を全滅させた。津屋野《つやの》には安楽下総介の墓があり，脇本に伝わる臼太鼓《うすだいこ》踊りは，合戦の翌日である旧暦6月16日，供養のため農民たちがこの戦いの様子を踊りにして，奉納したものという。

榎原神社《よわらじんじゃ》 ⑮

0987-68-1028

〈M ▸ P. 182〉 日南市南郷町榎原甲《こう》 Ⓟ

JR日南線榎原駅 10分

歴代飫肥藩主から篤く崇敬された神社

榎原駅から北へ約700mのところに，鵜戸《うど》神宮(日南市)を勧請《かんじょう》して，飫肥藩内の護国《ごこく》神社とした榎原神社(祭神天照大神《あまてらすおおみかみ》ほか5神)がある。榎原大権現と古称され，鵜戸山大権現とともに，飫肥の御両社と称された。この神社は1658(万治《まんじ》元)年に飫肥藩3代藩主伊東祐久の創建で，現在の本殿(県文化)は1707(宝永《ほうえい》4)年の建築，八棟《やつむね》造の銅板葺《ぶ》きである。楼門と鐘楼(ともに県文化)をもつ。

境内には樹齢600年以上，幹回り6m以上の男グスと女グスや，夫婦杉とよばれる幹回り3mの2本のスギの大木があり，荘厳な雰囲気である。縁結びの神として，11月8・9日の大祭には近在の参拝者も多い。

榎原神社の正面には，1798(宝暦《ほうれき》10)年建立《こんりゅう》の桜井《さくらい》神社がある。

榎原神社本殿(右)と桜井神社

桜井神社には，榎原神社創建にまつわる伝承がある。高鍋《たかなべ》藩の家臣内田外記《うちだげき》が，飛び地の串間の地頭《じとう》として赴任してきた。そして1620(元和《げんな》６)年に女子が誕生して，名を満寿子《ますこ》とつけた。満寿子が３歳のとき，父とともに南郷橋之口《はしのくち》村石之元《いしのもと》に移住した。満寿子は幼少より鵜戸神宮を尊崇していたようである。1640(寛永《かんえい》17)年，21歳のとき，鵜戸神宮に参籠《さんろう》し，翌日の９月９日帰途のおり，にわかに神がかりの身となる。その後連日のように参拝し，１本歯の下駄《げた》をはき短時間で往復し，そのおりにはいつも雲がおりてきたという。

父外記は，榎原村地福寺《じふくじ》の僧精能《しょうのう》にきてもらい祈禱《きとう》を頼もうとしたが，満寿子が強く断わった。それならということで神気があるかどうか試してみることになり，問いに答えたという。こののち満寿子は自筆の教本を神典《しんてん》と称して説法し，また種々の奇跡を示したので，榎原の神女寿法院《すほういん》とよばれた。このことが藩主の耳にはいり，1656(明暦《めいれき》２)年に伊東祐久がみずから満寿子を訪ねたが，そのとき満寿子が榎原神社の創建を建言し，祐久がたてて，鵜戸神宮の分霊を奉祀《ほうし》したという。満寿子は伊東家の守護神としての榎原神社を保護し，1670(寛文《かんぶん》10)年，51歳で死去，その霊社として桜井神社が建立されたという。毎年３月15日に御通夜祭《おつやさい》，16日(満寿子の命日)に御縁日祭《ごえんにちさい》が行われ賑わっている。

4 異国情緒を残す串間

高鍋藩秋月氏の飛び地として治められた要地。中国周時代のものとされる穀壁が出土している。

永徳寺《えいとくじ》 ⑯
0987-72-3144

〈M►P. 182, 206〉串間《くしま》市北方《きたかた》 Ⓟ
JR日南線日向《ひゅうが》北方駅 🚶25分

足利将軍継嗣争いにまきこまれた寺

日向北方駅から国道220号線を日南市方面に300mほど歩くと，左手に旧郷社《ごうしゃ》の串間神社（祭神彦火火出見尊《ひこほほでみのみこと》ほか12神）がある。創建は不詳であるが，室町・戦国時代には，この地の領主によって社殿が建立《こんりゅう》されている。江戸時代にはいり，秋月《あきづき》氏が高鍋《たかなべ》藩主になってからは，正《しょう》一位福島総社として毎年9月に奉弊使を派遣した。2月20日に行われるねたろう神祭りは，祭神の彦火火出見尊と南東約1kmのところにある女躰大明神《にょたいだいみょうじん》にまつられている妃の豊玉姫命《とよたまひめのみこと》が，1年に1度会うという神事である。

日向北方駅の南東約2kmのところに富春山永徳寺（臨済《りんざい》宗）がある。1135（保延《ほうえん》元）年創建。本尊は木造薬師如来《やくしにょらい》立像。この寺に，室町幕府6代将軍となった足利義教《あしかがよりのり》と将軍継嗣をめぐって争い，謀反の罪により都を追われた異母弟大覚寺義昭《だいかくじぎしょう》（尊宥《そんゆう》）が隠れたと伝えられている。義昭には僧源澄《げんちょう》がしたがっていたが，源澄の兄が北《きた》諸県《もろかた》郡中郷《なかごう》村遠田《つだ》におり，それを頼ってきた。近在の諸将に味方するよう働きかけたが逆にお尋ねものだという風聞が広まり，高山《こうやま》の肝付兼忠《きもつきかねただ》にも寄留をことわられ，永徳寺におちついた。しかし，義昭が農民に託した書状を奪われたことにより将軍に知られ，1441（嘉吉《かきつ》元）年島津忠国《しまづただくに》に襲撃され自刃した。義昭の死後，祟りがおこったので，金谷《かなや》城外に祠《ほこら》をたて，霊をまつり祭礼を行ったことが，福島大明神の祭文《さいもん》にみえる。

串間神社

永徳寺の本尊薬師如来については，つ

永徳寺

ぎのような言い伝えがある。1135年，都井《とい》の立宇津湊《たちうづみなと》の沖に怪し火がみえた。漁師13人が網をいれ，引き上げてみると如来像だった。堂をつくり大事に安置していたが，この如来は北方永徳寺に移してまつれという仏のお告げがあったので，この寺にまつったのだという。

永徳寺の境内奥に泉があり，ここに刀匠三条小鍛冶宗近《さんじょうこかじむねちか》が刀の切っ先できざんだ不動明王《ふどうみょうおう》の磨崖仏《まがいぶつ》がある。宗近は罪をおかし西《にし》薩摩《さつま》に流され，そこで刀工波ノ平正国《なみのひらまさくに》に鍛冶を学び，のち羽ケ瀬《はねがせ》に住み，制作にはげんだ。その後許されて帰京し，三条に住み名工となった。

日南線日向大東《おおつか》駅で下車，国道220号線を日南市方向へ5分ほどいくと古大内《ふるち》に着く。ここには地頭野辺《じとうのべ》氏の墓がある。また，日向大東駅より県道3号線を北西へ車で約10分いくと大平《おおひら》に着く。大平には藩政期千数百町歩にもおよぶ放牧場があり，朝鮮からのウマを放牧した。牧場跡の堀が今でも残っいる。当時の牧奉行《まきぶぎょう》は人徳が高かったが，藩の俸禄は少なく，防備にも欠くありさまで，奉行は隠れて若者に武術を教えたという。村人が牧奉行の徳を後世に伝えようと，大平小学校南側にある聖《ひじり》神社がつくられ，建立の祭典当日に神前で舞ったのが大平の棒おどりの始まりとされている。

櫛間城跡《くしまじょうあと》 ⑰

〈M ▸ P.182,206〉串間市西方《にしかた》
JR日南線串間駅🚌風野《かぜの》行上町《かみまち》🚶5分

シラス台地を大規模な空堀で区切った城の跡

上町バス停から西へ300mほどいくと，上町グラウンド後方に櫛間城跡がある。この城は南北朝時代の初めに，地頭野辺《のべ》氏が築いたものである。

旧福島《ふくしま》町を中心とするこの地域には，荘園《しょうえん》公領制の時代には，櫛間院とよばれる300町歩ほどの広さの荘園があったことが，「建《けん》久図田帳《きゅうずでんちょう》」にみえる。源頼朝《みなもとのよりとも》が鎌倉幕府を開いたころは，宮崎郡に属し，地頭は島津忠久《しまづただひさ》であった。その後，地頭はかわり，南北

西林院秋月氏の墓

朝のころに野辺氏が地頭職を得た。

戦国時代になり野辺氏も滅亡し，伊東《いとう》氏と島津氏の争乱がおこった。争いは1587(天正《てんしょう》15)年に秋《あき》月種長《づきたねなが》が3万石を知《ち》行《ぎょう》して櫛間をおさめるまで続いた。はじめ秋月氏は櫛間城にはいったが，のち高鍋《たかなべ》に移り，この福島には代官所をおき，高鍋藩で飛地領として統治した。JR串間駅の北西300m，徒歩5分のところに串間市役所があり，ここが代官所の跡である。

櫛間城跡の協に西林院《さいりんいん》(臨済宗)がある。その一隅，杉木立に囲まれたなかに石柵《さく》を四囲にめぐらして3基の墓がたっている。高鍋藩主秋月氏の墓である。西から，1596(慶長《けいちょう》元)年に没した秋月種実《たねざね》，中央は種実の三男石見守種守《いわみのかみたねもり》，そして種実の室青松《せいしょう》院《いん》の墓と伝える。

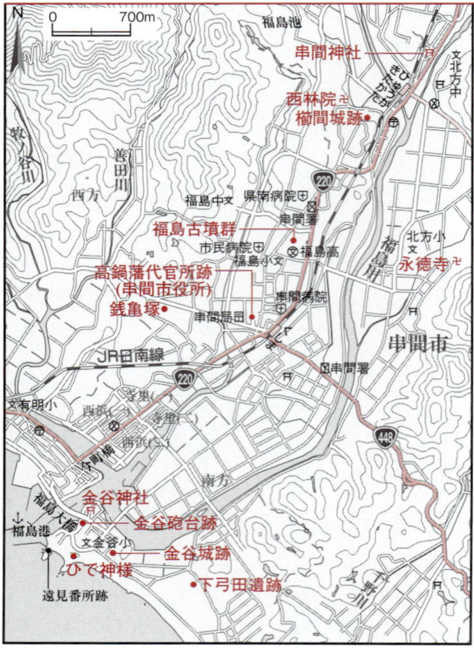

串間駅周辺の史跡

市の中心部には霧《きり》島塚《しまづか》・剣城《つるぎじょう》塚・毘《び》沙門《しゃもん》塚などをはじめとして各地に古墳が残っており，総称して福島古墳群といわれている。串間市中央公民館の敷地内に銭亀塚《ぜにがめ》があり，1953(昭和28)年の県教育委員会による発掘調査で，蜻蛉玉《とんぼだま》(ガラス製の丸玉)が出土し，地方豪族が海外と交易を行ったことを思わせる。串間市内にある県指定史跡の古墳は約30を数える。

串間駅から車で県道112号線を西へ約5分いくと鹿谷《しかたに》地区に着く。鹿谷公民館を少しすぎると鹿谷石造阿弥陀《あみだ》三尊坐像が，道路の右手脇にある。岩壁に丸彫りにされた磨崖仏で，高さ2.5m・幅1.2mほどである。磨崖仏の少ない宮崎県にとっては，貴重なものである。

県道を山間部へ向かって車で約15分いくと，笠祇《かさぎ》にはいる。標高444mの山頂に笠祇神社があり，そこから5mで鹿児島県との県境になっている。この神社はウマの神様といわれ，昔，馬を運ぶ船が高松沖で時化《しけ》にあい難破したが，ウマは海を泳ぎ渡り助かったことに由来している。馬小屋に貼るお札があり，農家に親しまれてきた。

櫛間城跡から北へ1kmほどいったところが桂原《かつはら》地区である。1720(享保《きょうほう》5)年，高鍋藩が西方《にしかた》の桂原から南方《みなみかた》の塩屋原《しおやばる》にかけて用水路を開削した。約6kmの水路は現在も70haを灌漑《かんがい》している。嘉永《かえい》年間(1848～54)に，西方につくられた4つのため池は，福島池とよばれている。さらに塩屋原では製塩が行われ，文献によると南方村が60戸，西方村は50戸が製塩を生業《なりわい》としたとある。また，塩宿《しおやど》が福島の塩屋原に2軒，塩町に1件おかれ，享保年間(1716～36)により一層と盛んになったようである。塩買人は塩宿に泊まり，塩宿は仲介にあたり，口銭《こうせん》をとっていた。山地からの塩買いが多かったようである。製塩業は1945(昭和20)年ごろまで続いた。

金谷砲台跡《かなやほうだいあと》 ⑱

〈M►P.182,206〉 串間市南方《みなみかた》
JR日南線福島今町駅《ふくしまいままち》 徒歩20分

緊迫の時勢に造営された砲台跡

福島今町駅から国道220号線を南東に向かい，今町橋信号を直進して道なりに進み，福島大橋を渡った左手，福島川河口の金谷神社参道西側の海岸沿いに金谷砲台跡がある。金谷砲台は1862(文久《ぶんきゅう》2)年に築造され，大砲10門を有した。高鍋藩10代藩主秋月種殷《たねとみ》は文武を奨励し，海防にも力をいれた。串間代官横尾潜蔵《よこおせんぞう》は洋学にも精通し，間口約36m・奥行15mのみごとな砲台をつくりあげ，大砲も火薬も高鍋藩内で製造した。砲台は前方を凹形にし，堅固な石で高さ1.5mほどの土手を築いた。大砲は，藩内の寺院の梵鐘《ぼんしょう》などを集め

金谷砲台跡(中央の丘)

鋳造し直して製造したため，強力な火薬は使用できず，射程距離も1000m程度であった。平時は金谷(現在の鈴木重格《しげのり》邸内)の格納庫にしまったという。

砲台跡の北側すぐに金谷神社がある。室町幕府4代将軍足利義持《あしかがよしもち》の継嗣をめぐって，足利義教との争いに敗れて自害した大覚寺義昭をまつる。1498(明応《めいおう》7)年，後土御門《ごつちみかど》天皇より福島大明神《だいみょうじん》の神号を賜わった。

砲台跡から海岸に向かって少しいくとひで神様がある。郷土史家の研究によると，義昭と義昭に殉じた僧源澄のためにつくられた供養塔ではないかという。明治時代，西南《せいなん》戦争で西郷《さいごう》軍がこのひで神様近くに陣を構えた。

ひで神様の東，志布志《しぶし》湾をもっともよく見渡せる場所に，遠見《とおみ》番所がつくられ，海上の警戒にあたっていた。今も2m四方ほどの石垣が残っている。

金谷砲台跡から南東に徒歩5分で金谷城跡に着く。一時，高鍋藩6代藩主秋月種実の居城となったが，現在遺構はない。

金谷城跡の東約1.5kmの下弓田《しもゆみた》には，縄文《じょうもん》時代の下弓田遺跡がある。1959(昭和34)年に調査が行われ，包含層の下層から下弓田式土器が出土した。

櫛間《くしま》湊《みなと》 ⑲

〈M►P.182〉串間市本城《ほんじょう》
JR日南線串間駅🚌串間都井線上千野《かみちの》🚶5分

中世に栄えた対明貿易基地

本城の下《しも》千野から崎田《さきた》にかけての内湾を，櫛間湊といっていた。串間地頭野辺盛久《もりひさ》が，2隻の貿易船で明《みん》と貿易をしたと『海東諸国紀』には書いてある。

1546(天文《てんぶん》15)年のポルトガルの航海者ジョルジ・アルヴァレスの報告のなかに，九州東海岸の湊が紹介され，根占《ねじめ》・湊・外ノ浦《とのうら》・細島《ほそじま》などがみえる。当時の港湾能力は，現在の一里崎《いちりざき》海水浴場周辺で

穀璧

コラム

直径30センチをこえる、完全な玉器

1818(文政元《ぶんせい》)年，福島今町の百姓佐吉《さきち》が，王之山《おうのやま》にある自分の畑の古墳を掘ったところ，石棺《せっかん》が出土し，そのなかに古玉や鉄器など30余品とともに，穀璧《こくへき》があった。伊勢《いせ》国生まれの探険家松浦武四郎《まつうらたけしろう》は，知人であった本庄《ほんじょう》村(現，国《くに》富《とみ》町)の稲荷《いなり》神社の神官から，酒席で佐吉が珍しいものを掘りだした話を聞き，その穀璧を手にいれた。のちに美術品などを集めていた加賀前田《かがまえだ》家に高額で売却した。

穀璧とは，硬質ガラス製の玉で，中国周《しゅう》時代のものとされ，子爵《ししゃく》の位のものに王が印としてさずけたといわれる。

串間で出土した穀璧は直径33.3cm・厚さ6mmの円形で，中央に丸い孔《あな》があり，鳥や竜，穀物などの文様がある。現在，国内でももっとも大きく欠損もない，完全なものである。

佐吉が掘りだした場所には数説あり，現在，串間市や宮崎県が再調査を進めている。また，この穀璧の所有者が誰かについても諸説がある。奴《な》の国王説，狗奴《くな》国王説，卑弥呼《ひみこ》からの戦利品説，楽浪《らくろう》・帯《たい》方《ほう》郡などからの太守《たいしゅ》亡命説，中国春秋《しゅんじゅう》時代呉王夫差《ごおうふさ》の子孫亡命説などがあって，はっきりしていない。

穀璧は現在は東京の前田育徳会に所蔵され，串間歴史文化会館資料室に複製がある。

1000石船以下が５隻，崎田も1000石船が５隻，江切《こうぎり》の港は400石以下の船が２～３隻停泊できたらしい。

1596(慶長《けいちょう》元)年，前左大臣近衛信尹《さきのさだいじんこのえのぶただ》は豊臣秀吉《とよとみひでよし》の怒りにふれ薩《さつ》摩《ま》に流された。のち，許されて志布志で乗船，櫛間湊から船出したと文献に記されている。

櫛間湊

文化の面では日州《にっしゅう》福島出身の等芸《とうげい》がいて，雪舟《せっしゅう》門下として知られていた。島津氏が学僧を招来し優遇したことにより，薩摩から日南にかけて薩南《さつなん》学派が台頭した。櫛間の湊に対しては市木《いちき》の龍源寺《りゅうげんじ》，外ノ浦に対しては飫肥《おび》の安国寺《あんこくじ》が中心をなしていた。これらの湊には貿易上の必要から船宿がつくられ，崎田の湊では山崎家が船宿であった。

串間駅から国道448号線を４kmほど南東に向かい，下代田《しもしろだ》の忠霊塔手前を右にはいると，ちじゅ様という小さな社《やしろ》がある。『日向民話集』や『宮崎の伝説』にはつぎのような記述がある。

昔，師走《しわす》の暮れに年老いた托鉢《たくはつ》僧がやってきた。僧は飢え，また咳《せき》を病んでいた。首にかけている袋のなかには食物はなく，家の門口にたっても布施するものはいなかった。空腹にたえかねた僧は，無意識に自分がもっていた杖《つえ》で山崖《さんがい》のくぼ地をついた。すると水がわきだし，この水を飲んで十数日露命をつないだ。人の世の冷たさに絶望していた老僧は，その後は人からの施しをうけるのをやめ，水ばかり飲んで死んだ。老僧の死は村人の心を強く打ち，村人たちは祠《ほこら》をたて老僧をまつった。「咳の神様」とよばれ参拝者も多い。

本城の崎田から海岸をまわると永田に着く。腫物《はれもの》やイボ，アザなどに効験《こうけん》があるというけんこう様は，永田の石段をのぼりきった眺望のよいところにある。

龍源寺跡《りゅうげんじあと》 ⑳

〈M ▸ P.182〉串間市市木《いちき》
JR日南線南郷駅 南郷市木線市木 5分

今も昔も学問の地である
臨済宗寺院跡

市木バス停から南へ５分ほど歩くと，龍源寺跡に着く。龍源寺は臨済宗寺院で山号を瑞雲山といい，阿弥陀如来《あみだにょらい》を本尊とした。江戸時代には，龍源寺を中心とする僧侶《そうりょ》たちの文化がここにあった。明治時代の廃仏毀釈《きしゃく》で廃寺となり，跡地は現在，市木中学校となっている。桂庵玄樹《けいあんげんじゅ》が島津忠昌《ただまさ》の招きで薩摩にはいり，のち龍源寺で僧俗の教化にあたり，桂庵の高弟の月渚《げっしょ》も，一時龍源寺で教えている。外ノ浦生れの文之《ぶんし》も龍源寺で学んだ。文之の『鉄炮記《てっぽうき》』に，ポルトガル船が漂着したとき，日州龍源寺の僧が仏法修行のために種子《たねが》島にきていた。この僧は経書につうじ，筆を揮《ふる》うこと敏捷《びんしょう》なりという。船にのっていた五峰という人物も，文字をもって通訳にあたった旨が記されている。

県道48号線を東へ２km，市木の石波《いしなみ》に安産の神岩折《いわおれ》神社がある。流罪《るざい》にされた姫が難産で苦しんでいたとき，苦しさにたえようとかかえていた岩を，力みすぎて引き割いたので，のちに岩折神社と称

本城の干潟

コラム

シオマネキが顔をだす
串間の自然財産

串間市の市街地から国道448号線を都井《とい》岬方面に向かい，本城《ほんじょう》地区の中心から本城漁港方面へ5分ほどいくと，そこに広大な遠浅の砂泥地が広がっている。ここが本城干潟《ひがた》である。

干潟とは，川から運ばれてきた砂や泥が河口や海岸にたまり，潮が引いている間だけ顔をだす平坦《へいたん》な土地のことである。干潟には川と海の生物が共存しており，非常に多種類の生物が生息している。

本城干潟には，絶滅危惧種《きぐしゅ》に指定されているシオマネキもおり，環境省の重要湿地500カ所の1つに選ばれている。

串間市は「水辺環境保全都市」を宣言している。本城の干潟，「日本のなぎさ100選」の1つ市木《いちき》海岸，県内でもっとも早くホタルがみられる千野《ちの》川などもあり，メダカをふやす市民運動もある。串間市の自然と文化財を市民共通の財産として，子々孫々に伝えていこうという動きが広がっている。

本城干潟

して姫をまつったといわれる。

岩折神社から東へ約2km，石波の海岸樹林（国天然）は，タチバナ・ハマカズラの自生地として有名である。そのほかリュウビンタイ・シャリンバイ・ヤブミョウガなどがある。

石波の海岸樹林の沖合いに幸《こう》島がある。周囲約3.5km・高さ113m。ここに約100匹のニホンザルがいて，古来，神の使いとして保護されてきた。この幸島サル生息地（国天然）は，離れ島で純粋な生態研究ができることから，第二次世界大戦後まもなく京都大学教授今西錦司《いまにしきんじ》らにより，研究がはじめられた。日本ではじめて野生

幸島サル生息地

ザルの餌《え》づけに成功し，京都大学霊長類研究所が設置され，観察研究が続けられている。サル１匹１匹に名前をつけ，家系図もつくられている。

そして幸島のサルは，１匹のサルが海水でイモを洗ったことが，ほかのサルにもうけつがれた「文化猿」として，さらに有名になった。研究に協力している三《み》戸《と》サツエは，長年サルを観察し，貴重な記録を残している。また,「幸島の日本ザル自然群における赤ん坊の社会的発達過程に関する研究」は文部省奨励賞を受賞した。

都《と》井《い》岬《みさき》 ㉑

〈M►P.182,213〉串間市都井　P
JR日南線串間駅🚌岬線都井岬🚶3分

100頭の日本在来馬の生息地

バスは途中，本城・都井の町を通過し，やがて都井岬に着く。都井岬はソテツの自生地で，野生の岬馬の繁殖地(ウマと繁殖地ともに国天然)でもある。左右に太平洋をみながら，岬へ続く山道を走るとき，道路と隔てる柵《さく》があることに気づく。これは駒止《こまどめ》の門といって，100頭余り生息する岬馬の保護柵である。ここのウマは純粋な日本馬といわれ，体高は130cm程度と小さいが，頭が大きく，骨格もがっしりしている。毛色は鹿毛・青毛が多い。純粋な日本の在来馬はここだけしか生息しないことがわかり，貴重な学術資料となっている。

この地での馬の飼育は，元禄《げんろく》年間(1688～1704)に高鍋藩の七牧の１つとして都井御《み》崎《さき》牧が設けられたことにはじまる。小《こ》松《まつ》ヶ《が》丘《おか》と扇《おおぎ》山《やま》の２つの峰があるため，２カ所に分けて飼育されている。水飲場の奪いあいから，激しい争いがときどきみられる。野生馬の研究は，単に馬の社会の研究だけでなく，比較社会学の貴重な資料である。

都井の岬馬

都井岬の火祭り

コラム

祭

大蛇退治の様子を今に伝える
炎のとび交う祭り

大昔，都井《とい》がまだ荒井谷《あらいだに》とよばれていたころ，樹木がうっそうとして斧《おの》をいれたことのない千古の森であった。妖怪変化《ようかいへんげ》がときどき出没してその危害は大きく，とくに恐れられたのは大蛇であった。

村中の人たちが協議して大蛇を退治しようとした。けれどもその当時は大砲もなければ鉄砲もなく，どうすることもできなかった。真光寺《しんこうじ》の住職に衛徳坊《えいとくぼう》という勇敢な僧侶がいた。衛徳坊は慈悲深く徳の高い名僧で，人民の悲惨な様子をみるにしのびず，みずから先頭にたち，大蛇退治を決行した。ヘビは火をこわがるので，火攻めを行った。

勢子《せこ》と一緒に全員松明《たいまつ》をもち，四方から狩りたてたところ，大蛇は岩の間に逃げいったので，松明を大蛇の口に投げ込み呪文《じゅもん》をとなえると，大蛇は口から血を吹きだし，退治することができた。

このことを記念して，時を8月十五夜と定めて，めでたく秋の月を祝うことにした。村の続く限り伝えようと，マツやタケを切りだす場所も一定し，切り初めをする人，穴を掘る人，つとをつくる人，火玉(松明)を投げはじめる人も世襲的に決まっていた。

現在の都井岬の火祭りは，トントコトッテ(頓斗とった)エイトクボウヤ(衛徳坊や)の音頭をとって，大蛇を押したて松明を投げて口にいれ，体全体に火をつけて退治の様子を示している。

車窓からの美しい景色とともに進むと，やがてみえてくる岬突端の白い灯台が，都井岬灯台である。創設当時は石油ランプを使用していたが，1944(昭和19)年の電化に伴い，光源の明るさと灯台の海抜高度の高さから，かつて光達距離の長さでは東洋一といわれたこともあり，漁船や近海航行の船の大切な海の道しるべとなっている。灯台から北西に荒崎《あらさき》の海岸がみえる。南西に大隅《おおすみ》半島をのぞみ，北東に宮《みや》浦《うら》港がみえる。夜間には，沖に漁《いさり》火《び》が美しくみえる。

都井岬の灯台へいく道から分かれ，海岸へ5分ほどくだると御崎《みさき》神社に着く。背後に断崖をおい，天然の岩穴を利用してつくられた小さな社で，周囲に自生ソテツ(国天然)があり，

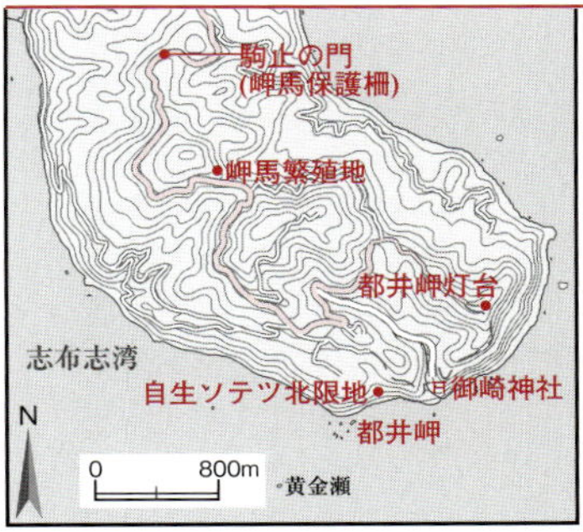

都井岬の史跡

御崎神社

その北限地とされている。御崎神社は708（和銅《わどう》元）年の創立で，上筒男《かみつつのお》・中《なか》筒男・下《しも》筒男の３柱をまつっている。昔から海の神様として知られ，近在からの参拝者が多い。

岬の中央には，郷土の歌人若山牧水《わかやまぼくすい》の「日向の国　都井の岬の青潮に　入りゆく端に　ひとり海みる」ときざまれた歌碑がある。

あとがき

旧版の『宮崎県の歴史散歩』は，1971(昭和46)年から編集作業がはじまり，刊行されたのが1976年であった。つづいて新版は，1985年から編集作業がはじまり，刊行されたのが1990(平成２)年であった。そして今回の改訂版は，編集会議が2002年７月に招集され，2006年にようやく出版できる見通しがついてきた。

新版から改訂版までの間(1990〜2005年)，宮崎県は大きな出来事が目白押しであった。出版では，なんといっても宮崎県置100周年記念事業の一環として編纂された『宮崎県史』の刊行である。これに前後して宮崎県の歴史地名・風土記・百科事典などが，さらに『北浦町史』『国富町史』『日南市誌』などの自治体史が続々と刊行されたのである。また，多くの市町村で「文化財課」が設置されていったので，史跡の整備や保存が進み，文化財公開施設が充実した。これらは『歴史散歩』の各項目に十分に活用させていただいた。

なお，『歴史散歩』の執筆にあたっては，当初から現地調査の徹底が引き継がれており，“足を使った執筆”は自負できるものである。新版の執筆も担当した私は，以前に先輩たちと苦労して歩いたことを思いだしながら，担当の地域をめぐった。

ところで，いわゆる“平成の大合併”によって，宮崎県も2006(平成18)年１月から漸次，市町村合併が進められていった。その結果，９市29町７村の行政区画が９市14町３村に減少して終息した(2012年２月現在)。すなわち合併によって15町４村の行政区画が消失したことになる。また合併で県内の８郡中，南那珂郡・宮崎郡の２郡の名称が地図上から消失して６郡となった。消失した２郡は，古代に設置された臼杵郡(のちに東・西)・児湯郡・諸県郡(のちに東・西・北)・那珂郡(のちに南・北)・宮崎郡の５郡中で由緒ある郡名であっただけに寂寥の感に耐えないがこれも現実として受け入れ，新たな歴史の始まりを築いていくことが大切であろう。

2012年３月

『宮崎県の歴史散歩』編集委員会委員長
松浦祥雄

【宮崎県のあゆみ】

原始

日向《ひゅうが》はニニギノミコトや神武《じんむ》天皇などにかかわる神話・伝承の豊富な土地だが，考古学上の人間の営みは，旧石器《きゅうせっき》時代にはじまる。県内の旧石器文化存在の嚆矢《こうし》となった日之影《ひのかげ》町の出羽洞穴《いずるはどうけつ》遺跡や「西日本最古級」と評される川南《かわみなみ》町の後牟田《うしろむた》遺跡などから旧石器類が，そのほか延岡《のべおか》市の赤木《あかぎ》遺跡ではナイフ形石器などが発見されている。また，今から約30万年前から２万年ごろまで生息していたナウマン象(大型象の一種)の臼歯《きゅうし》が西都《さいと》市の都於郡《とのこおり》で発掘されており，大陸との関係を知るうえで興味深い。

縄文《じょうもん》時代の遺跡は数多くみられる。今日，宮崎市の堂地西《どうじにし》遺跡の土器は草創期の土器として県内最古の縄文土器といわれている。早期のものは，宮崎市の跡江《あとえ》貝塚などがあげられる。前期では小林《こばやし》市の本田《ほんだ》遺跡，中期では田野《たの》町の二ツ山《ふたつやま》第三遺跡などがあげられるが発見数は少ない。縄文後期～晩期になると遺跡数は増加する。都城《みやこのじょう》市の黒土《くろつち》遺跡の調査からは，水田稲作の開始時期がさかのぼる可能性が指摘されている。なお，えびの市の桑田《くわた》遺跡では熱帯型ジャポニカ(米の一種)が発見され，米のルーツと伝播ルートの問題に一石を投じている。また，高岡《たかおか》町の学頭《がくとう》遺跡，高千穂《たかちほ》町の陣内《じんない》遺跡などがある。

弥生時代にはいると宮崎市の檍《あおき》遺跡から，石包丁《いしぼうちょう》や板付《いたづけ》式とよばれる九州独特の土器とともに櫛目文《くしめもん》土器もでている。また新富《しんとみ》町の八幡上《はちまんがみ》遺跡から発見された日向型間仕切《まじき》り住居跡(花弁状《かべんじょう》住居)は，日向隼人《はやと》の先祖の墓といわれる。

大和《やまと》政権と深い関係にある前方後円墳《ぜんぽうこうえんふん》は約2000基におよんでいるという。五ヶ瀬《ごかせ》川流域の南方《みなみかた》古墳群，小丸《おまる》川流域の持田《もちだ》古墳群，一ツ瀬《ひとつせ》川流域の西都原《さいとばる》の古墳群，大淀《おおよど》川流域の生目《いきめ》古墳群などである。なかでも西都原古墳群は，県下最大級の男狭《おさ》穂《ほ》・女《め》狭穂両塚などをはじめ，大小300基以上の古墳が点在し，その規模を誇っている。この古墳群から出土した舟形・家形両埴輪《はにわ》(国重文)は東京国立博物館に所蔵されている。一方，国富《くにとみ》町の六野原《むつのばる》古墳の装飾古墳やえびの市一帯で発掘される地《ち》下式横穴墓《かしきよこあなぼ》群は，在地性の強い墓制といわれる。また群集墳として宮崎市の蓮ヶ池《はすがいけ》横穴墓群がある。2002(平成14)年9月，宮崎市の檍１号墳から国内最大規模の棺《ひつぎ》を保護する木板で囲った部屋「木槨《もっかく》」が発掘され，宮崎の首長層が大和政権，さらに朝鮮半島とも密接な関係があった可能性が指摘されている。

古代

『古事記《こじき》』『日本書紀《にほんしょき》』に記される神武《じんむ》天皇の妃《きさき》の吾平津媛《あひらつひめ》，景行《けいこう》天皇の妃の御《み》刀媛《はかしひめ》，応神《おうじん》天皇の妃の泉長媛《いずみながひめ》，仁徳《にんとく》天皇の妃の髪長媛《かみながひめ》などは日向国出身の女性たちであるが，一部は伝承とはいえ興味深い。

大化改新後，九州地方は筑紫《つくし》国という１つの行政区として，大宰府《だざいふ》の管轄下にあったが7世紀末に西海道諸国にわかれ，日向国から702(大宝《たいほう》2)年に薩摩《さつま》国が，ついで713(和銅《わどう》6)年に大隅《おおすみ》国が独立したことによって日向国の国域が確定することになった。

奈良時代の日向国は，『和名抄《わみょうしょう》』によると，臼杵《うすき》・児湯《こゆ》・那珂《なか》・宮崎《みやさき》・諸県《もろかた》の5郡に分けていることが記されている。田数は4800町余，国府《こくふ》は児湯郡(現，西都《さいと》市右松《しみぎまつ》の寺崎《てらさき》遺跡)におかれていたことが確認されている。国分寺《こくぶんじ》に比定される遺跡が周辺にある。国の等級は大・上・中・下の4等級に分けられるが，日向国は第3級の中国《ちゅうこく》と定められ，特産として牛馬の飼育が盛んで，全国18カ国に設けられた馬牧・牛牧のうち，6カ牧が日向国にあったという。『延喜式《えんぎしき》』には16の駅名もみえ，現在の幹線道路とかなり一致した駅路《えきろ》の存在が確認されている。16駅というのは，北から長井《ながい》・川辺《かわのべ》・刈田《かった》・美彌《みみ》・去飛《さるとび》・児湯《こゆ》・当磨《たいま》・広田《ひろた》・救麻《くま》・救弐《くに》・亜《あ》椰《や》・野後《のじり》・夷守《ひなもり》・真斫《まさき》・水俣《みまた》・島津《しまづ》といわれ，それぞれの駅路は小路級であった。

遠隔の地の日向は流刑《るけい》・移民地のような性格をもっていたらしく，754(天平勝《てんぴょうしょう》宝《ほう》6)年に豊前《ぶぜん》宇佐八幡宮《うさはちまんぐう》の禰宜《ねぎ》大神杜女《おおがのもりめ》が日向に流され，755年には陸奥《むつ》の俘囚《ふしゅう》大伴部《おおともべの》阿弖良《あてら》が罪をおかし，親族66人とともに日向に配流《はいる》されている。また9世紀末までに左遷されて日向国司《こくし》となったものは6人を数える。さらに799(延暦《えんりゃく》18)年には陸奥の百姓が配流されるなど，奥州地方からの強制移民もみられる。

中世

鎌倉時代になると，日向国は未開発地域の多いこともあって，国衙《こくが》の周辺を残してほとんど荘園《しょうえん》となった。全国的にみてもとくに大きな摂関家《せっかんけ》の荘園である島津《しまづの》荘《しょう》をはじめ，豊前宇佐八幡宮領，鳥羽《とば》天皇皇女の八条院《はちじょういん》領である国富《くどみ》荘などがあった。1197(建久《けんきゅう》8)年に作成された「日向国建久図田帳《ずでんちょう》」によると，概略はつぎのようである。島津荘は3765町(一円《いちえん》荘1948町・寄郡《よりごおり》1817町)，宇佐八幡宮領は2006町，八条院領国富荘1556町，その他あわせて日向国総図田数は8064町であった。このなかに日向国全体の0.9%にすぎないが，平家《へいけ》方から没収した田数76町がみえ，日向国にも荘園公領《こうりょう》制が進展していたことがうかがえる。これらの荘園公領を内外から現地で管理していた豪族たちが，荘園領主の没落とともに他の豪族と争いや妥協を繰り返しながら，実力で荘園公領を奪いあった。

島津荘の地頭には島津忠久《ただひさ》や，また中原親能《なかはらちかよし》という幕府御家人《ごけにん》の名がみられる。忠久は，広大な島津荘の総地頭《そうじとう》を得て，「建久図田帳」の作成前後に薩摩《さつま》・大隅《おおすみ》と並んで日向国の守護職《しゅごしき》に補任《ぶにん》されている。宇佐八幡宮領は，鎌倉幕府の御家人工藤《くどう》祐経《すけつね》の子孫といわれる伊東《いとう》一族が勢力を広げていった。日向の守護は島津氏であったが，この伊東氏の本家である伊東祐持《すけもち》が日向に下向《げこう》して都於郡《とのこおり》に本拠を構えて以来，南北朝《なんぼくちょう》時代にかけてしだいに島津氏との対立を深めていった。また，かつて豊前国(現，福岡県東部・大分県北部)宇佐八幡宮の祠官であった土持《つちもち》氏は，平安時代には日向国臼杵郡の封郡司《ふうぐんじ》などを歴任し，古代から中世にかけて日向国に勢力を定着していった。

南北朝時代，島津・伊東・土持の３氏は北朝方だったが，南朝方の肝付《きもつけ》氏・八代《やつしろ》伊東氏らと対立していた。足利尊氏《あしかがたかうじ》が日向国に畠山《はたけやま》氏を派遣したので，勢力争いはさらに複雑となった。やがて島津氏が畠山氏を討ち，また，島津氏に対立していた土持氏も，やがて北部の県《あがた》(延岡《のべおか》)のみとなり，日向は島津・伊東の二強対立時代となった。両氏の抗争は戦国時代末期まで繰り返される。16世紀中ごろ，ほぼ伊東義祐《よしすけ》の時代となると，いわゆる「伊東四十八城」を構築し，日向における勢力を拡張した。しかし，1572(元亀《げんき》３)年，木崎原合戦《きさきばるかっせん》(えびの市池島《いけじま》)で島津義弘《よしひろ》に敗れた伊東方は，1577(天正《てんしょう》５)年，母の兄にあたる大友義鎮《おおともよししげ》(宗麟《そうりん》)を頼って豊後《ぶんご》に落ちのびた。なお，この戦いの５年後にローマに派遣された天正遣欧使節《けんおうしせつ》のひとり伊東マンショは，義祐の孫義益《よします》ではないかといわれている。

1578(天正６)年，宗麟は，日向に進入し，県《あがた》土持氏を滅ぼし，日向のほぼ全域を手にした島津氏と耳《みみ》川で合戦し大敗する。以後島津氏は九州制覇をするかにみえたが，1587(天正15)年，豊臣秀吉《とよとみひでよし》の九州征伐がおこり，根白坂《ねじろざか》の戦いで敗れ，これを契機に島津氏は降伏した。このとき，豊臣秀長《ひでなが》軍(秀吉の弟)に日向口進攻の案内役として従軍した義祐の子祐兵《すけたか》は，伊東氏の旧領の一部である曽井《そい》・清武《きよたけ》・飫肥《おび》を安堵された。高橋氏は県《あがた》(延岡)・日知屋《ひちや》・門川《かどかわ》・塩見《しおみ》，秋月《あきづき》氏は財部《たからべ》(高鍋《たかなべ》)・櫛《くし》間《ま》(串間)，島津氏は佐土原《さどわら》・都於郡《とのこおり》，そして鹿児島《かごしま》の島津氏もほぼ本領が認められた。これにより九州地方の戦国時代はおわり，秀吉による日向国分《くにわけ》によって日向国諸大名の近世的基礎が成立した。

近世

江戸時代もほぼこの勢力圏のまま続く。すなわち，延岡《のべおか》藩・高鍋《たかなべ》藩・佐土原《さどわら》藩・飫肥《おび》藩・鹿児島《かごしま》藩，そして人吉《ひとよし》藩の領地・属地となった椎葉山《しいばやま》・米良山《めらやま》，さらに富《とみ》高《たか》・宮崎・本庄《ほんじょう》などが天領となる。

おもな日向各藩の動向をみてみると，まず延岡藩は1588(天正《てんしょう》16)年，高橋元種《もとたね》が豊前《ぶぜん》(現，福岡県東部・大分県北部)から県にはいり，1603(慶長《けいちょう》８)年，県城に移り拠点とした。元種は高千穂三田井《たかちほみたい》氏の攻略と城下の整備建設をすすめ，有馬《ありま》氏に引き継がれた。1614(慶長19)年，島原から有馬直純《なおずみ》(外様《とざま》)が県に封ぜられ，直純は高橋氏の政策をうけついで藩政の安定をはかったが，年貢増徴を推進した３代清《きよ》純《ずみ》の1690(元禄《げんろく》３)年に，重税政策に反発して山陰《やまかげ》・坪屋《つぼや》両村で全国でも最大規模の逃散一揆《ちょうさんいっき》がおきた。このため有馬氏は「御政道不行届《ごせいどうふゆきとどき》」として，1691年越後糸魚《えちごいとい》川《がわ》(新潟県糸魚川市)に転封《てんぽう》となった。この結果，1692年，日向国にはじめての譜代《ふだい》大名三浦明敬《みうらあきひろ》が入封《にゅうほう》した。この年，県は延岡と改称されている。

明敬は延岡藩領2万3000石を領することになるが，領地の一部は天領となる。明敬は１代21年間延岡藩主として在任しただけで，1712(正徳《しょうとく》２)年に三河《みかわ》国(愛知県)に転じ，続いて牧野成央《まきのなりなか》(譜代)が三河国吉田《よしだ》(豊橋市)から入封し，豊後国(大分県)

の飛地を含め8万石となった。2代30年続いた牧野氏は1747(延享《えんきょう》4)年，常陸《ひたち》国笠《かさ》間《ま》(茨城県笠間市)に移り，磐城《いわき》平《だいら》(福島県いわき市)より内藤政樹《ないとうまさき》が7万石で入封した。以後8代にわたって幕末に至る。5度も藩主交替があったのは日向国では延岡藩だけである。内藤氏も入封直後から百姓一揆の続発に悩まされ，藩内の統治政策に苦慮した。一方，藩は文教の振興をはかった。政樹自身は関孝和《せきたかかず》の流れをくむ数学者であった。1815(文化《ぶんか》12)年，江戸に学問所崇徳館《すうとくかん》をたて，1846(弘化《こうか》3)年には広業館《こうぎょうかん》を，続いて1857(安政《あんせい》4)年に医学所を創建して明道館《めいどうかん》と称した。

高鍋藩は，藩祖秋月種長《あきづきたねなが》が1604(慶長9)年，櫛間から財部《たからべ》に移り，当地が藩の中心地になる。財部城は3代種信《たねのぶ》によって修復が行われ，そのときから財部を高鍋と改めた。藩政初期は深刻な内紛のために動揺した。また一揆多発の飛地櫛間の統治に悩まされ続け，代官《だいかん》を派遣したり，郡代《ぐんだい》をおいて支配の強化につとめた。高鍋藩の領地は，高鍋と飛地櫛間，諸県《もろかた》郡木脇《きわき》・三名《さんみょう》などで高3万石余であった。種長から10代の藩主におよび幕末まで至っている。

高鍋の文教の基礎となったのは，1778(安永《あんえい》7)年，7代種茂《たねしげ》のとき創建された藩校明倫堂《めいりんどう》である。種茂自身も学問を好み，建学の精神を明らかにした『明倫堂記』がある。8代種徳《たねのり》の時代の1797(寛政《かんせい》9)年に，儒者《じゅしゃ》大塚観瀾《かんらん》が私撰の藩の通史『本《ほん》藩実録《ばんじつろく》』を完成した。以後，『藩尾録《はんびろく》』を含め幕末まで一貫した記録が残されている。

佐土原藩の藩祖は，大隅垂水《おおすみたるみず》出身の島津以久《ゆきひさ》で1603(慶長8)年，佐土原城にはいって3万石を領した。当藩も初期藩政は家督をめぐって内紛が激化したが，宗藩鹿児島藩の出兵によって鎮定された。領地は鹿児島島津氏の外城《とじょう》制にならって三《み》納《のう》・新田《にゅうた》・富田《とんだ》・都於郡《とのこおり》・三財《さんざい》の5外城を編成した。1690(元禄3)年，島津久寿《ひさなが》のときに2万7000石余を領有することになり，幕末まで至る。当初佐土原は鹿児島藩の分領のような性格をもっていたが，1699年，城主列に連なった。佐土原藩は政治の安定をはかるために宗藩鹿児島に力を借りることがあった。1857(安政4)年に実施した検地もその例で，定免法《じょうめんほう》を採用し，門《かど》の再編成を行い増収をはかった。当藩では1825(文政《ぶんせい》8)年に藩校学習館《がくしゅうかん》を創建し，藩の教育機関とした。

飫肥藩の藩祖伊東祐兵《すけたか》は，1588(天正16)年飫肥(現，日南《にちなん》市)の地に封ぜられた。石高は1605(慶長10)年に5万7000石余となった(のちに分知して5万1000石余)。祐兵の入国時に，日向各地に散在していた伊東氏の旧臣たちが復帰してきたが，その多くを浮世人として領内において鹿児島藩に備えた。彼らは山林や農耕に従事しながら武事についた。鹿児島藩都城《みやこのじょう》領との間でおきた境界をめぐる牛《うし》の峠《とうげ》争論は，最終的には幕府評定所の裁定に持ち込んで勝訴している。飫肥藩の土地制度について佐藤信淵《さとうのぶひろ》は，山林田畑はことごとく「国君の有」という強い性格をもった制度であった(『経済要録』)，と指摘している。また，飫肥藩は飫肥杉を産することで知られている。山林経営は天明《てんめい》年間(1781〜89)に植木方《うえきかた》役所が設けられ，藩の施策として「三分一」分収林制も確立して発展した。

飫肥藩の文教は，1831(天保《てんぽう》2)年に藩校振徳堂《しんとくどう》の創建によって本格化した。のちに清武郷《きよたけごう》には明教堂《めいきょうどう》が創建された。藩は安井息軒《やすいそっけん》を助教授に登用し，平部嶠南《ひらべきょうなん》は息軒に師事し，『日向地誌』をはじめ多数の著書を残した。また，ポーツマス条約締結の際の日本全権大使小村寿太郎《こむらじゅたろう》も振徳堂で学んでいる。

鹿児島藩は直轄領と都城領に分けられる。直轄領は鹿児島藩の外城《とじょう》制としての役割をはたしていた。とくに高岡《たかおか》・穆佐《むかさ》・倉岡《くらおか》・綾《あや》4郷は，高岡郷去川《さるかわ》の関の外側にあることから「関外四カ郷《せきがいよんかごう》」と称した。都城領は北郷忠能《ほんごうただよし》が1600(慶長5)年に都城に復帰し，1615(元和《げんな》元)年に下長飯《しもながえ》に居を構え都城領を形づくった。知行高《ちぎょうだか》3万5624石余となっている。北郷家は都城島津氏ともよばれ，1663(寛文《かんぶん》3)年，忠長《ただなが》のとき旧姓島津氏に復し，鹿児島島津氏の一門家につぐ「大身分《だいしんぶん》」で，家格は一所持《いっしょもち》の待遇であった。都城の文教としては，1778(安永7)年，学問稽古所《けいこじょ》が設置されたが，途中，稽古館と改称，さらに1855(安政2)年には明道館《めいどうかん》と改称されている。

米良山は，元和年間(1615～24)以降は人吉藩の属地となる。

椎葉山は，幕府鷹巣山を管理していた椎葉三人衆の内紛が鎮まった1619(元和5)年以降天領となるが，1656(明暦《めいれき》2)年からは人吉藩の支配となる。

近代・現代

維新政府は，1869(明治2)年に版籍奉還《はんせきほうかん》，1871年4月に廃藩置県《はいはんちけん》を断行する。日向諸藩も版籍奉還にしたがい，廃藩置県で旧藩がほぼ新県となった。同年11月，美々津《みみつ》県と都城《みやこのじょう》県が成立した。しかし，わずか2年後の1873年には，両県が統合されて宮崎《みやざき》県がおかれた。また1876年には宮崎県は廃止され，鹿児島《かごしま》県に編入された。維新以後，目まぐるしく変化する新政府の改革とともに，県民の抵抗もあいついだ。

1869年には，小作人《こさくにん》・貧農《ひんのう》層が蜂起《ほうき》した高千穂《たかちほ》騒動や他村・他領への出稼《でかせ》ぎ者の貧困層が蜂起した細島《ほそしま》騒動などの「世直し騒動」がおきている。また1872年，佐土《さど》原《わら》・高鍋《たかなべ》の両地域で大豆《だいず》税減税・年貢減免・商社廃止などを要求した新政反対一揆がおきた。さらに1874年には，石代《こくだい》納をめぐって地租《ちそ》改正反対の都城暴動がおきている。1877年におきた西南《せいなん》戦争では，熊本の田原坂《たばるざか》の戦いに敗れたのちの西郷《さいごう》軍が，宮崎のいたるところを転戦しながら鹿児島へ退いた。日向国の旧藩領から士族《しぞく》兵と強制徴募された農兵の多くが西郷軍に従軍した。この戦役は多大な人的・物的被害をあたえたのみならず，西郷軍が戦役中に各地で乱発した西郷札《さつ》は，大きな経済的混乱を残した。以後，士族や農民による激しい抵抗は，影をひそめていくことになった。

西南戦争後，宮崎では，川越進《かわごえすすむ》らが鹿児島県からの分離独立の運動をおこした。この結果，1883(明治16)年，宮崎県が再置され，初代県令田辺輝実《たなべてるみ》が着任した。県域は北部の臼杵《うすき》郡を東《ひがし》臼杵・西《にし》臼杵の2郡に，那珂《なか》郡を北《きた》那珂・南《みなみ》那珂の2郡に，諸県《もろかた》郡は北諸県・西諸県・東諸県の3郡とし，宮崎・児湯《こゆ》の2郡を含めて9郡となった。1889年の町村制施行によって宮崎県は，100町村（5町95村）が編制され，戦後の町村合併まで地方行政区画として存続した。この間，宮崎県でも自由民権運動が展開し，多くの政治結社《けっしゃ》が生まれている。

1887（明治20）～1904年の間，山林問題がしだいに激化した。自由党宮崎支部の幹事となった延岡《のべおか》の小林乾一郎《こばやしけんいちろう》は，県北地方の民林を国有化する政府の政策を実力で阻止する事件をおこしている。1908年に本県最初の労働争議としての外国人経営の東洋製材会社飯野《いいの》支店の製材工場でいわゆる「フランス山暴動」がおき，つづいて1920（大正9）年には，岡富《おかとみ》村で本県最初の小作争議がおきる。こうして宮崎県も近代化の洗礼をうけていくことになった。

山海の資源に恵まれていた当時の宮崎の産業の発展は，農林業を中心に遅れがちであったといわれるのは，明治初期以来，県民の騒擾《そうじょう》が長く続いたことと，地理的には「陸の孤島」的位置にあったことも指摘される。農業は米作中心で，養蚕《ようさん》・製糸・製茶なども発達しつつあった。林業は建材・鉄道用枕木《まくらぎ》・造船材などや木《もく》炭《たん》・椎茸《しいたけ》を含め，しだいに発展していった。漁業は主として沿岸漁業が中心で，北部から南部の各地に漁港が発展した。とくに延岡市赤水《あかみず》町のブリ漁業は有名である。同村の日高亀市《ひだかかめいち》・栄三郎《えいざぶろう》親子によるブリ大敷網《おおしきあみ》は，明治20年代後半のブリ漁の繁栄をもたらした。工業は，養蚕・製紙・精糖《せいとう》が政府の士族授産《じゅさん》政策のなかで中心的に発達した。

宮崎県の鉄道は，明治時代末から大正時代にかけて開通する。すでに開通していた旧国鉄肥薩《ひさつ》線吉松《よしまつ》を起点に，1913（大正2）年に都城まで開通して吉都《きっと》線が完成。1916年，都城・宮崎間が，続いて1923年，日豊《にっぽう》本線が開通。そのほか大正年間（1912～26）に各軽便《けいべん》鉄道（飫肥《おび》・内海《うちうみ》・妻《つま》）が開通し，宮崎県の山産物・海産物や各種産業も発展する条件が急速に整備されていった。宮崎・都城・延岡が市制をしいたのもこのころである。1923年，延岡で，現在の旭化成《あさひかせい》の前身となる日本窒素肥《ちっそひ》料《りょう》が操業して，アンモニア合成を行い，同年開通した日豊本線とともに県北発展に寄与することになる。

明治から大正時代にかけて，功績をのこした人物としては，明治外交に活躍した小村寿太郎《こむらじゅたろう》（日南《にちなん》市），旅と自然を愛し独特な短歌の境地を開いた若山牧水《わかやまぼくすい》（延岡市），社会事業家石井十次《いしいじゅうじ》（木城《きじょう》町），脚気《かっけ》治療に功績をはたした高木兼寛《たかぎかねひろ》（宮崎市高岡《たかおか》町）らがあげられる。

昭和になると日本はしだいに戦時体制の道を歩み，宮崎県も例外ではなかった。1939（昭和14）年に「八紘《はっこう》之基柱」建設起工式が行われ，多くの人びとが建設のため勤労奉仕に駆りだされている。これが宮崎市にある平和の塔である（宮崎市下北方《しもきたかた》町《ちょう》）。第二次世界大戦では，2万人以上が，戦死・戦災により生命を奪われ，家屋の焼失なども8000戸以上といわれている。

戦後の混乱期から復興した宮崎県は，農業県として発展するが，高度経済成長政策とあいまって日向延岡新産業都市指定により工業の誘致がなされ，第二次産業も進展した。延岡の旭化成・日本パルプ工場(現，王子《おうじ》製紙日南工場)などが稼動《かどう》し，今日ではハイテク企業など各種工業が日向延岡地区に限らず各地に誘致されている。

一方，南国の緑と太陽とをキャッチフレーズに観光県としてのあゆみも続けている。新婚旅行のメッカとしての宮崎はかげりをみせているが，そこであらたなリゾート構想を進める県は，宮崎空港の拡張と新規航空会社の参入・宮崎港の竣工・東九州高速自動車道路(整備中)など再開発の条件を整備するなか，1988(昭和63)年，宮崎・日南海岸リゾート構想第1号の指定を国からうけ，厳しい経済的不況のなかで再び観光立県の回復をめざしている。最近では，「ひむか神話街道」の観光化が推進されている。西臼杵郡高千穂町の天岩戸《あまのいわと》神社を起点にして西諸県郡高原《たかはる》町の皇子原《おうじばる》神社までを結ぶ街道である。これは県内をほぼ南北縦断しながら『古事記《こじき》』『日本書紀《にほんしょき》』ゆかりの神社や県内の諸伝説に関係する神社を参拝するコースとなっている。

【地域の概観】

宮崎県北部

県北は，日之影《ひのかげ》町の出羽《いずるは》遺跡，延岡《のべおか》市の大貫《おおぬき》遺跡，高千穂《たかちほ》町の陣内《じんない》遺跡に代表されるように早くから開け，古墳などの遺跡が多い。奈良《なら》時代にはいり，延岡地方に宇佐八幡宮《うさはちまんぐう》領が設定されてから，いっそう開発がすすみ，鎌倉時代はじめに，高千穂は三田井《みたい》氏，延岡は土持《つちもち》氏，日向《ひゅうが》は土持・伊東《いとう》両氏の支配するところとなった。戦国《せんごく》時代には，九州の覇権《はけん》をかけた島津《しまづ》・大友《おおとも》両氏の抗争に巻き込まれ，16世紀後半には，伊東氏は島津氏に敗れて大友氏のもとに逃れ，土持氏は大友氏に滅ぼされた。

近世はじめの延岡藩主高橋元種《たかはしもとたね》は，1603(慶長《けいちょう》8)年に延岡城を築き，県北と宮崎をあわせ5万石余を治めたが，その後領主は有馬《ありま》氏・三浦《みうら》氏・牧野《まきの》氏と代わり，1747(延享《えんきょう》4)年に内藤《ないとう》氏が7万石で入封《にゅうほう》し，明治維新まで続いた。1877(明治10)年の西南《せいなん》戦争は，県北にも大きな影響をあたえた。

1690(元禄《げんろく》3)年の山陰《やまげ》村百姓一揆《ひゃくしょういっき》以降天領《てんりょう》となっていた日向細島《ほそしま》地区や，江戸時代に幕府直轄地として人吉《ひとよし》藩に預けられていた椎葉《しいば》は，1871(明治4)年に延岡県に編入された。

宮崎県中部

高鍋《たかなべ》・佐土原《さどわら》・西都《さいと》を中心とした県中部は，古代の行政区画でいうと児湯《こゆ》郡・那《な》珂《か》郡・宮崎《みやざき》郡にまたがった平野一帯にあたる。旧石器時代から弥生《やよい》時代の遺跡や遺物が多く発見されている。西都原《さいとばる》をはじめとする一ツ瀬《ひとつせ》川流域，本庄《ほんじょう》・綾《あや》などの大淀《おおよど》川流域には古墳群がひろがっており，大豪族の存在や古代文化圏の存在が推定される。

日向国の中心としての国府《こくふ》や国分寺《こくぶんじ》・国分尼寺《こくぶんにじ》は西都市におかれ，その遺跡が残っている。その後，八条院《はちじょういん》領の国富荘《くにとみのしょう》や宇佐八幡宮《うさはちまんぐう》領の宮崎荘などがこの地に成立し，荘園公領制の時代を形成した。

南北朝・室町《むろまち》時代以降は，守護島津《しゅごしまづ》氏のほかに児湯郡に土持《つちもち》氏，都於郡《とのこおり》に伊東《いとう》氏が台頭する。伊東氏は義祐《よしすけ》のとき佐土原城・都於郡城を拠点とし，さらに飫肥《おび》城まで落として全盛を誇るが，1572(元亀《げんき》3)年に木崎原《きざきばる》合戦で島津氏に敗れ，日向《ひゅうが》国は島津氏の勢力範囲となる。その後，大友氏の侵入を高城《たかじょう》合戦(木城《きじょう》町)で撃退した島津氏であったが，のちにその高城で豊臣秀吉《とよとみひでよし》の軍勢に敗れ，降伏する。

近世になると県中部は，高鍋藩領・佐土原藩領・延岡藩領の一部・飫肥藩領の一部・鹿児島《かごしま》藩領関外四カ郷および幕府領が入り組むこととなった。戦国争乱の名残りと秀吉による大名配置の影響が色濃く感じられる。

廃藩置県後，美々津《みみつ》県・都城《みやこのじょう》県併置時代を経て，1873(明治6)年に宮崎県が設置され，宮崎に県庁舎が造営されたが，その後，1876(明治9)年に鹿児島県に併合された。1883(明治16)年に宮崎県が再置されると，再び宮崎に県庁がおかれた。宮崎はその後県の中心として発展し，観光をキャッチフレーズとする県の中心的役割をはたしている。高鍋は藩政以来の文教の町として，西都は古墳群をかかえる観光都市として，その他の地域は宮崎市の近郊として発展している。

都城盆地

都城市と周辺の三股《みまた》町・高原《たかはる》町の北《きた》・西諸県郡《にしもろかたぐん》を合わせ，1市2町からなる（ただし，高崎町は4章小林・諸県地方で扱う）。標高150mのこの盆地は内陸性気候の特徴をもち，夏は高温多湿で，冬は名物の「霧島《きりしま》おろし」で底冷えのする寒さが続く。また，周辺の山地から流れこむ支流を集めて，大淀《おおよど》川が盆地中央を流れていることから，南九州の交通の拠点となっている。

都城盆地は日向国島津《しまづ》一帯の荒れ地であったが，1026（万寿《まんじゅ》3）年ごろ，大宰大監《だざいたいかん》平季基《たいらのすえもと》が開発《かいほつ》し，関白藤原頼通《かんぱくふじわらのよりみち》に寄進した。12世紀末，惟宗忠久《これむねただひさ》（島津氏の始祖）が地頭《じとう》職になって以来，島津氏が勢力をはった。南北朝の争乱時，忠久の子孫島津資忠《すけただ》が戦功をたてて足利尊氏《あしかがたかうじ》から北郷《ほんごう》（現，山田町）の支配をまかされ，北郷氏を名のり14世紀に都城に移った。以後，16世紀末まで，盆地をめぐり諸勢力と争いながら領域を拡大していった（江戸時代中期，島津氏に復姓）。

江戸時代，都城を中心とする3万5000石《ごく》は都城島津氏領で，山之口・高城などが鹿児島《かごしま》島津氏の直轄領であった。飫肥《おび》藩と国境を接したこともあり，尚武の気風が盛んな一方，封建支配が強く，そのため鹿児島藩内でも浄土真《じょうどしん》宗（一向《いっこう》宗）のかくれ念仏などの存在が顕著であった。

えびの・小林地方

霧島屋久《きりしまやく》国立公園の霧島連山と九州山地に囲まれた加久藤《かくとう》盆地・小林《こばやし》盆地などを中心とした周辺地域をかつては真幸《まさき》・諸県《もろかた》と称していた。ここで取り扱うえびの・諸県地方は，小林市・えびの市の2市で，当県の西部地域にあたる。なかでも県の西端部に位置するえびの市は，熊本・鹿児島両県の境界に接し，この市の中心部を東から西に横断するように流れている川内《せんだい》川は，県内で唯一，東シナ海に注ぐ川である。

これらの地域は，旧石器《きゅうせっき》・縄文《じょうもん》・弥生《やよい》時代の土器《どき》・石器《せっき》などが出土し，古墳時代の遺跡も数多く発掘されている。しかも南九州特有の地下式横穴墓《ちかしきよこあなぼ》などが多い地域で，かつては県中央部に分布する円墳《えんぷん》・前方後円墳《ぜんぽうこうえんふん》を主とする西都原《さいとばる》古墳群との一線を画した文化圏を形成していた。

古代，この地域を真幸院とよんだこともある。はじめ，日下部《くさかべ》氏が代々郡司《ぐんじ》職として統治していたが，1334（建武《けんむ》元）年，建武中興を境にして南朝方の肝付《きもつき》氏の支族北原《きたはら》氏がこれにかわり，ついで進出してきた伊東氏の支配となり，1572（元亀《げんき》3）年木崎原《きさきばる》合戦以降，島津氏の領するところとなる。

以後当地域は，明治時代にいたるまで鹿児島藩に属した。廃藩置県のときには一時，鹿児島県にも属したが，最終的には宮崎県に編入されて今日にいたる。

日南地方

県の南部に位置し，日南《にちなん》市・串間《くしま》市の２市がある。無霜地帯でもある温暖な地方であり，古い時代からの遺跡も多い。縄文時代後期の竪穴《たてあな》住居をもつ下弓田《しもゆみた》遺跡をはじめ，各種の古墳が串間市を中心に分布している。

奈良時代は宮崎郡に含まれ，平安時代には「宮崎郡飫肥《おび》」の名がみえ，櫛間《くしま》院も成立している。鎌倉時代には島津《しまづ》荘の一部として発展し，南北朝の動乱期を経て，都於郡《とのこおり》に拠《よ》った伊東《いとう》氏が飫肥経略をはじめた島津氏と抗争し，いく度かの合戦により領有の変遷をみた。1587(天正《てんしょう》15)年，豊臣秀吉《とよとみひでよし》の九州征伐に際し先導役を勤めた伊東祐兵《いとうすけたか》が飫肥に封ぜられたことで一応の終止符が打たれた。

一方，串間は1587年秋月《あきつき》氏が櫛間入城，その後秋月氏が財部《たからべ》(高鍋《たかなべ》)に移ったことで，秋月氏の飛地《とびち》領となった。

飫肥藩では財政確立のために飫肥杉の生産につとめ，藩校振徳堂《しんとくどう》からは多くの英才が育った。安井息軒《やすいそっけん》・平部嶠南《ひらべきょうなん》・小倉処平《おぐらしょへい》・小村寿太郎《こむらじゅたろう》などである。

日南市は1950(昭和25)年の市制施行以来，隣接町村を編入し，日南海岸国定公園の景観と重要伝統的建造物群保存地区の飫肥城下を軸に観光開発をすすめている。また「平成の大合併」で，飫肥杉と渓流・温泉の町北郷町と，カツオ・マグロの遠洋漁業基地であり海中公園をもつ南郷町が日南市に編入された。

串間市には，イモ洗い・味つけ行動で有名な日本猿のいる幸島《こうじま》や野生馬で有名な都井岬《といみさき》がある。

【文化財公開施設】　①内容，②休館日，③入館料

西郷隆盛宿陣跡資料館　〒889-0102延岡市北川町長井6727　TEL0982-46-2960　①西郷隆盛の遺品など，②月曜日，祝日の翌日，12月29日～1月3日，③有料

内藤記念館　〒882-0811延岡市天神小路255-1　TEL0982-34-6437　①歴史・武具・馬具・能面，②月曜日，12月29日～1月3日，③無料

延岡市歴史民俗資料展示室　〒882-0813延岡市東本小路95-2　TEL0982-33-0326　①農具・民具，②月曜日，③無料

天岩戸神社徴古館　〒882-1621西臼杵郡高千穂町岩戸1073-1　TEL0982-74-8239　①考古・歴史・民俗資料，②無休，③有料

高千穂町歴史民俗資料室　〒882-1101西臼杵郡高千穂町三田井1515 コミュニティセンター内　TEL0982-72-6139　①考古・歴史・民俗資料，②12月28日～1月3日，③有料

五ヶ瀬町自然の恵み資料館　〒882-1203西臼杵郡五ヶ瀬町三ヶ所9224　TEL0982-82-1288　①自然・生活用具・民具資料，②水・木曜日，第2・第4土・日曜日のみ開館。12月28日～1月4日は休館，③有料

日向市歴史民俗資料館　〒889-1111日向市美々津町中町3244　TEL0982-58-0443　①考古・歴史・民俗・回船問屋，②月曜日，年末年始，③有料

牧水記念館　〒883-0211日向市東郷町坪谷3　TEL0982-69-7722　①牧水の遺品・遺墨・遺稿，②1月1日，8月15日，12月31日，③有料

西の正倉院　〒883-0306東臼杵郡美郷町南郷区神門62-1　TEL0982-59-0556　①青銅鏡・絵馬・民俗資料，②無休，③有料

百済の館　〒883-0306東臼杵郡美郷町南郷区神門984　TEL0982-59-0556（西の正倉院管理棟）①百済の宝物のレプリカなど，②無休，③有料

椎葉村歴史民俗資料館　〒883-1601東臼杵郡椎葉村下福良1818-2　TEL0982-67-2159　①歴史・民俗資料，②月曜日，③有料

高鍋町歴史総合資料館　〒884-0003児湯郡高鍋町南高鍋6937-2　TEL0983-23-1322　①考古・歴史・古文書・民俗資料，②月曜日，③有料

佐土原城跡歴史資料館「鶴松館」　〒880-0301宮崎市佐土原町上田島8227-1　TEL0985-74-1518　①考古・歴史，②月曜日（祝日の場合は翌日），12月28日～1月3日，③有料（5月5日・11月3日は無料）

宮崎県立西都原考古博物館　〒881-0005西都市三宅西都原西5670　TEL0985-41-0041　①考古，②月曜日（祝日の場合は翌日），祝日の翌日（土・日曜日，祝日をのぞく），12月28日～1月4日，③無料

西都市歴史民俗資料館　〒881-0033西都市妻1241-1　TEL0983-43-0846　①考古・歴史・民俗資料，②月曜日，祝日（11月3日をのぞく），12月28日～1月3日，③無料

小川民俗資料館　〒881-1302児湯郡西米良村小川字囲833 小川城址公園内　TEL0983-37-1240　①民俗資料，②月曜日，第3日曜日，祝日，③有料

西米良村歴史民俗資料館　〒881-1411児湯郡西米良村村所　TEL0983-36-1030　①菊池家の書簡や遺品，民俗資料，②月曜日，第3日曜日，祝日（5月5日・11月3日をのぞく），12月29～31日，1月2・3日，③有料

宮崎県総合博物館　〒880-0056宮崎市神宮東2-4-4　TEL0985-24-2071　①考古・歴史・民

俗・自然史，②火曜日(祝日の場合は翌日)，祝日の翌日(土・日曜日，祝日をのぞく)，12月28日～1月4日，特別整理期間，③有料

宮崎県埋蔵文化財センター神宮分館　〒880-0056宮崎市神宮東2-4-4　TEL0985-21-1600　①発掘資料・研究資料，②第4月曜日(12月は第3月曜日)，12月28日～1月4日，③無料

みやざき歴史文化館　〒880-0123宮崎市芳士2258-3　TEL0985-39-6911　①歴史・民俗資料，②月曜日，祝日の翌日，12月29日～1月3日，③無料

宮崎県立図書館　〒880-0031宮崎市船塚3-210-1　TEL0985-29-2911　①古文書，②月曜日(祝日の場合は翌日)，図書整理日(5・9・11月に各1日)，特別整理期間(5～6月の間の10日間)，12月28日～1月4日，③無料

宮崎大学農学部附属農業博物館　〒889-2155宮崎市学園木花台西1-1　TEL0985-58-2898　①農業関係標本・研究資料，②土・日曜日，祝日，年末年始，③無料(20名以上は要事前連絡)

きよたけ歴史館　〒889-1605宮崎市清武町加納甲3378-1　TEL0985-84-0234　①安井息軒資料・考古資料，②月曜日(祝日の場合は翌日)，年末年始，展示替え期間，③無料

田野町郷土資料館(救弐の家)　〒889-1700宮崎市田野町仮屋原　TEL0985-86-5160(教育委員会文化財調査事務所)　①民俗資料，②日曜日，③無料

天ヶ城歴史民俗資料館　〒880-2221宮崎市高岡町内山3003-56　TEL0985-82-2927　①自然・歴史・民俗資料，②月曜日，祝日の翌日，③有料

国富町総合文化会館展示室　〒880-1101東諸県郡国富町本庄4820　TEL0985-75-3464　①考古・歴史・民俗資料，②月曜日，③無料

綾城歴史資料館　〒880-1302東諸県郡綾町北俣1012　TEL0985-77-1223　①考古・歴史・民俗資料，②無休，③有料

都城市歴史資料館　〒885-0083都城市都島町803 城山公園内　TEL0986-25-8011　①考古・歴史・民俗資料，②月曜日(祝日の場合は翌日)，③有料(第2・第4土曜日は中学生以下無料)

飫肥城歴史資料館　〒889-2535日南市飫肥10-1-2　TEL0987-25-4533　①歴史・古文書，②12月29～31日，③有料

商家資料館　〒889-2535日南市飫肥本町8-1-19　TEL0987-25-2893　①商家資料，②12月29～31日，③有料

【無形民俗文化財】

国指定

五ケ瀬の荒踊　　西臼杵郡五ケ瀬町三ケ所　9月29日

椎葉神楽　　東臼杵郡椎葉村　11月下旬～12月下旬

高千穂の夜神楽　　西臼杵郡高千穂町　11月下旬～2月上旬

米良神楽　　西都市銀鏡　12月12～16日

山之口町の文弥人形　　都城市山之口町麓　不定期

県指定

苗代田祭　　西諸県郡高原町狭野（狭野神社）　2月28日

香取神社・天宮神社打植祭　えびの市今西・田代　旧2月

船引神楽　　宮崎市清武町船引（船引神社）　3月21日

田代神社の御田祭と農耕行事　　東臼杵郡美郷町西郷区田代　7月7日

高木の揚げ馬　　都城市高木町（諏訪神社）　7月27日（4年に1回）

花木あげ馬　　都城市山之口町（諏訪神社）　7月27日（4年に1回）

穂満坊あげ馬　　都城市高城町（諏訪神社）　7月27日（4年に1回）

牛越祭り　　えびの市西川北（菅原神社）　7月28日

バラ太鼓踊　　東諸県郡国富町八代　旧7月27日

臼太鼓踊　　西都市南方　旧8月27日

大人歌舞伎　　西臼杵郡日之影町　10月9日

泰平踊　　日南市飫肥　10月第3土・日曜日

山之口弥五郎どん祭　　都城市山之口町的野（円野神社）　11月3日

諸塚神楽　　東臼杵郡諸塚村　11月15日

田ノ上八幡神社の弥五郎人形行事　　日南市板敷　11月23日

熊襲踊　　都城市庄内町　11月28日

高鍋神楽　　児湯郡川南町・木城町・新富町・高鍋町・都農町，東臼杵郡美郷町南郷区　11月後半～12月

西米良神楽　　児湯郡西米良村　12月5日～12月下旬

祓川神楽　　西諸県郡高原町蒲牟田（霧島東神社）　12月第2土曜日

尾八重神楽　　西都市尾八重　12月25日

輪太鼓踊　　小林市東方・細野　不定期

柚木野人形　　西臼杵郡高千穂町上野　不定期

【おもな祭り】（国・県指定をのぞく）

中山さん　　東臼杵郡門川町尾末（中山神社）　1月7日

大人の夜神楽　　西臼杵郡日之影町　1月14・15日

師走祭　　東臼杵郡南郷区神門（神門神社）　1月下旬

青島神社の裸参り　　宮崎市青島　旧12月17日

法華岳薬師寺祭　　東諸県郡国富町　旧1月8・9日

新田神楽　　児湯郡新富町竹渕（新田神社）　2月17日

生目神社大祭　　宮崎市生目　旧1月15～17日

榎原神社縁日大祭　日南市南郷町　3月15・16日
生目神楽　宮崎市生目(生目神社)　3月15日
児原稲荷神社初午祭　児湯郡西米良村越野尾　旧2月初午
高千穂神社春祭　西臼杵郡高千穂町　4月16日
宮野浦のお大師祭　延岡市北浦町　旧3月21〜23日
早馬まつり　北諸県郡三股町樺山(早馬神社)　4月29日
御田植祭　西諸県郡高原町狭野(狭野神社)　5月16日
ぎおんさん　西臼杵郡五ケ瀬町鞍岡(祇園神社)　7月15・16日
虚空蔵さん祭　日南市南郷町目井津虚空蔵島　7月22・23日
水掛け地蔵祭　宮崎市中村町(善栖寺)　7月23日
愛宕神社夏祭　宮崎市佐土原町上田島　7月23・24日に近い土・日曜日
牛越祭　えびの市西川北(菅原神社)　7月28日
清武破魔祭　宮崎市清武町新町・西新町　旧6月15日
稲荷神社夏祭　東諸県郡国富町　旧6月24日
日向ひょっとこ踊り　日向市塩見永田地区　8月上旬
油津みなと祭　日南市油津　8月第1土・日曜日
諏訪神社例祭　えびの市西長江浦　8月28日
お諏訪祭　東諸県郡国富町八代(北俣神社)　旧7月27日
おきよ祭　日向市美々津　旧8月1日
日向十五夜　日向市　仲秋の名月に近い土・日曜日
都井岬の火祭り　串間市都井岬　9月第1土・日曜日
天岩戸神社秋祭　西臼杵郡高千穂町岩戸　9月22・23日
三ケ所神社祭　西臼杵郡五ケ瀬町三ケ所　9月29日
槵触神社祭　西臼杵郡高千穂町三田井　10月16日
狭野神社例大祭　西諸県郡高原町狭野　10月23日
宮崎神宮大祭　宮崎市神宮町　10月最後の土・日曜日
比木神社のお里回り　児湯郡木城町　10月28・29日
潮嶽神社秋祭　日南市北郷町宿野　11月11日
椎葉平家祭り　東臼杵郡椎葉村　11月第2金〜日曜日
巨田神楽　宮崎市佐土原町上田島(巨田神社)　11月15日前後の日曜日
栂尾夜神楽　東臼杵郡椎葉村(栂尾神社)　11月23日
比木神社の神楽祭　児湯郡木城町　12月5日
狭野神社夜神楽　西諸県郡高原町狭野　12月第1土曜日
銀眼神社しいしば祭　西都市銀眼　12月12〜16日

【有形民俗文化財】

国指定

西米良の焼畑農耕用具(515点)　児湯郡西米良村　西米良村歴史民俗資料館
東米良の狩猟用具(29点)　西都市　西都市歴史民俗資料館
日向の山村生産用具(2260点)　宮崎市　宮崎県総合博物館

【無形文化財】

県指定

日向盲僧琵琶　　永田法順　延岡市

【散歩便利帳】

［県外での問合わせ］

宮崎県東京物産観光センター　〒102-0074東京都千代田区九段南4-8-2 宮崎県東京ビル２F
TEL03-3512-0135，0136・FAX03-3263-9011

新宿みやざき館KONNE　〒151-0053東京都渋谷区代々木2-2-1 新宿サザンテラス内
TEL03-5333-7764

宮崎県大阪事務所　〒530-0001大阪府北区梅田1-3-1-900 大阪駅前第１ビル９F
TEL06-6345-7631・FAX06-6345-7633

宮崎県福岡事務所　〒810-0001福岡市中央区天神2-12-1 天神ビル８F
TEL 092-724-6234・FAX092-724-6235

［県内の観光協会・観光（文化）課・教育委員会］

延岡市教育委員会　〒882-0813延岡市東本小路2-1 延岡市役所北別館　TEL0982-22-7030，34-2111・FAX0982-22-7037，34-2110

日之影町教育委員会　〒882-0402西臼杵郡日之影町大字岩井川3398-1　TEL0982-73-7003，87-3907・FAX0982-73-7004，87-3915

高千穂町教育委員会　〒882-1101西臼杵郡高千穂町大字三田井13　TEL0982-73-1205・FAX0982-73-1224

五ヶ瀬町教育委員会　〒882-1203西臼杵郡五ヶ瀬町大字三ケ所1670　TEL0982-82-1710・FAX0982-82-1725

門川町教育委員会　〒889-0613東臼杵郡門川町本町1-1　TEL0982-63-1140，5950・FAX0982-63-1356，5349

日向市教育委員会　〒883-0045日向市本町10-5　TEL0982-52-2111，2930・FAX0982-54-2189

都農町教育委員会　〒889-1201児湯郡都農町大字川北4874-2　TEL0983-25-5723・FAX0983-25-1321

川南町教育委員会　〒889-1302児湯郡川南町大字平田2386-3　TEL0983-27-1021・FAX0983-27-1028

高鍋町教育委員会　〒884-0006児湯郡高鍋町大字上江1138　TEL0983-22-1311，23-0315，6954・FAX0983-22-2295，23-6303

新富町教育委員会　〒889-1403児湯郡新富町大字上富田7491　TEL0983-33-1111，6079・FAX0983-33-1123・4862

木城町教育委員会　〒884-0101児湯郡木城町大字高城1227-1　TEL0983-32-2211・FAX0983-32-3440

西都市教育委員会　〒881-0015西都市聖陵町2-1　TEL0983-43-1111・FAX0983-43-4865

宮崎県教育庁文化課　〒880-0805宮崎市橘通東1-9-10　TEL0985-26-7250，7251・FAX0985-26-8244

宮崎県庁商工観光労働部観光・リゾート課　〒880-0804宮崎市宮田町1-6 県庁東別館 2F
TEL0985-26-7104・FAX0985-26-7327

みやざき観光コンベンション協会　〒880-0804宮崎市宮田町3-46 宮田町別館２F
TEL0985-26-6100・FAX0985-25-4668

宮崎市教育委員会　〒880-0805宮崎市橘通東1-14-20　TEL0985-21-1830・1832，25-2111・FAX0985-23-5445

国富町教育委員会　〒880-1101東諸県郡国富町大字本庄4800　TEL0985-75-3111，3149，9401・FAX0985-75-7903，9439

綾町教育委員会　〒880-1303東諸県郡綾町大字南俣546-1　TEL0985-77-1111，1183・FAX0985-77-2094，3126

都城市教育委員会　〒885-0073都城市姫城町6-21　TEL0986-23-2111，9853・FAX0986-24-1989，25-7973

三股町教育委員会　〒889-1902北諸県郡三股町五本松1-1　TEL0986-52-1111・FAX0986-52-9724

高原町教育委員会　〒889-4412西諸県郡高原町大字西麓899　TEL0984-42-2111・FAX0984-42-4623

小林市教育委員会　〒886-0004小林市大字細野300　TEL0984-23-0424，23-8121・FAX0984-22-4177，24-1503

えびの市教育委員会　〒889-4221えびの市大字栗下1292　TEL0984-35-1111・FAX0984-35-2224

日南市教育委員会　〒887-0021日南市中央通1-1-1　TEL0987-23-1111・4382，31-1143・FAX0987-23-1853，24-0987

串間市教育委員会　〒880-0001串間市大字西方6524-58　TEL0987-72-2216，6333・FAX0987-71-1015

[定期観光バスなど]

宮崎交通株式会社

定期観光バス予約センター

TEL0985-52-7111(10:00～19:00)

宮崎交通高千穂バスセンター

TEL0982-72-4133(8:30～17:00)

【参考文献】
『綾郷土史』　綾郷土史編集委員会編　綾町　1982
『石が語るふるさと』　石が語るふるさと編集委員会編　宮崎県教職員互助会　1993
『江戸時代人づくり風土記45　宮崎』　石川松太郎ほか編　農山漁村文化協会　1997
『えびの市史』石塔編　えびの郷土史編纂委員会編　えびの市　1989
『えびの市史』系図編　えびの郷土史編纂委員会編　えびの市　1990
『えびの市史』上・下　えびの郷土史編さん委員会編　えびの市　1994・98
『門川町史』　門川町編　門川町　1974
『角川日本地名大辞典45　宮崎県』　「角川日本地名大辞典」編纂委員会編　角川書店　1986
『川南町史』　川南町編　川南町　1983
『木城町史』　木城町編　木城町　1991
『北浦町史』史料編１～４　北浦町編　北浦町　1994・95・98，2000
『北浦町史』通史編　北浦町編　北浦町　2002
『北方町史』　北方町史編纂委員会編　北方町　1972
『北郷村史』上・下　園田進編　北郷村　1971
『清武町史』　清武町史編纂委員会編　清武町　1960
『串間市史』　串間市編　串間市　1996
『国富町郷土史』上・下　国富町郷土史編さん委員会編　国富町　2001
『国富町郷土史』資料編　国富町郷土史編さん委員会編　国富町　2001
『熊襲・隼人の原像』　北郷泰道　吉川弘文館　1994
『五ケ瀬町史』　五ケ瀬町編　五ケ瀬町　1981
『古代日向の国』　日高正晴　日本放送出版協会　1993
『小林市史』１～３　小林市史編纂委員会編　小林市　1965・66，2000
『西郷村史』　西郷村編　西郷村　1993
『西都の歴史』　西都市史編纂委員会編　西都市　1976
『佐土原町史』　佐土原町史編纂委員会編　佐土原町　1982
『椎葉村史』　石川恒太郎編　椎葉村　1960
『椎葉村史』　椎葉村編　椎葉村　1994
『新富町史』資料編　新富町編　新富町　1992
『新富町史』通史編　新富町編　新富町　1992
『須木村史』　須木村編さん委員会編　須木村　1994
『続編　北郷町史』　北郷町編　北郷町　1978
『高岡町史』上・下　高岡町史編さん委員会編　高岡町　1987
『高崎町史』　高崎町史編纂委員会編　高崎町　1990
『高城町史』　高城町史編集委員会編　高城町　1989
『高千穂町史』　高千穂町編　高千穂町　1973
『高千穂町史年表』　高千穂町編　高千穂町　1972
『高千穂町史』郷土史編　高千穂町編　高千穂町　2002
『高千穂と日向街道』　安藤保・大賀郁夫編　吉川弘文館　2001
『高鍋町史』　高鍋町史編さん委員会　高鍋町　1987

『高鍋町史年表』　高鍋町史編さん委員会　高鍋町　1987
『高原町史』　高原町史編さん委員会編　高原町　1984
『田野町史』上・下　田野町史編纂委員会編　田野町　1983・84
『田野町史』続編　田野町史編纂委員会編　田野町　2000
『都農町史』通史編　都農町編　都農町　1998
『都農町史年表』　都農町史編さん委員会編　都農町　1995
『東郷町史』別編　東郷町編　東郷町　1999
『南郷村史』　南郷村史編集委員会編　南郷村　1996
『南郷町郷土史』　南郷町郷土史編さん委員会編　南郷町　1980
『南郷町郷土史』続編　南郷町郷土史編さん委員会編　南郷町　1990
『西米良村史』　西米良村史編さん委員会編　西米良村　1973
『日南市史』　日南市史編纂委員会編　日南市　1978
『日本歴史地名大系46　宮崎県の地名』　野口逸三郎監修　平凡社　1997
『野尻町史』　野尻町編　野尻町　1994
『延岡市史』上・下　延岡市史編さん委員会編　延岡市　1983
『日之影町史』1～11　日之影町史編さん委員会編　日之影町　1999-2001
『日向国史』上・下巻(復刻)　喜田貞吉編著　名著出版社　1973
『日向市史』　日向市史編さん委員会　日向市　1998
『日向市の歴史』　甲斐勝編著　日向市総務課　1973
『日向地誌』(復刻)　平部南　青潮社　1976
『三股町史』(改訂版)　三股町史編集委員会編　三股町　1985
『都城市史』　都城市史編さん委員会編　都城市　1996
『宮崎県史』(全31巻)　宮崎県編　宮崎県　2001
『宮崎県大百科事典』　宮崎日日新聞社編　宮崎日日新聞社　1983
『宮崎県の考古学』　石川恒太郎　吉川弘文館　1968
『宮崎県の百年』　別府俊紘・末永和孝・杉尾良也　山川出版社　1992
『宮崎県の歴史』(新版)　坂上康俊・長津宗重・福島金治・大賀郁夫・西川誠　山川出版社　1999
『宮崎県風土記』　野口逸三郎ほか監修　旺文社　1988
『宮崎市史』1～4　宮崎市史編纂委員会編　宮崎市　1959
『宮崎市史』続編上・下　宮崎市史編さん委員会編　宮崎市　1978
『宮崎市史年表』　宮崎市史編さん委員会編　宮崎市　1974
『宮崎市史年表』続編　宮崎市史編さん委員会編　宮崎市　1999
『諸塚村史』　諸塚村史編纂委員会編　諸塚村　1989
『諸塚村史年表』　諸塚村史編纂委員会編　諸塚村　1989
『山田町誌』　山田町誌編纂委員会編　山田町　1994
『山之口町史』　山之口町史編纂委員会編　山之口町　1974

【年表】

時代	西暦	年号	事項
旧石器時代			垂水公園遺跡(宮崎市)，出羽洞穴(西臼杵郡日之影町)，下那珂遺跡(宮崎市佐土原町)，後牟田遺跡(児湯郡川南町)，赤木遺跡(延岡市)
縄文時代		草創期	堂地西遺跡 (宮崎市)
		早期	大貫貝塚(延岡市)，跡江貝塚(宮崎市)
		前期	柏田貝塚(宮崎市)，本田遺跡(小林市)
		中期	二ツ山第三遺跡(宮崎市田野町)
		後期	尾立遺跡(東諸県郡綾町)，下弓田遺跡(串間市)，陣内遺跡(西臼杵郡高千穂町)，学頭遺跡(宮崎市高岡町)
		晩期	松添貝塚(宮崎市)，黒土遺跡(都城市)，桑田遺跡(えびの市)
弥生時代		前期	檍遺跡(宮崎市)
		中期	岩戸遺跡(西臼杵郡高千穂町)，八幡上遺跡(児湯郡新富町)
		後期	持田遺跡(児湯郡高鍋町)，加納遺跡(宮崎市清武町)
古墳時代		中期	西都原古墳群(西都市)，持田古墳群(児湯郡高鍋町)，大野原地下式横穴墓群(東諸県郡国富町)，南方古墳群(延岡市)，生目古墳群(宮崎市)
		後期	草場古墳(日向市)，鬼ノ窟古墳(西都市)，蓮ヶ池横穴墓群(宮崎市)，六野原古墳(東諸県郡国富町)
大和時代	612		推古天皇，蘇我氏を「馬ならばヒムカの駒」とたたえる
	698	(文武２)	日向国など４国に沫沙を献上させる
	702	大宝２	筑紫７国に采女・兵衛を献上させる
奈良時代	710	和銅３	日向国采女を献上する
	713	６	日向国のうち，肝坏・贈於・大隅・始羅４郡をさいて大隅国を設置する
	723	養老７	日向の士卒は隼人征伐の労により，３年間の税・労役が免除される
	740	天平12	藤原広嗣に南九州の人びともしたがい，乱をおこす
	741	13	国分寺・国分尼寺建立の詔がでる。こののち，日向国分寺が西都市三宅に建立される
	745	17	日向国などの姓なき人らに，出願の姓を許す
	757	天平宝字元	正六位上藤原乙縄，日向員外掾に左遷される
	761	５	日向など７国に甲・刀・弓矢を造備させる
	762	６	従五位下田口朝臣大戸，日向守となる
	766	天平神護２	薩摩・大隅・日向３国大風で大損害をうけ，調庸が免ぜられる
	785	延暦４	日向国の百姓，大隅・薩摩両国に逃散する
	795	14	俘囚大伴部阿氏良ら妻子親族66人，日向国に流される
	806	大同元	大宰管内，連年水旱疫病につき，日向・大隅・薩摩など田租１

平安時代			カ年を免ずる
	858	天安3	霧島岑神・江田神に従四位下，高智保神・都農神に従四位上を授ける
	941	天慶4	藤原純友の次将佐伯是基，日向において生け捕りにされる
	1026	万寿3	大宰大監平季基，島津荘を開発する
	1046	永承元	臼杵郡富田荘・児湯郡(宮崎郡内とも記す)宮崎荘が開発される
	1119	元永2	大島神社(宮崎市)から「元永二年惟宗氏」と在銘の経筒発見される
	1185	文治元	島津忠久，島津荘下司職となる
鎌倉時代	1190	建久元	工藤祐経，県荘・富田荘・田島荘・諸県荘の地頭となる(伝)
	1197	8	薩摩・大隅・日向の図田帳ができる
	1221	承久3	日下部光盛，承久の変に参加し，その功により村角別府をあたえられる
	1271	文永8	幕府，鎮西に所領のある御家人らを下向させて，元寇に備えさせる
	1280	弘安3	北条久時，日向国守護となる
	1333	正慶2 元弘3	後醍醐天皇，島津貞久を日向国守護とする
南北朝時代	1334	建武元	北条一族遠江掃部助三郎や野辺盛忠ら，日向・大隅の土豪を率い，日向国方南郷で蜂起する
	1335	2	雑訴決断所が島津貞久に，野辺盛忠の櫛間院内での乱暴狼藉をやめさせる。伊東祐持，はじめて日向にくだり，都於郡城にはいる
	1336	建武3 延元元	肝付兼重，南朝方として日向各地で戦う。足利尊氏，畠山直顕を日向に下向させる
室町時代	1340	暦応元 興国元	足利尊氏，天竜寺に日向国国富荘を寄進する
	1348	貞和4 正平3	大仏師康俊，佐土原大光寺の文殊菩薩像をつくる
	1372	応安5 文中元	九州探題今川了俊，土持・樺山氏らに肥後の討伐を命ずる
	1376	永和2 天授2	今川満範，伊東・土持氏とともに都城にはいり，島津氏と戦う
	1377	永和3 天授3	反島津，南九州国人一揆おきる
	1399	応永6	山東の各地に一揆がおこる
	1448	文安5	伊東祐堯，日向の大半を領するようになり，島津忠国と都於郡で会合する
	1471	文明3	島津立久，五代友平に命じて所司代浦上則宗に国役の免除を請い，幕府が伊東氏に日向をあたえようとするのを阻止する

	1487	長享元	飫肥城主島津忠兼，桂庵玄樹を招いて，飫肥安国寺にはいらせる
	1530	享禄 3	日向真幸院で『聚分韻略』を出版する
	1568	永禄11	島津忠親，伊東義祐に飫肥城を譲る。伊東氏の全盛
	1572	元亀 3	伊東軍，木崎原の戦いで，島津義弘に大敗を喫する
安土・桃山時代	1578	天正 6	大友宗麟，日向に侵攻し，県松尾城の土持氏，滅ぶ。島津義久，大友軍を高城付近の戦いで破り，耳川まで追撃する
	1582	10	伊東マンショら天正の遣欧使節，長崎を出発する
	1583	11	宮崎城主上井覚兼，城内に茶室をつくる
	1586	14	島津氏，豊後に侵入し，豊臣秀吉が派遣した長曽我部元親らの軍を破る
	1587	15	秀吉の九州征伐はじまる。島津軍，木城の根白坂の戦いで羽柴秀長軍に敗れる。島津氏は薩摩・大隅を安堵され，島津家久が佐土原に，伊東祐兵が飫肥に，秋月種長が財部に，高橋元種が延岡に封ぜられる
	1592	文禄元	伊東・秋月・高橋・北郷氏ら，朝鮮に出陣する
	1594	3	石田三成，薩摩・大隅・日向検地のために奉行を派遣する
	1597	慶長 2	日向の諸氏，再び朝鮮に出陣する
	1599	4	庄内の乱がおこる
	1600	5	関ヶ原の戦いで，伊東氏は東軍に，秋月・高橋・島津氏は西軍に属する。伊東氏の臣稲津重政，高橋氏の宮崎城を攻めて陥落させる。島津義弘，高岡郷を創設する
江戸時代	1603	8	島津以久，垂水より佐土原 3 万石に封ぜられる
	1615	元和元	日向諸藩，大坂夏の陣に出兵する
	1618	4	椎葉一揆おこる
	1620	6	幕府，佐土原藩に大坂城修理を命じる
	1637	寛永14	日向諸藩，島原へ出兵する
	1657	明暦 3	明暦の大火により，佐土原藩桜田上屋敷も類焼する
	1682	天和 2	井上真改，脇差をつくる
	1690	元禄 3	延岡藩山陰の百姓1500人，高鍋領に逃散する
	1697	10	都井村に御崎牧を創設する
	1732	享保17	西国虫害により大飢饉おこる。各藩とも大打撃をうける
	1747	延享 4	内藤備後守政樹，陸奥磐城国平より延岡に入封する
	1778	安永 7	高鍋藩校明倫堂開校
	1792	寛政 4	高山彦九郎，米良・城ヶ崎・高岡・延岡・高千穂をめぐる
	1810	文化 7	伊能忠敬ら，延岡・佐土原・飫肥を測量する
	1825	8	佐土原藩校学習館開校
	1831	天保 2	飫肥藩校振徳堂開校
	1845	弘化 2	本草学者賀来飛霞，延岡藩の招きで高千穂などの薬草を調査する

	1862	文久 2	安井息軒，昌平坂学問所の教授となる
	1864	元治元	佐土原藩兵，蛤御門の変に際して長州兵と戦う
	1867	慶応 3	高岡郷兵，外城一番隊に編入され上京し，東寺に滞陣する
明治時代	1868	明治元	延岡藩，旧幕府側に属し，鳥羽・伏見の戦いに出兵する。佐土原隊や都城隊，東北に転戦する
	1869	2	日向諸藩，版籍奉還にしたがう
	1871	4	廃藩置県により，美々津・都城両県をおく
	1873	6	美々津・都城両県を廃し，宮崎県を新設する
	1876	9	宮崎県を廃して鹿児島県に併せ，宮崎支庁をおく
	1877	10	西南戦争がおこり，西郷隆盛軍，宮崎各地を転戦する
	1880	13	大淀川に木造の橘橋かかる
	1883	16	宮崎県再置。県令に田辺輝実就任
	1885	18	宮崎県尋常師範学校開校
	1888	21	『宮崎新報』創刊
	1889	22	宮崎県尋常中学校開校
	1890	23	第 1 回衆議院議員選挙で 3 名当選
	1894	27	石井十次，茶臼原に孤児院農林部を設置
	1905	38	日露戦争に従軍した 1 万人のうち，戦死者880名・廃兵80名を数える
	1907	40	日向水力電気株式会社開業し，宮崎町に電灯がつく
大正時代	1912	大正元	西都原古墳の発掘調査はじまる
	1916	5	国鉄都城・宮崎間全通
	1923	12	日本窒素肥料株式会社延岡工場設立。日豊本線開通
	1924	13	宮崎と都城，市制施行
昭和時代	1927	昭和 2	県内の佐土原銀行など 8 銀行が合併し，日向中央銀行創設
	1932	7	橘橋竣工
	1933	8	延岡，市制施行。満州事変出兵の都城連隊帰還
	1934	9	霧島国立公園指定
	1937	12	祖国振興隊結成式が行われる
	1939	14	八紘之基柱建立の起工式が行われる
	1943	18	宮崎交通会社が生まれる
	1945	20	宮崎・延岡・都城各市がしきりに空襲をうける。敗戦により，米軍が宮崎市に進駐
	1946	21	日本窒素化学工業株式会社，旭化成工業株式会社と改称
	1948	23	宮崎県教育委員会発足
	1949	24	国立宮崎大学発足
	1950	25	小林，市制施行
	1951	26	日向，市制施行
	1954	29	宮崎空港開設。串間，市制施行
	1955	30	日南，市制施行。日南海岸国定公園指定。上椎葉アーチ式ダム

		完成
1958	33	西都，市制施行
1960	昭和35	NHK宮崎テレビ開局。ラジオ宮崎テレビ放送局開局
1962	37	宮崎県庁舎新館落成
1964	39	日向・延岡地区，新産業都市指定。平和台，オリンピック東京大会聖火リレーの起点となる
1966	41	西都原古墳群，日本初の特別史跡公園として整備に着手
1968	43	えびの吉松地震おこる。細島工業港に1万5000 t 公共岸壁ができる
1969	44	宮崎UHFテレビ放送局開局。公害防止条例要綱発表
1971	46	宮崎県総合博物館開館。大淀大橋開通
1972	47	国鉄高千穂線開通
1973	48	小林市夷守台で全国植樹祭開かれる。日豊海岸国定公園指定
1974	49	日豊本線の幸崎・南宮崎間電化開通。国立宮崎医科大学開校
1975	50	昭和54年度国民体育大会，宮崎で開催されることが決定する。橘百貨店倒産し，県内に不況浸透する。土呂久公害問題，法廷へ移される
1976	51	九州縦貫道えびの・高原間開通。全国茶のコンクールで，宮崎県茶日本一
1977	52	宮崎市に中央卸売市場開場。宮崎医科大学付属病院開院。リニアカー，日向市美々津の実験センターで浮上に成功
1978	53	リニアカー，世界記録更新
1979	54	宮崎国体開催
1980	55	日米共同訓練強行。有人型リニアカー，浮上に成功
1981	56	宮崎自動車道開通。新田原基地にF15戦闘機が配備される
1982	57	こどものくに(宮崎市青島)付近の海岸に135頭のイルカが打ち上げられる。国際青年会議所アジア太平洋会社(通称アジコン)が宮崎市で開かれる
1983	58	置県100年を祝う記念式典開かれる。暴力団抗争による発砲事件あいつぐ
1984	59	宮崎学園都市へ宮崎大学移転はじまる。国鉄妻線廃止
1985	60	宮崎大学農学部の移転完了。県議会議長の任期問題をめぐって，県議会自由民主党分裂
1986	61	小林市・夷守台で全国育樹祭開かれる。県立高校入試に30%推薦制と全員面接が導入される。高千穂高校剣道部が全国高校総合体育大会(インターハイ)で男女アベック優勝を達成
1987	62	消費税問題で，現職自民党県会議員10人落選。宮崎港開港。松形祐堯県知事3選
1988	63	えびの市，VLF(潜水艦用超長波)建設決定。宮崎大学移転完了。神武祭，昭和天皇病気を理由に中止。国鉄高千穂線，第3セク

			ター高千穂鉄道となる
平成時代	1989	平成元	高千穂鉄道(TR)営業開始。参議院議員選挙宮崎選挙区で，社会党39年ぶり議席獲得。リニア新実験線は山梨へ。宮崎空港で，宮崎・東京間ダブルトラッキング実現
	1990	平成 2	五ヶ瀬ハイランドスキー場オープン。食と緑の博覧会みやざき’90開催
	1991	3	世界初熱気球による太平洋横断の離陸が都城市で行われる
	1992	4	全国高校総合体育大会開催。映画「男はつらいよ」45作『寅次郎の青春』ロケ，青島・日南市・串間市などで行われる
	1993	5	JR日豊本線，宮崎市街地の高架化完成。宮崎公立大学開学。宮崎県立芸術劇場開館。世界ベテランズ陸上競技選手権大会開催
	1994	6	シーガイアとオーシャンドームがオープン。「フォレストピア宮崎構想」に基づく全国初の公立中高一貫校，宮崎県立五ヶ瀬中学校・高校開校
	1995	7	九州縦貫自動車道人吉・えびの間開通。第15回全国豊かな海づくり大会が開催。宮崎県立美術館開館
	1996	8	第 1 回宮崎国際室内楽音楽祭開催。第 9 回全国健康福祉祭みやざき大会開催。百済王伝説の残る南郷村に西の正倉院完成。空港連絡鉄道のJR宮崎空港駅開業
	1997	9	宮崎県立看護大学開学。小林市で産業廃棄物焼却施設の建設をめぐって住民投票が行われ，反対票が約 6 割を占める。延岡市の城山城跡を中心に天下一薪能開催(以降，毎年10月に開催)
	1999	11	グリーン博みやざき’99開催。宮崎県立五ヶ瀬中学校・高校，五ヶ瀬中等教育学校となる
	2000	12	シーガイアで太平洋・島サミットならびに九州・沖縄サミット宮崎外相会談開催。東九州自動車道田野・宮崎西間開通
	2001	13	宮崎・ソウル間定期便就航。第 1 回日本スポーツマスターズ宮崎大会開催。シーガイアを運営するフェニックスリゾート，宮崎地方裁判所に会社更生法適用申請。東九州自動車道宮崎西・西都間開通。北川，集中豪雨による増水で氾濫，北川町を中心に被害拡大。宮崎市に新球場サンマリンスタジアム完成
	2002	14	サッカーワールドカップのミニキャンプのため，ドイツとスウェーデンの選手が来県。スカイネットアジア航空，宮崎・羽田間就航
	2003	15	6 期24年続いた松形知事が引退し，県知事選挙が行われ，安藤忠恕当選。ひむか神話街道(高千穂町～高原町)完成。第16回全国マルチメディア祭開催
	2004	16	神話伝説の里づくりの一環で，宮崎県立西都原考古博物館開館
	2006	18	東臼杵郡西郷村・南郷村・北郷村の三村，美郷町として合併し，美郷町西郷区・同町南郷区・同町北郷区となる。北諸県郡山之

		口町・高城町・山田町・高崎町の3町，都城市に合併。宮崎郡佐土原町・田野町の2町，宮崎市に合併。東諸県郡高岡町，宮崎市に合併。2月，東臼杵郡北方町・北浦町の2町，延岡市に合併。東臼杵郡東郷町，日向市に合併。3月，西諸県郡須木村，小林市に合併
2007	19	安藤忠恕知事のあと，東国原英夫が知事に当選。3月，東臼杵郡北川町，延岡市に合併
2009	21	南那珂郡北郷町・南郷町の2町，日南市に編入
2010	22	宮崎郡清武町，宮崎市に合併。西諸県郡野尻町，小林市に合併
2011	23	一期満了の東国原知事のあと，河野俊嗣が知事に当選
2012	24	古事記編さん1300年事業はじまる

—サ

—シ

【執筆者】（五十音順）

黒岩正文 くろいわまさふみ（元県立宮崎東高校）
後藤宏隆 ごとうひろたか（県立宮崎北高校）
下野隆徳 しものたかのり（元県立都城工業高校）
高﨑広一郎 たかざきこういちろう（県立都城西高校）
髙橋昌宏 たかはしまさひろ（県立宮崎小林高校）
遠田辰芳 とおだたつよし（県立宮崎妻高校）
中野耕一郎 なかのこういちろう（県立宮崎南高校）
原弘毅 はらこうき（県立日南振徳高校）
松浦祥雄 まつうらよしお（元県立都城農業高校）
眞鍋智 まなべさとし（県立日向高校）
宮﨑修子 みやざきしゅうこ（県立宮崎南高校）

【写真所蔵・提供者】（五十音順）

五ヶ瀬町役場
財団法人みやざき観光コンベンション協会
日之影町役場
西米良観光協会

本書に掲載した地図の作成にあたっては，国土地理院長の承認を得て，同院発行の50万分の１地方図，20万分の１地勢図，５万分の１地形図，数値地図25000（空間データ基盤），数値地図2500（空間データ基盤）を使用したものである（平15総使，第46-3080号）（平15総使，第47-3080号）（平15総使，第48-3080号）（平15総使，第108-3080号）（平15総使，第184-3080号）。

歴史散歩㊺

宮崎県《みやざきけん》の歴史《れきし》散歩《さんぽ》

2006年２月25日　１版１刷発行　　2012年５月25日　１版２刷発行

編者———宮崎県高等学校社会《みやざきけんこうとうがっこうしゃかい》科《か》研究会《けんきゅうかい》歴史《れきし》部会《ぶかい》
発行者——野澤伸平
発行所——株式会社山川出版社
〒101−0047　東京都千代田区内神田１−13−13
電話　03(3293)8131(営業)　　03(3293)8135(編集)
http://www.yamakawa.co.jp/　振替　00120-9-43993
印刷所——図書印刷株式会社
製本所——株式会社手塚製本所
装幀———菊地信義
装画———岸並千珠子
地図———株式会社昭文社

ISBN 978-4-634-24645-4

歴　史　散　歩　全47巻(57冊)

好評の『歴史散歩』を全面リニューアルした、史跡・文化財を訪ねる都道府県別のシリーズ。旅に役立つ情報満載の、ハンディなガイドブック。
B6変型　平均320頁　2〜4色刷　税込各1260円

＊は既刊

＊ 1 北海道の歴史散歩
＊ 2 青森県の歴史散歩
＊ 3 岩手県の歴史散歩
＊ 4 宮城県の歴史散歩
＊ 5 秋田県の歴史散歩
＊ 6 山形県の歴史散歩
＊ 7 福島県の歴史散歩
＊ 8 茨城県の歴史散歩
＊ 9 栃木県の歴史散歩
＊ 10 群馬県の歴史散歩
＊ 11 埼玉県の歴史散歩
＊ 12 千葉県の歴史散歩
＊ 13 東京都の歴史散歩 上 中 下
＊ 14 神奈川県の歴史散歩 上 下
＊ 15 新潟県の歴史散歩
＊ 16 富山県の歴史散歩
＊ 17 石川県の歴史散歩
＊ 18 福井県の歴史散歩
＊ 19 山梨県の歴史散歩
＊ 20 長野県の歴史散歩
＊ 21 岐阜県の歴史散歩
＊ 22 静岡県の歴史散歩
＊ 23 愛知県の歴史散歩 上 下
＊ 24 三重県の歴史散歩
＊ 25 滋賀県の歴史散歩 上 下
＊ 26 京都府の歴史散歩 上 中 下
＊ 27 大阪府の歴史散歩 上 下
＊ 28 兵庫県の歴史散歩 上 下
＊ 29 奈良県の歴史散歩 上 下
＊ 30 和歌山県の歴史散歩
31 鳥取県の歴史散歩
＊ 32 島根県の歴史散歩
＊ 33 岡山県の歴史散歩
＊ 34 広島県の歴史散歩
＊ 35 山口県の歴史散歩
＊ 36 徳島県の歴史散歩
37 香川県の歴史散歩
＊ 38 愛媛県の歴史散歩
＊ 39 高知県の歴史散歩
＊ 40 福岡県の歴史散歩
41 佐賀県の歴史散歩
＊ 42 長崎県の歴史散歩
＊ 43 熊本県の歴史散歩
＊ 44 大分県の歴史散歩
＊ 45 宮崎県の歴史散歩
＊ 46 鹿児島県の歴史散歩
47 沖縄県の歴史散歩

熊本県
大分県
宮崎県
熊本市
北区
中央区
東区
南区
くまもと
嘉島町
菊陽町
阿蘇くまもと空港
西原村
あそしらかわ
南阿蘇村
益城町
御船町
山都町
甲佐町
宇城市
美里町
八代市
しんやつしろ
矢山岳
869
白髪山
1244
仰烏帽子山
1302
五木村
九州自動車道
川辺川
球磨村
山江村
相良村
人吉市
ひとよし
くま川鉄道
あさぎり町
あさぎり
たらぎ
多良木町
ゆのまえ
湯前町
水上村
錦町
白髪岳
1417
赤木山
910
国見山
高森町
たかもり
祖母山
1756
傾山
1605
しげおか
佐伯市
場照山
661
東山峰山
645
屋形島
鏡山
645
高島
島浦島
福崎
きたがわ
日豊本線
可愛岳
728
行縢山
830
延岡市
のべおか
古祖母山
1633
五葉岳
1570
大崩山
1644
釣鐘山
1396
高千穂町
国見ヶ丘
513
西臼杵郡
丹助岳
815
日之影町
五ヶ瀬川
諸塚山
1342
五ヶ瀬町
黒峰
1283
向坂山
1684
国見岳
1739
烏帽子岳
1692
諸塚村
真弓岳
1073
速日の峰
868
東臼杵郡
延岡南道路
門川町
とどろ
308
かどがわ
遠見山
乙島
枇榔島
東九州道
椎葉村
清水岳（山神）
1205
美郷町
耳川
ひゅうがし
192
米ノ山
尾崎山
1439
三方岳
1479
江代山
（津野岳）
1607
日向市
市房山
910
石堂山
1547
オサレ山
1162
尾鈴山
1405
みみつ
都農町
つの
児湯郡
西米良村
木城町
児湯郡
川南町
かわみなみ
掃部岳
1223
西都市
高鍋町